高等教育财经政法融通系列教材

**RISK
MANAGEMENT**

风险管理概论

张行◎主编

叶呈嫣◎副主编

清华大学出版社

北京

内 容 简 介

本书全面介绍风险管理的基础理论、流程和方法,并深入探讨自然灾害、事故灾难、公共卫生事件、社会安全事件四大类突发公共事件的风险管理,结合中国本土案例凸显中国特色。本书的主要特点为理论与实践紧密结合,既系统总结理论成果,又引入实际案例。通过本书的学习,读者不仅能够掌握风险管理的基本概念和理论,还能提升解决实际问题的能力,为应对未来可能遇到的各类风险、挑战做好充分准备。

本书可作为高等院校经济管理类、公共管理类、应急管理等专业的本科生和研究生教材,同时也适合政府公务员、企事业单位管理人员以及对风险管理感兴趣的广大读者阅读。

图书在版编目(CIP)数据

风险管理概论 / 张行主编. -- 北京:清华大学出版社,2025. 9.
(高等教育财经政法融通系列教材). --ISBN 978-7-302-70208-5

Ⅰ. F272.3

中国国家版本馆 CIP 数据核字第 2025SR2691 号

责任编辑:张　伟
封面设计:李召霞
责任校对:王荣静
责任印制:刘海龙

出版发行:清华大学出版社
　　　　　网　　　址:https://www.tup.com.cn,https://www.wqxuetang.com
　　　　　地　　　址:北京清华大学学研大厦 A 座　　　邮　　编:100084
　　　　　社 总 机:010-83470000　　　邮　　购:010-62786544
　　　　　投稿与读者服务:010-62776969,c-service@tup.tsinghua.edu.cn
　　　　　质量反馈:010-62772015,zhiliang@tup.tsinghua.edu.cn
　　　　　课件下载:https://www.tup.com.cn,010-83470332
印 装 者:北京同文印刷有限责任公司
经　　销:全国新华书店
开　　本:185mm×260mm　　　印　张:13.25　　　字　　数:308 千字
版　　次:2025 年 9 月第 1 版　　　印　　次:2025 年 9 月第 1 次印刷
定　　价:45.00 元

产品编号:110462-01

前　言

在全球化的大背景下,世界正经历着前所未有的发展和变革。这些变化与整个世界的命运紧密相连。多极化格局下,各国之间的关系日益紧密;经济全球化使繁荣与危机同步扩散;社会信息化让信息流动成为瞬间之事;加之生态环境的日益恶化,这些因素交织在一起,使风险管理成为全球关注的焦点,在政治、经济和社会生活中扮演着越来越重要的角色。作为世界上人口众多、经济体量巨大的国家之一,中国在新时代的背景下面临更为复杂且多变的内、外部风险。总体国家安全观的提出,标志着我国从更高层次、更宽视野审视和应对各类风险、挑战。在这一观念的指导下,应急管理部的成立和地方应急管理机构的改革,都是在组织和体制层面强化国家对风险的预防与应对能力。这一系列举措,旨在构建一个更加安全、有序、和谐的社会环境,保障国家与人民的安全利益。当前,面对自然灾害、公共卫生事件、经济波动、网络安全威胁等诸多突发公共事件的风险,如何科学、高效地进行风险管理已成为摆在我们面前的紧迫课题。这不仅仅关系到经济、社会的正常运转,更是国家安全体系的重要组成部分。因此,深入研究风险管理,掌握其理论与实践,不仅仅对理论研究者有着重要的学术价值,对实际工作部门而言更是具有切实的指导意义。

通过对国内外同类教材的回顾,发现目前风险管理类相关教材倾向于经济学科领域,基于管理学科领域的风险管理大多仍围绕应急管理展开,较少系统性分析不同突发公共事件下的风险管理。同时,进入新时代以来,我国强调必须坚持统筹发展和安全,坚持以人为本原则,将保护人民群众的安全作为相关工作的出发点。因此,从公共管理角度探讨风险管理如何保障人民安全、国家安全是重要之举。《"十四五"国家应急体系规划》指出,我国是世界上自然灾害最为严重的国家之一,灾害种类多、分布地域广、发生频率高、造成损失重,安全生产仍处于爬坡过坎期,各类安全风险隐患交织叠加,生产安全事故仍然易发、多发。本书就是在上述背景下推出的一部系统阐述新时代应对突发公共事件的风险管理概论著作。本书立足多角度认知模式,从理论、方法、应用、实践等方面推动风险管理的理论体系与应用实践的全面发展。一方面,本书通过对当前国内外风险管理领域的理论成果和实践经验进行全面梳理与系统总结,介绍风险管理的基本概念和基础理论,涵盖风险识别(risk identification)、风险评估(risk assessment)、风险控制、风险调整等基本流程和方法。另一方面,本书注重理论联系实际,详细探讨了自然灾害、事故灾难、公共卫生事件、社会安全事件四大类突发公共事件的风险管理,并结合我国经典案例,充分凸显中国风险管理的特色和优势。本书将理论与实践结合,有助于学生掌握突发公共事件风险管理的基本概念、理论、方法和技能,为当代大学生风险管理能力的培养提供价值导向,使之能够较为熟练地进行运用和操作,正确应对突发公共事件。

本书共 7 章：第 1 章简要介绍了风险、风险管理与风险管理理论；第 2 章介绍了风险管理的流程和方法，主要分为风险识别、风险评估、风险控制和风险决策管理四个部分；第 3 章简要介绍了突发公共事件的内涵以及国内外突发公共事件风险决策管理的经验；第 4～7 章详细描述了不同类型的突发公共事件如何进行风险管理，包含自然灾害风险管理、事故灾难风险管理、突发公共卫生事件风险管理、社会安全事件风险管理。

参与本书编写的还有中南财经政法大学的谭列楚、张永娇、曾焱蕊、金瑞玲、吕尚、黄宝仪、张馨月、贾一和周嘉俊（排名不分先后）。

张 行 叶呈嫣

2025 年 1 月

目 录

第 1 章

风险管理概述

本章学习目标

1. 了解什么是风险,对风险有一个全面、清晰的认识;
2. 学习风险管理的由来、概念、作用;
3. 熟悉脆弱性理论、抗逆力理论、风险感知理论、风险放大理论的内容及其应用。

引导案例

恒大债务危机:高杠杆扩张的代价

恒大集团有限公司(以下简称"恒大")成立于 1996 年,总部位于广东省广州市。经过多年的快速扩张,恒大在全国范围内开发了大量房地产项目,业务范围涵盖住宅、商业地产以及旅游、健康等多个领域。然而,这种快速扩张也伴随着高负债经营的风险。该企业长期以来采用高杠杆的经营策略,以大量借贷支持业务扩张。2016 年 12 月,中共中央总书记习近平在中央经济工作会议上提出"房住不炒",逐步限制房地产投机行为。大量房地产企业因为政策限制陷入流动性危机,企业融资环境进一步恶化。根据 2021 年中期财报,恒大有息负债从 2020 年 3 月的 8 743 亿元降至 2021 年 6 月底的 5 717.8 亿元,但这并未反映全部债务情况。大量负债以"应付账款"等形式存在,媒体统计其显性债务可能达到1.966 5 万亿元人民币,相当于中国 GDP(国内生产总值)的 2%。此外,恒大还存在大量隐性债务,包括对供应商的拖欠款项和需要支付给政府的费用等。2021 年,恒大的财务状况迅速恶化,现金流紧张,供应商付款拖延,股价下跌,债务违约等问题频发。2021 年9 月 8 日,恒大通过旗下员工发布消息,停止兑付所有理财产品的孳息与利润,消息传出后在恒大财富的投资人间引发恐慌,事态开始扩大。恒大欠供应商、债权人和投资者总计1.966 5 万亿元人民币。

恒大的危机导致大量在建楼盘停工,形成"烂尾楼"。根据克而瑞数据,截至 2021 年,中国 24 个重点城市中有 18.6 万套房延期交付,占当年新房销售量的 9%。这引发了购房者的信任危机,部分购房者开始选择"停贷",即停止偿还按揭贷款,以此表达对开发商和银行的不满。由于大量楼盘停工,购房者权益受损,部分地区出现了业主集体维权、抗议等事件,对社会稳定造成一定影响。同时,恒大的债务危机对银行体系造成冲击。根据恒大财报,恒大有息负债涉及银行 128 家、非银金融机构 121 家,贷款余额 3 684 亿元,境外债务 1 852 亿元。其中,民生银行对恒大敞口最大,达 293 亿元。虽然总体来看,恒大的金融负债占中国贷款总额的比例较小,但其庞大的隐性债务和高杠杆经营模式引发了市场对系统性风险的担忧。

面对恒大的债务危机,政府和监管机构迅速介入,成立风险化解委员会组织重组,引发了中国历史上最大的债务重组案。

资料来源:恒大债务危机[EB/OL]. https://zh.m.wikipedia.org.

1.1 风　　险

1.1.1 风险的概念

关于风险(risk)的定义,国内外学者有不同的认识,至今尚未统一。提起风险,人们通常的理解是"可能发生的危险"。《韦氏大词典》将风险定义为"面临的伤害或损失的可能性"。在国外,学者更多地从广义和狭义两个角度来定义风险。广义上,风险被视为一种不确定性,可能导致损失、获利或无损失无获利的情况;而狭义的风险仅指损失的不确定性,即只关注可能带来的负面后果。这种定义方式使得风险的概念更加灵活,能够广泛应用于经济学、管理学以及保险理论等领域。国外学者对风险的定义中,较有代表性的可以归纳为:风险是某种特定的危险发生的可能性和后果/影响的综合体。联合国人道主义事务部于 1992 年公布了自然灾害风险的定义:风险是在一定区域和给定时段内,由于特定的自然灾害而引起的人民生命财产和经济活动的期望损失值,并采用了"风险度(R)=危险度(H)×易损度(V)"的表达式。在国内,学者对风险的定义主要强调其结果的不确定性和可能带来的损失。风险被理解为在特定环境下某一时间段内可能发生的损失或结果与预期目标之间的偏差。这种定义不仅涵盖了金融风险,还包括各种自然因素和社会因素导致的风险,如自然灾害、社会动荡等。国内学者还特别强调风险的社会属性,指出在不同的社会环境、技术条件和经济条件下,风险的内容和形式会有所不同。

总体而言,学者们对风险的认识可以归纳为:第一,风险是损失机会和损失发生的可能性。其中,把风险定义为损失机会,这表明风险是一种面临损失的可能性状况,也可以表明风险是在一定状况下的概率度。当损失机会(概率)为 0 或 1 时,就没有风险。把风险定义为损失发生的可能性,意味着损失事件的概率介于 0 和 1 之间。第二,风险是损失的不确定性。决策理论家把风险定义为损失的不确定性,这种不确定性又可分为客观的不确定性(客观风险)和主观的不确定性(主观风险)。客观风险是实际结果与预期结果的偏差,有时称为风险程度。主观的不确定性是个人对客观风险的评估,它和个人预期损失的知识、经验、精神和心理状态有关,不同的人面临相同的客观风险,会有不同的主观的不确定性。第三,风险是实际结果与预期结果的偏差。长期以来,统计学家把风险定义为实际结果与预期结果的偏差度,这与上述客观风险的定义相同。第四,风险是实际结果偏离预期结果的概率,即一个事件的实际结果偏离预期结果的客观概率,而不是损失概率。

此外,不同的研究领域对风险定义的理解程度和研究的侧重点也存在不同。其中,公共管理学关注政府和公共组织如何管理与减少风险；政治学考察风险如何影响权力关系和治理结构；社会学分析风险对社会结构和个体的影响；经济学则研究风险与市场行为、资源配置之间的关联。具体而言，在公共管理学中，风险主要被视为对公共安全、社会稳定和国家治理的一种威胁。其目标是通过合理分配资源、优化政策制定和执行过程，最大限度地减少可能的风险。例如，在应急管理领域，公共管理学探讨如何建立有效的应急响应机制，以减少自然灾害或人为事件带来的风险和损失。在政治学中，风险常常与政治权力的运作和分配密切相关。政治学不仅研究风险本身，还关注风险背后的权力关系、社会不平等及治理结构的有效性。政治学家们试图理解风险如何在政治决策过程中被构建和处理，以及这些风险信息是如何影响公众认知和政治行为的。此外，政治学还关注不同政治体制和治理模式对风险应对策略的影响。在社会学的视野中，风险被视为社会结构的一部分，与社会变迁、文化观念以及群体行为紧密相连。社会学家们研究风险对社会群体产生的影响，以及人们如何在社会生活中认识和应对各种风险。例如，社会学家们会探讨贫困、犯罪、环境污染等社会问题如何增加特定社区的风险负担，以及这些风险如何影响个人的日常生活和福祉。而经济学中的风险管理则侧重于风险对市场行为和资源配置的影响。经济学家们通过成本效益分析、风险评估和经济模型来理解与管理风险。他们研究的核心问题是如何在不确定性下作出最优的经济决策，如在金融投资、保险和市场交易中如何对冲风险以达到预期收益最大化。此外，经济学也关注政策干预如何影响市场参与者的风险偏好和行为模式。例如在金融投资风险的概念中，有三种定义：第一种认为风险就是实现预期投资收益的不确定性；第二种认为风险应是投资结果损失的可能性；第三种认为风险是与不确定性和相应的不利投资后果同时相联系，只有在不确定性可能给投资者带来损失时，或者说，只有在投资损失具有不确定性时，才构成投资风险，通常以一定置信水平下投资工具所可能发生的最大投资损失计量风险。

从学术上的诸多定义和不同研究领域对风险的理解中我们知道，人们在风险探索和研究中得到了这样一些比较正确的认识成果：风险与不确定性有关；风险是不确定性结果中的一种，即可能发生的不利结果中的一种；风险是可能发生的结果中的那种不利于人们的结果；风险是未来可能不利结果与期望结果之间的差异。根据人们的理解，我们可以通俗地这样描述风险：风险是这样一个东西，它在将来可能发生，也可能不发生；一旦发生，将会给人们带来不利和损失。在所有发生的后果中：已经发生的，不能称作风险；必然要发生的，不能称作风险；给人带来好处的，也不能称为风险。

基于此，风险是指在某一特定环境下，在某一特定时间段内，某种损失发生的可能性。其中风险是由风险因素、风险事故和风险损失等要素组成的。同时在某一个特定时间段里，人们所期望实现的目标与实际出现的结果之间产生的距离称为风险。风险具有自然属性、社会属性和经济属性等多重属性，这些属性共同决定了风险的复杂性和多面性。风险不仅是一种客观存在的现象，还与人类活动紧密相关，其发生和影响都受到人类行为与社会环境的影响。

1.1.2　风险的分类

风险的分类是风险管理的一个重要方面，在理论上便于进行研究，在实践上便于帮助个人和组织识别、评估与应对各种不同类别的风险，采取不同的风险管理措施加以处置它。由于分类标准不同，风险有许多种不同的分类。

1. 基本风险与特定风险

按照风险的起源以及影响范围不同，风险可以分为基本风险（fundamental risk）与特定风险（particular risk）。

基本风险大部分是由非个人行为，或至少是个人往往无法控制的因素，如经济、政治原因和自然灾害所引起的。一般来说，基本风险造成的损失比较大，影响的范围也比较广。这种风险事故一旦发生，任何特定的社会个体都很难在较短的时间内阻止其蔓延。例如失业、战争、罢工、通货膨胀、地震、火山爆发、洪水等，都属于基本风险。由于基本风险不仅影响一个群体或一个团体，而且影响到很大的一组人群，甚至整个人类社会，在大多数情况下它们并不是由某个特定个人的过错所造成的，个人也无法有效分散这些风险，因此，应当由社会而不是个人来应对这一类风险。

特定风险主要是由个人或单位疏于管理造成的，通常由某些个人或者某些单位来承担损失的风险。例如，火灾、车祸、盗窃等风险就属于特定风险。一般来说，特定风险影响的范围比较小，一般只影响个人、企业或者某一些部门，可以通过个人或风险管理单位的风险预测、风险控制和风险处理等加以管理。例如通过保险、损失防范和其他工具来应对这一类风险。

2. 纯粹风险与投机风险

按照风险所导致的结果和性质不同，风险可以分为纯粹风险（pure risk）和投机风险（speculative risk）。

纯粹风险是指那些只有损失机会而无获利可能的风险。例如，自然灾害、人的生老病死等都属于纯粹风险。纯粹风险所致的结果只有两种：一是遭受损失，二是未遭受损失。例如一个人购买了一辆汽车后，他就会面临汽车可能遭受的损失（如交通事故导致的车辆损毁、盗窃、自然灾害造成的损害等）和汽车使用过程中给他人人身、财产带来损害的损失可能性（如不小心撞到行人或与其他车辆发生碰撞）。一般而言，纯粹风险具有可保性，即可以通过购买保险来转移风险，其中常见的纯粹风险保险包括人寿保险、健康保险、房产保险和汽车保险等。

投机风险是指那些既有损失机会也有获利可能的风险。其结果可能是遭受损失、未遭受损失和获利三种情况。例如市场行情的变化，对企业可能造成损失，但对另一些企业则可能有利。再如，购买股票，投资者可能因股票价格上涨而获利，也可能因股票价格下跌而遭受损失，或因价格不变而无损失但也不获利。由于投机风险涉及既有损失机会也有获利可能，因此这种风险不能简单地通过保险来管理，通常需要使用更为复杂的金融工具和市场策略。例如利用金融衍生合同对冲货币风险、利率风险和商品价格风险等，其原理是将可能遭受损失一方的损失风险转移给可能获利的一方。

3. 静态风险和动态风险

按照产生的环境不同，风险可以分为静态风险（static risk）和动态风险（dynamic risk）。

静态风险是指在经济条件没有变化的情况下，一些自然现象和人们的失当行为造成损失的可能性。例如，自然灾害如地震、洪水、飓风等，以及人为事故如火灾、交通事故等。

静态风险的影响范围相对有限,通常只会影响到部分财产或个人。同时静态风险相对稳定,具有一定的规律性,是可以预测的。通过保险等方式可以有效管理这类风险,例如企业可以通过购买财产保险来应对火灾或自然灾害带来的损失。

动态风险是指在经济条件变化的情况下造成经济损失的可能性。例如,通货膨胀、汇率风险、罢工、暴动、消费者偏好改变、国家政策变动等带来的损失。动态风险的影响范围较大,甚至可能影响整个社会,往往还会产生连锁反应。同时动态风险具有不确定性和不可预测性,其管理方法也更为复杂。动态风险常常需要通过分散投资、金融衍生品、市场策略等手段来回避或减轻。

4. 自然风险、社会风险、政治风险和经济风险

按照产生的原因不同,风险可以分为自然风险(natural risk)、社会风险(social risk)、政治风险(political risk)和经济风险(economic risk)。

自然风险是指由自然现象导致的,给人类的经济生活、物质生产和生命安全等带来损失的不确定性的风险。例如地震、洪水、台风、干旱、火灾等都属于自然风险。一般来说,自然风险的影响范围广,可能对广大地区造成损失,且其发生具有不可预测性和难以控制性,但可以通过建立预警系统、加强防灾设施建设、实施应急计划等方式来减轻其潜在影响。

社会风险是指由于个人或团体的行为,包括过失行为、不当行为和故意行为,对社会生产和人类生活造成损失的可能性。例如盗窃、抢劫、玩忽职守和故意破坏等都属于社会风险。一般来说,社会风险通常与社会稳定、公共安全和卫生相关,影响范围可能从局部到全面不等,可通过法律制度、公共政策、教育普及等手段,提高社会治安水平、增强公众健康意识,从而降低社会风险的发生频率和影响程度。

政治风险是指在国际或国内政治活动中,由于政治变动、政策调整、战争、恐怖袭击等原因造成的风险。例如政权更迭、政治动荡、法律法规变化等。政治风险的影响通常具有全局性和长期性,可能导致经济波动、社会不安甚至战乱。由于政治风险较难预测和控制,企业和个人可通过多元化投资、保险、合规经营等方式来减少政治风险的潜在威胁。

经济风险是指在生产、经营活动中由于市场供求关系、价格波动、经济政策变化等因素导致的风险。例如金融危机、股市波动、货币贬值等。经济风险的影响深入各行各业,可能对企业的财务状况和盈利能力造成重大影响。通过市场分析、风险管理、财务策略等手段,企业可以在一定程度上预测和应对经济风险,保持经营的稳定性和收益的持续性。

1.1.3　风险的特点

风险的特点是风险特有的一些特性,理解风险的特点有助于更好地理解风险管理理论的相关原理,有助于正确认识、识别风险。风险的特点主要表现在以下几个方面。

1. 客观性

客观性意味着风险是独立于人的意志和行为之外的,是一种客观存在。它不受个人偏好、意愿或行为的影响,即使我们无法完全意识到风险的存在,它也依然存在,如地震、洪水、风暴等自然灾害,这种客观性意味着人们只能在一定的范围内通过措施来降低其发生的频率和影响程度,但无法完全控制。例如,日本位于太平洋火环带,地震频发,尽管有着先进的预警系统和严格的建筑标准,但仍无法避免地震带来的损害。同时金融市场的波动也是客观存在的风险,它受到全球经济环境、政治事件、投资者情绪等多种因素的影响。例如,2008 年的全球金融危机,由美国次贷危机引发,迅速蔓延至全球,导致股市暴跌,企业破产,就业市场萎缩。

2. 突发性

突发性是指风险往往没有明显预兆或在预期的时间之外突然发生,给人带来措手不及的冲击,如地震、火灾等。这种突发性使风险更加难以应对,增加了风险管理的难度。尽管风险事故的发生都有一个从渐变到质变的过程,但是由于人们认识的局限或者疏忽,往往并未注意到风险因素的渐变过程,致使风险事件的发生具有突然性,使人感到措手不及、难以应对。例如,2015 年天津港"8·12"特大爆炸事故,由于危险品存储不当引发大火和连环爆炸,造成 165 人死亡,直接经济损失数十亿元。

3. 损害性

损害性是指风险一旦发生,往往会带来损失,包括财产损失、人身伤亡和经济损失。如飓风、洪水等自然灾害不仅造成房屋、基础设施的损毁,还可能导致人员伤亡,对受影响地区的经济发展和居民生活造成长期影响。例如,2005 年飓风卡特里娜袭击美国新奥尔良,导致 1 800 多人死亡,数十万人无家可归,经济损失高达数百亿美元。另外,信息技术系统的故障,如银行系统崩溃、数据中心丢失数据等,不仅造成金融服务中断,还可能导致敏感信息泄露,对个人隐私和企业信誉造成损害。例如,2017 年 Equifax 数据泄露事件,导致超过 1.4 亿美国人的个人信息被盗,对公司声誉和消费者信任造成巨大打击。

4. 不确定性

不确定性是指风险发生与否及发生的时间、地点、影响范围以及后果往往是不确定的,难以准确预测。其主要表现在以下四个方面。

(1) 发生与否的不确定性。发生与否的不确定性指的是某个风险事件在未来是否会发生是无法确定的。这种不确定性是风险的本质特征之一,它使预测和预防风险变得更加困难。例如金融危机的发生往往具有突然性和随机性,尽管可以根据经济指标和市场动态进行一定的预测,但具体的发生时机和条件往往难以完全预见。

(2) 时间上的不确定性。时间上的不确定性指的是无法准确预测风险事件发生的具体时间点。这种不确定性使制定风险应对策略和计划变得更加复杂。例如地震的发生时间是高度不确定的,尽管科学家可以通过地质研究识别出某些地区存在地震风险,但预测具体何时发生地震仍然非常困难。另外以死亡风险为例,人总是面临死亡的风险,但对于具体的个人而言,何时死亡是不可预知的。

(3) 地点上的不确定性。地点上的不确定性指的是无法准确预测风险事件发生的具体地点。这种不确定性体现在风险可能在任何地点发生,这使全面防范和应对风险变得更加具有挑战性。例如恐怖袭击的发生地点具有极高的不确定性,恐怖分子可能基于各种复杂的社会、政治原因选择攻击目标,这使预测具体袭击地点变得极为困难。例如,世界各地的重要地标、交通枢纽、人群密集区等都可能成为袭击目标,但具体哪些地点会发生袭击难以预知。

(4) 影响范围及后果的不确定性。影响范围及后果的不确定性指的是无法准确预测风险事件发生后的影响范围和可能造成的后果。这种不确定性使风险管理变得更加复杂,因为即使防范了风险的发生,也可能面临不可预知的影响和损失。例如,自然灾害如地震、洪水等,其影响范围可能涉及广泛地区,造成不同程度的人员伤亡和财产损失。而具体的影响范围和后果往往难以在灾害发生前进行准确评估。因此,在风险管理中,需要充分考虑这种不确定性,并制订相应的应对措施来降低潜在影响。同时,对于已经发生的风险事件,及时采取措施减小与减轻其影响范围和后果也至关重要。

1.2　风险管理

1.2.1　风险管理的由来

　　风险管理作为现代管理科学重要理论之一,是在传统管理思想和现代科技理论相结合的基础上发展起来的一门新兴学科。风险管理思想的萌芽可以追溯到远古时代的人类活动时期,但是作为系统的科学管理,其诞生于 20 世纪初的西方发达工业国家。具体而言,可以将其分为以下几个阶段。

1. 第一阶段:早期风险管理

　　人类从很早就有了风险意识的萌芽。早期风险管理的主要体现是通过各种预防措施和互助互济的方式应对自然灾害与战争带来的影响。在远古时期,农业是社会的基础,但由于技术限制,农业生产很大程度上依赖于自然条件,为了减小自然灾害带来的影响,古代中国建立了大型粮仓系统,用于储备粮食以备不时之需。在古埃及和美索不达米亚,尼罗河和幼发拉底河的周期性洪水既是农业生产的重要水源,也是巨大的威胁,当地人通过建造灌溉系统来引导和利用洪水,有效应对这一自然风险,保证了农业生产的稳定和地区的安全。春秋战国时期的墨子提出"有力者疾以助人""有力以劳人",体现了原始的互助互济思想。在中世纪的欧洲,战争和海盗活动频繁,商人们通过共同海损原则分摊航海贸易中的风险。

2. 第二阶段:18 世纪 60 年代至 20 世纪 30 年代

　　随着工业革命的诞生,企业风险管理的思想开始萌芽并逐渐发展。法国管理学家亨利·法约尔(Henri Fayol)在 1916 年的著作《工业管理与一般管理》中首次将早期简单的风险管理思想运用于企业经营,标志着企业风险管理理论的诞生。20 世纪 20 年代以后,随着企业对保险的重视,企业风险管理开始向保险领域扩展。企业通过购买保险来转移风险,减少潜在的财务损失。同时,行业协会也逐渐意识到保险在企业管理中的特殊地位,开始推动企业进行风险管理。但此时,安全管理与保险的对象还只是危害性风险,并且这两个领域沟通不多。此外,工商企业购买保险的动机也并不完全是保障自身的利益,有的是出于人情的压力,或是由于想要向银行贷款等因素不得不购买保险。

　　1929—1933 年世界性金融危机爆发。这场全球性的金融危机使得许多企业倒闭,工人失业,社会财富遭受巨大损失。这一事件使企业和个人都开始重视风险管理,思索如何减少和消除类似的灾难性后果。大量企业开始重视保险管理,设置保险机构,将风险管理推入经济学者们的研究范畴。1930 年,宾夕法尼亚大学的所罗门·许布纳(Solomon Huebner)博士在美国管理协会会议上提出:"防患于未然就是最大的保险。"这一观点体现了现代风险管理的重要理念。1931年,美国管理协会明确了风险管理的重大意义,并设立了保险部门作为该协会的独立机构。这一部门除了负责开展保险管理以外,还进行风险管理的研究和咨询。随后,1932年保险经纪人协会成立,开启了风险管理实际问题的探索之路,代表着风险管理作为一门学科的起步。

3. 第三阶段：20 世纪 40 年代至 20 世纪 70 年代

在这一阶段,"风险管理"一词出现并且深受关注。风险管理的提出与企业的发展状况和当时的社会背景密不可分。20 世纪 40 年代,很多大型企业中都设有保险经理专门负责保险的购买,但过分保险、不足保险和重复保险的问题日渐突出,至 50 年代初,企业已经明显感觉到当时的"保险型风险管理"不能满足现代企业的要求。在这样的背景下,企业为了保障自身的安全,开始仔细地研究如何购买合适的保险,各个企业之间交换经验,进而发现了风险的存在,并进行评估与分析,以了解其性质以及可能造成的严重后果,在此基础上探讨如何选择最适当的方法以避免或消除风险。

20 世纪 50 年代早期和中期,美国大公司发生的重大损失促使高层决策者认识到风险管理的重要性。其中的一次工业灾难是 1953 年 8 月 12 日通用汽车公司在密歇根州德佛尼的一个汽车变速箱工厂因火灾损失了 5 000 万美元,它曾是美国历史上损失最为严重的 15 次重大火灾之一,将企业风险管理又推到了一个研究关注的新高度。

1955 年,美国的"全国保险购买者协会"(NAIB)改名为"美国保险管理协会"(ASIM),这反映了业界对保险的态度的转变。在学术界,也开始有学者呼吁企业中专门负责保险购买的部门应扩展为一个负责保险的购买与管理,并且还负责防损、工业安全和雇员福利计划的综合部门,而且这个部门的负责人不应该被称为保险经理,而应称为风险经理。但当时"风险管理"这个概念并没有引起太多人的重视,直到 1956 年,《哈佛经济评论》发表了拉塞尔·格拉尔(Russell Gallagher)的论文《风险管理—成本控制的新时期》之后,风险管理的概念才开始广为传播。1962 年,美国管理协会出版了第一本关于风险管理的专著《风险管理之崛起》,进一步推动了风险管理的发展。随后,人们将风险管理作为专门学科进行系统性研究是以梅尔和赫奇斯(1963)的《企业的风险管理》和威廉姆斯、汉斯(1964)的《风险管理与保险》这两本书为标志的。

在 20 世纪六七十年代,许多美国主要大学的工商管理学院都开设了风险管理课程。传统的保险系把教学重点转移到风险管理方面,保险仅作为一种风险筹资的工具加以研究,有的工商管理学院把保险系改名为风险管理和保险系。美国大多数大企业设置一个专职部门进行风险管理。虽然企业的人事部门单独或部分地管理雇员的福利计划,但就它处理社会保险金、养老金、医疗保险金、死亡和残疾的抚恤金等而言,这些仍属于风险管理的职能。同时 20 世纪 70 年代初期开始出现的风险管理咨询公司,在无形中进一步推动了风险管理的普及。

4. 第四阶段：20 世纪 70 年代至 90 年代

20 世纪 70 年代以后,风险管理经历了从传统保险核心化向现代全方位风险管理的转变。在这个转变过程中,多个重要事件和组织成立促进了风险管理理论与实践的深入发展。美国、英国、日本等先后成立了专业的风险管理协会,这些协会将风险管理变为理论与实践中的一项重要课题。1975 年,风险与保险管理协会(RIMS)成立。1979 年,国际风险管理协会(IRMI)成立。1980 年,美国风险分析协会(SRA)成立。这些协会成为不同学术团体交流思想的平台。其中,风险管理的一个里程碑式的发展标志是 1983 年RIMS 提出"101 条风险管理准则"。除了协会的成立,英国和其他欧洲国家以及日本的大学在 20 世纪 70 年代开始开设风险管理课程,我国台湾地区和香港地区的学者也对风险管理进行了理论研究与应用。例如,1984 年台湾地区学者宋明哲先生出版了《风险管理》专著。1986 年,新加坡召开了国际风险管理学术会议,标志着风险管理成为全球关注的热点问题。1987 年,美国学者 Cooper 和 Chapman 将风险分为技术风险与非技术风险,Tah 和 Carr 在 HRBS(层次风险分解结构)方法基础上发展的风险评估方法主要用于风险的定性分析,这些研究推动了风险管理的细化和深入。1988 年,巴塞尔委员会通过了《巴塞尔资本协议》,大大提升了银行对风险管理的重视程度,使全球金融机构认识到风险管理的重要性,并在其内部管理和资本充足率标准中加以体现。

5. 第五阶段:20 世纪 90 年代至今

20 世纪 90 年代,系统性风险的概念逐渐引入,初步形成风险管理体系。企业中首次出现了首席风险官(CRO)的职务,这标志着风险管理逐步由传统向现代转变,也意味着风险管理在企业内部的重要性日益提升,1991 年,黑姆斯提出了全面风险管理的新理念,进一步拓展了风险管理的内涵。这一理念强调风险管理应涵盖企业面临的所有风险,并采取综合措施进行管理。1993 年,在中国香港地区,香港保险总会出版了第一本《风险管理》手册,为风险管理提供了理论支持和实践指导。中国内地在恢复保险业务后也开始重视风险管理的研究,并翻译和编写出版了数本教材,这些教材为企业提供了风险管理的知识和工具。1999 年,《巴塞尔新资本协议》充分吸纳了全面风险管理的理念,推动全面风险管理不断普及和发展,该协议对银行的风险管理提出了更高要求,促使银行加强风险管理体系建设。2004 年,美国全国反虚假财务报告委员会的发起人委员会(Committee of Sponsoring Organizations of the Treadway Commission,COSO)首次提出了企业全面风险管理框架,把全面风险管理提升到新高度。该框架为企业实施全面风险管理提供了指导,强调风险管理应融入企业日常运营中。2005 年,国际风险管理理事会(IRGC)发布了《风险治理白皮书——面向一体化的解决方案》,系统提出了风险治理的研究框架,为企业和政府组织提供了风险治理的指导原则与实施方案。2006 年 1 月 6 日,经国务院国有资产监督管理委员会商业技能鉴定中心批准,风险管理师职业资格认证管理委员会(CCRM)在北京成立。同年 12 月 10 日,举行了首届风险管理师认证考试,标志着我国风险管理事业进入正规化阶段。2006 年,国务院国资委制定的《中央企业全面风险管理指引》强调了风险管理在企业管理中的重要性,提出了风险评估、风险策略、风险监管及预警流程等关键组成部分,明确了风险管理的目标、原则和方法。该指引的发布,标志着我国中央企业在风险管理方面有了明确的执行标准和指导方针,促进了风险管理工作的规范化和系统化。2009 年,ISO(国际标准化组织)发布了《风险管理——原则与指南》(ISO 31000:2009)、《风险管理——术语》(ISO Guide 73:2009)、《风险管理——风险评估技术》(ISO/IEC 31010:2009)等一系列风险管理标准,这些标准为全面实现风险管理的标准化、规范化提供了指引。随着风险管理实践的不断发展,ISO 对原有的风险管理标准进行了更新,如《风险管理——指南》(ISO 31000:2018)和《风险管理》(ISO 31000:2018),

以及针对特定领域的风险管理标准《风险管理—生命周期过程—系统和软件工程》(ISO/IEC/IEEE 16085：2021)。这些更新的标准进一步完善了风险管理的体系,使其能够适应不断变化的市场和技术环境,为多领域的风险管理提供了更为具体和专业的指导。此外,我国国家质量监督检验检疫总局(2018年改为国家市场监督管理总局)和国家标准化管理委员会官方网站也发布了《风险管理 风险评估技术》(GB/T 27921—2011)、《风险管理 术语》(GB/T 23694—2013)①以及《风险管理 指南》(GB/T 24353—2022)等一系列标准文件。这些文件的发布,标志着我国的风险管理逐步进入标准化和体系化,为我国企业提供了与国际接轨的风险管理方法和工具。

1.2.2　风险管理的概念

1. 风险管理的内涵

风险管理起源于保险业,并逐渐发展到金融领域、医疗保健和环境保护等领域。20世纪八九十年代,风险管理被引入应急管理领域,成为应急管理重要的手段。同时,风险管理也作为研究风险发生规律和风险控制技术的一门新兴管理科学。詹姆斯·克里斯蒂(James Christie)将风险管理定义为组织为控制偶然损失的风险,以保全获利能力和资产所做的一切努力。亚瑟·威廉姆斯(Arthur Williams)和理查德·汉斯(Richard Heins)则将风险管理定义为通过对风险的识别、衡量和控制,以最低的成本使风险所致的各种损失降到最低限度的管理方法。所谓风险管理是指通过系统的方法识别、评价和控制风险等过程,以减小风险对组织、企业或项目目标的负面影响。风险管理的一般过程包括风险识别、风险评估、风险控制、风险调整等。风险的识别和评估是开展有效风险管理重要的第一步,因为人们只有知道会出现什么样的风险情境,才能去考虑如何对其进行管理。

由于风险管理的应用极为广泛,而各个学科领域中管理的目标也不尽相同,所以对风险管理的界定如同对风险的界定,有许多不同的理解。在公共管理学中,风险管理通常关注政府或公共机构如何识别、评估、管理和监控可能对公众利益造成损害的风险。这包括自然灾害、公共卫生危机、社会动荡等风险。经济学中的风险管理主要指通过经济手段和市场机制来识别、评价和控制或规避风险,以最大化经济效益。社会学关注的是社会结构、社会关系和社会行为的风险管理,重点在于识别并减少社会问题和冲突所带来的风险,即如何感知风险、如何在不同社会群体中沟通风险信息,以及如何通过社会规范和制度来控制风险。政治学中的风险管理关注政治决策过程中的风险评估和管理,包括国家安全、国际关系、政治稳定等领域的风险管理。虽然不同学科领域的风险管理各有侧重点,但共同目标是通过科学、系统的方法来最大限度地降低潜在风险对组织、社会和经济的负面影响。因此,对于风险管理的概念可以从以下几个方面进行理解。

(1) 风险管理主体多元。风险管理的主体可以是个人、家庭和企业,也可以是政府、事业单位和社会团体,甚至包括跨国集团和国际联合组织等。虽然风险管理主体不一,但所依据的管理理念、管理技术和管理方法却是相同的,都是寻求以最低的管理成本获得最

---

① GB/T 27921—2011《风险管理 风险评估技术》和GB/T 23694—2013《风险管理 术语》这两个标准已失效,被GB/T 27921—2023和GB/T 23694—2024替代。

佳的处理风险事故的方案。但是,需要注意的是,风险管理的主体不同,风险管理的侧重点也会有所不同。个人、家庭的风险管理主要是对人身风险、家庭财产风险和责任风险的管理;企业的风险管理涉及企业生产风险、销售风险、财务风险、技术风险、信用风险和人事风险的管理;政府的风险管理是以维护政府机构业务活动和人民生活安定为出发点的,是对整个社会生命、财产和责任风险的管理。风险管理主体通过有效的风险管理,可以降低潜在的损失,提高资源利用效率,从而促进社会的稳定和发展。

(2) 风险管理的核心是减少损失。减少损失,即在风险事故发生前防患于未然,预见将来可能发生的损失,或者在风险事故发生后,采取一系列消除事故隐患和减少损失的办法。从风险管理的流程看,风险管理的每个环节都是为了减少损失。风险识别是为了减少风险事故的发生;风险评估在于明确哪些风险应被优先处理,哪些可以接受,通过量化分析和定性分析,确定风险的严重程度,并据此分配资源,确保重点解决那些影响最大、可能性最高的风险;风险控制在于通过适当的措施,最大限度地减小风险可能带来的不利影响;风险调整确保风险管理措施持续有效,并能灵活应对内外部环境的变化。

(3) 风险管理的对象可以是纯粹风险,也可以是投机风险。传统风险管理的对象侧重于纯粹风险,即那些只可能带来损失的风险,如自然灾害、意外伤害等。然而,一些专家认为,风险管理不仅应该包括纯粹风险,而且应该包括投机风险,即那些既有可能带来损失也有可能带来收益的风险。这是因为,尽管纯粹风险和投机风险具有不同的特征,但是缺乏适当的标准将纯粹风险和投机风险区分开来。此外,随着全球化和金融市场的发展,投机风险(如市场风险、信用风险等)对组织的影响日益增大。现代风险管理不仅关注纯粹风险,也开始关注投机风险,尤其是在银行、保险和证券投资等领域的金融风险。例如巴林银行的期货投机导致破产、澳大利亚维斯特派克公司的坏账注销等事件,都凸显了金融风险管理的重要性,强调了即使是投机风险也需要被积极管理,以避免巨大的财务损失和提升企业的可持续性。现代风险管理要求组织对所有类型的风险进行管理,而不是仅仅局限于某一种风险。这需要不同部门之间的紧密协作,比如财务部门、运营部门、法务部门等共同参与风险管理过程。总之,不管引发损失事件的原因如何,风险管理已经越来越重视对投机风险的管理,风险管理的对象已经扩展到了投机风险。

(4) 风险管理过程是决策的过程。风险管理过程本质上是一个决策过程,其核心在于通过一系列步骤来识别、评估和应对风险,从而帮助组织在不确定性中作出更好的决策。其中风险识别、风险衡量和风险评价是为了认识、评价风险管理单位的风险状况,解决风险管理中遇到的各种问题,制订管理风险的决策方案。风险控制涉及选择最合适的风险应对策略,以及如何平衡成本和效益,确保措施的实施不会超出组织的资源和能力范围。

2. 风险管理的特点

1) 全面性

风险管理是一项全面性的管理。风险管理的具体内容反映了风险管理主体对风险因素、风险源(sources of risk)和损失不确定性的识别、评估与管理决策。如果风险管理主体对风险的认识、处理缺乏全面性,只处理某一方面的风险隐患,而不考虑其他方面的风险隐患,其风险管理的决策就有可能失败。因此,风险管理不仅局限于单一领域,而是涉及财务、安全、生产、技术等多个方面,形成一个全面的管理方案。它要求识别和评估所有可能的风险来源,包括内部风险和外部风险。例如,在项目风险管理中,需要识别项目内部的潜在风险(如成本估算、人事任免),以及外部风险(如市场变化、政府行为等)。

2) 系统性

风险管理是一个系统的过程,包括风险识别、风险评估、风险控制和风险调整等环节。这些步骤相互关联,形成一个完整的管理循环。例如,风险识别是基础,为后续的评估和控制提供信息;而风险调整则通过动态调整风险管理措施,确保其适应环境的变化。

3) 动态性

由于环境和组织目标的变化,风险管理是一个动态的过程。新的风险可能随时出现,已有风险的性质和影响也可能发生变化,因此需要不断调整和更新风险管理计划。例如,新技术的出现可能会带来新的安全风险,组织需要及时识别并制订相应的应对措施。

4) 广泛性

风险管理是涉及许多领域的管理,风险管理的范围不仅会涉及人们可预测的范围,而且会涉及人们无法预期的领域。一个单独的事件可以同时影响社会的不同领域,而且其后果会远远超出当时影响的范围。风险的复杂性和普遍性决定了风险管理是十分广泛的,风险管理学是涉及多门学科的交叉学科。例如金融资产风险管理会涉及会计、法律、金融等多门学科,这些都使风险管理研究变得更加广泛。

3. 风险管理的原则

为保证风险管理的效率,依据国家标准文件《风险管理 指南》(GB/T 24353—2022)中对风险管理原则的规定,将其归纳为以下几点。

(1) 融入性。风险管理是组织所有活动的有机组成部分,应融入组织的各项管理活动之中。

(2) 信息和决策支持。风险管理应提供及时、准确的信息,支持组织的决策过程。

(3) 定制化。根据组织的目标和内外部环境,定制设计风险管理框架和过程。

(4) 环境依赖。风险管理受人文因素的影响,且取决于组织所处的内外环境和组织所承担的风险。

(5) 广泛参与、充分沟通。风险管理过程中,及时组织利益相关者进行有效的沟通,是确保风险的针对性和有效性的前提。尤其是确保重大风险事件和风险管理的有效性时,利益相关者间持续、双向和及时的沟通极为关键。

(6) 持续改进。风险管理是一个循环提升的过程,需要不断进行学习和实践,持续改进风险管理。随着内外部环境、组织所处环境、认知的改变以及监督检查的开展等,风险本身也在发生着变化,可能消失或转变成新的风险等。因此,风险管理单位也应该在动态管理的过程中保持对变化的敏锐感知,并及时作出反应,保证风险管理的持续改进。

1.2.3　风险管理的作用

风险管理在现代社会中扮演着至关重要的角色,无论是在企业经营、金融投资、项目管理,还是在个人生活中,都发挥着不可替代的作用。其作用不仅体现在减少损失、保护利益上,还涉及提高效率、促进决策、满足合规要求等多个方面。以下是对风险管理作用的详细阐述。

1. 预防风险事故的发生

风险管理的核心目的之一是预防未来可能发生的损失。通过对潜在风险的识别和评估,风险管理主体可以采取相应的措施来避免或减轻这些风险的影响。例如,金融公司通过建立强大的信用评估体系,可以有效预防因客户违约而带来的财务损失。

2. 减少风险事故造成的损失

风险管理通过提前识别那些可能导致重大损失的风险,并制定相应的应对策略,从而减少组织在面临不确定性时可能遭受的损失。同时其也可以使风险管理主体充分认识到自身所面临风险的性质和严重程度,并采取相关的风险管理技术,以减少风险事故造成的损失。

3. 提高决策质量

风险管理为风险管理主体提供了关于潜在风险的详细信息,这些信息是作出明智决策的基础。决策者可以利用这些信息来评估不同选择方案下的风险和收益,从而作出更加合理的选择。例如,在新产品开发过程中,通过风险管理,团队能够识别和评估与产品相关的技术及市场风险,从而决定是否继续投资或是调整产品方向。

4. 提高运营效率

风险管理有助于优化资源分配。通过明确哪些领域的风险较高,组织可以将资源重点投入这些领域,以降低整体风险水平。这种资源的合理分配可以提高组织的整体运营效率。例如,一家全球化公司可能会发现某些地区的政策变动风险较高,因此决定在这些地区增加法律咨询投入,以确保合规并避免潜在的法律风险。

5. 满足合规要求

在某些行业或领域,建立风险管理制度是符合法律法规、行业标准以及监管要求的基本要求。通过建立适当的风险管理制度,可以降低违规风险,维护组织或个人的合法权益。例如,在金融行业中,金融机构需要建立全面的风险管理制度来确保金融体系的稳定运行和合规经营。

6. 促进可持续发展

风险管理有助于组织实现长期可持续发展。通过持续监控和管理风险,组织可以预防那些威胁其长期生存和发展的问题。例如,能源公司通过评估环境风险并采取相应的减缓措施,如投资清洁能源技术,不仅能够减少环境污染,还能够应对未来可能出台的碳税政策,从而实现长期的可持续发展。

1.2.4　相关概念辨析

1. 风险管理与危机管理

危机管理的理论和方法起源于欧美。1915 年,莱特纳在《企业风险论》中首次提出了危险管理;1921 年,马歇尔在《企业管理》中也提出了危机的处理方法;但"危机管理"作为一个正式的学术概念尚未形成。1962 年,随着古巴危机的爆发,美国学者正式提出了"危机管理"的概念。这一时期,危机管理主要关注国际政治和军事领域,目的是防止冲突升级为战争。20 世纪 70 年代以后,随着社会问题的增多和全球化的推进,危机管理的范围逐渐扩大。它不仅限于军事领域,还涉及了环境、资源、灾害、恐怖事件等多个方面。这一时期,危机管理开始成为一种综合性的国家或城市管理新理念,旨在应对各种复杂的危机情况。20 世纪 80 年代,随着国际经济的发展和跨国公司的兴起,危机管理理论被引入企业管理领域。美国企业界开始在企业内部成功运用危机管理方法,提高了企业对危机的应对能力。这一转变标志着危机管理理论在更广泛的社会经济领域中的应用。20 世纪后期至今,危机管理的研究和应用范围继续扩大,不仅限于生产和商业领域中的技术危机与商业危机,还更多地表现出其公共危机的属性。随着全球化、信息化和社会化的发展,危机管理呈现出从私人部门向公共部门过渡的趋向。政府、非政府组织以及国际组织等公共部门在危机管理中的作用日益凸显。

危机管理是指在危机发生后,通过各种手段和措施,充分应对危机,尽可能减小或控制危机的影响和损失的过程。格林(Green)于 1992 年指出,危机管理的一个特征是"事态已发展到无法控制的程度",认为危机管理的任务是尽可能控制事态,在危机事件中把损失控制在一定的范围内,在事态失控后争取重新控制住。菲利普·亨斯洛(Philip Henslowe)认为,危机管理是"对任何可能危害组织的紧急情境的处理能力",其主要观点侧重于组织发生危机时对危机的处理能力。罗伯特·希斯(Robert Heath)认为,危机管理是指"对危机事前、事中、事后所有方面的管理",是随着危机越来越多而必须对其处理而产生的科学。总的来说,它更侧重于危机发生后的应对和处理。而风险管理主要是预防风险实际发生,或者将其影响降至最低,它关注的是如何通过识别、评估和控制潜在风险来避免损失。

因此,风险管理注重预防未来可能发生的风险,并通过预先制订的应对措施来降低其可能性。危机管理则强调危机发生后的应急准备和响应能力,确保组织能够迅速从危机中恢复。虽然风险管理和危机管理的侧重点不一样,但它们之间也存在密切的联系。风险管理是危机管理的预防阶段,通过有效的风险管理可以降低危机发生的概率和影响程度;而危机管理则是风险管理的延伸和补充,当风险管理无法完全避免危机发生时,危机管理将发挥重要作用,以控制危机的影响并恢复组织的正常运营。

2. 风险管理与应急管理

应急管理是指政府及其他公共机构在突发事件的事前预防、事发应对、事中处置和事后恢复过程中,通过建立必要的应对机制,采取一系列必要措施,应用科学、技术、规划与管理等手段,保障公众生命、健康和财产安全,促进社会和谐、健康发展的有关活动。应急管理强调的是对突发事件的快速响应和有效处置。其中突发事件主要包括自然灾害风险管理、事故灾难风险管理、公共卫生事件风险管理和社会安全事件风险管理四个方面。应急管理的目的是最大限度地减少突发公共事件造成的损失且尽可能地预防事件扩大或者再次发生。然而,风险管理的对象是"风险",即发生不利后果的可能性。它关注的是风险本身的产生原因、概率以及可能带来的后果,通过采取有效手段来防止风险转变为突发事件。

风险管理与应急管理在逻辑上是紧密相连的。风险管理是应急管理的基础,通过对风险的识别、评估和控制,为应急管理提供前期准备和决策依据。而应急管理则是在风险事件发生后,通过一系列措施来应对和减轻风险带来的后果。两者都旨在保护公众生命、健康和财产安全,促进社会和谐、健康发展。它们通过不同的手段和方法,共同应对风险挑战,维护社会稳定。

　　然而两者也有一定的区别:一是管理对象不同。风险管理的对象是"风险",应急管理的对象是"突发事件"。二是管理阶段不同。风险管理贯穿项目或企业的整个生命周期,包括风险识别、风险评估、风险控制和风险监控等阶段。它强调的是在事件发生之前进行预防和控制,力求将风险降至最低。应急管理主要关注突发事件发生后的应对和处置阶段,包括应急准备、应急响应、应急恢复等过程。它强调的是在事件发生后迅速启动应急预案,采取有效措施来减轻损失和恢复秩序。三是管理重点不同。风险管理重点在于对风险的全面分析和控制,通过制定风险管理策略和计划,来降低风险发生的可能性和影响程度。它强调的是对风险的预见性和前瞻性管理。应急管理重点在于对突发事件的快速响应和有效处置,通过建立健全的应急管理体系和机制,来提高应对突发事件的能力和效率。它强调的是对突发事件的应急反应和恢复能力。四是管理手段不同。风险管理主要运用科学的方法和技术手段,如风险识别技术、风险评估模型、风险控制策略等,来进行风险分析和控制。应急管理则更多地依赖于应急预案、应急演练、应急资源调配等手段,来确保在突发事件发生时能够迅速、有序地进行应对和处置。

　　基于此,风险管理与应急管理在公共安全管理中各具特色、相互补充。风险管理为应急管理提供了前期准备和决策依据,而应急管理则是风险管理在突发事件发生后的具体体现和延伸。两者共同构成了公共安全管理的重要组成部分,对于维护社会稳定和促进经济发展具有重要意义。

1.3　风险管理理论

1.3.1　脆弱性理论

1. 脆弱性

1) 脆弱性理论的发展历程

　　"脆弱性"一词来自拉丁文 vulnerare,意思是"可能受伤"。通过文献研究发现,早在20 世纪 60 年代末,脆弱性研究的雏形就已经出现在自然灾害的研究之中,相关学者针对同样的灾害对不同的人群造成损失不同展开讨论。救援组织将对灾难的脆弱性研究应用到实际的救援活动中,试图提高救援效率,减少救援需求。脆弱性在灾害管理中的应用,忽视了政治、结构性等因素,以工程学为主的脆弱性研究比较局限。20 世纪 70 年代,吉尔伯特·F. 怀特(Gilbert F. White)首次提出了脆弱性(vulnerability)的概念。之后这一概念被广泛应用于灾害学、生态学、金融学、社会学和经济学等许多方面。20 世纪 80 年代以来,脆弱性研究逐步成为全球环境变化和可持续发展研究中的热点与前沿领域,受到国内外学者的广泛关注。灾害研究由致灾因子论向脆弱性研究转移,把注意力更多地集中于灾难产生的社会经济系统。由于自然系统的许多规律并没有为人类所认识,加之许多致灾因子并不能为人类所控制和左右,脆弱性理论在人类防灾、减灾实践中具有更大的指导意义。20 世纪 90 年代早期,在粮食安全研究领域开展了贫困脆弱性研究,从个体出发分析福利与脆弱性之间的关系,并应用于扶贫实践,促进贫困援助事业的发展。2000 年以来,脆弱性研究把灾害学中的研究框架与分析方法,特别是风险度、敏感性等内容,与政治学中的社会因素、人文因素、制度因素等相结合,着手研究耦合系统脆弱性机制及过程的产生,并将脆弱性作为系统的一个重要属性正式提出。2004 年,联合国国际减灾战略(UNISDR)首次正式将脆弱性定义为"是由自然、社会、经济和环境因素及过程共同决定的系统对各种胁迫的易损性,为系统的内在属性"。当前,随着人工智能(AI)、物联网(IoT)等技术的发展,智能系统的脆弱性问题也日益受到关注。智能系统的复杂性、跨域交互特性等带来了新的脆弱性挑战,促使研究者们探索新的检测、分析和防御方法。

在国外的灾害脆弱性文献中,常常针对具体的灾害种类,将人群承灾体根据收入分为富人、中等收入的人、穷人,或根据不同的年龄和健康状况划分出脆弱性不同的人群,定性地分析这些人在灾害中所受灾害的程度与反应及当地现行的社会、政治、经济、法律、宗教、文化、市场体系等对这些人的影响。对于环境、财产与资源的脆弱性,则从其自身抗灾特性分析。脆弱性理论在实践中进一步应用,其概念也得到了不同层次的扩充。国内的脆弱性研究起步稍晚,但发展迅速。从 20 世纪末到 21 世纪初,国内学者开始关注并引入脆弱性理论,逐步将其应用于自然灾害管理、生态保护和社会经济系统分析等领域。进入21 世纪,脆弱性研究在国内逐渐形成独立的科学体系,并在多个学科间交叉融合。

2)脆弱性的概念

脆弱性的概念提出以来,关于脆弱性的研究就活跃在多个学科领域,例如生态学、气候学、灾害学等自然科学领域,以及金融学、经济学、社会学等社会科学领域。按照研究领域的不同,脆弱性的概念和研究对象见表 1-1。

表 1-1　脆弱性的概念和研究对象

领　　域	概　　念	研　究　对　象
生态学	生态系统在面临外界扰动(如气候变化、人类活动等)时的敏感性和恢复能力	主要包括生态系统的结构、功能、稳定性及其对外部扰动的响应机制
气候学	系统(如生态系统、社会经济系统)对气候变化(包括气候变率和极端气候事件)的敏感性和适应能力	气候变化对农业、水资源、人类健康等多方面的影响,以及如何通过适应和减缓措施来降低这种脆弱性
灾害学	强调社会经济系统在受到灾害影响时的抗御、应对和恢复能力,侧重灾害脆弱性产生的人为因素	特定承灾体(如城市、社区、人群等)在面临自然灾害(如地震、洪水、台风等)时的脆弱性表现及其影响因素
金融学	金融系统在面对市场波动、金融危机或其他经济冲击时的不稳定性。这涉及金融市场的风险管理、金融机构的稳健性和金融监管的有效性等方面	银行系统、股票市场、债券市场等在面对全球金融危机或重大经济变动时的脆弱性表现
经济学	经济体在面对外部冲击时由于其内在结构和政策不足而容易遭受的损失。这涉及经济增长的稳定性、产业结构的多样化和宏观经济政策的有效性等方面	国家在面对全球经济衰退、贸易冲突和其他国际经济动荡时的脆弱性表现
社会学	社会群体在面对社会变革、政治动荡或经济危机时的敏感性和应对能力	贫困社区、弱势群体和边缘化人群在面对社会不平等、歧视和剥夺时的脆弱性表现

所谓脆弱性,主要是指人或事物相对于致灾因子的易损性。Gabor 和 Griffith(1980)基于社区脆弱性评估,认为脆弱性是遭受损害的可能性。Timmerman(1981)基于社会系统脆弱与弹性,认为脆弱性是产生不利响应的程度。George(1998)基于沿海地区风暴灾害的研究,认为脆弱性是自然脆弱性和社会脆弱性的综合度量,由暴露、抵抗力、恢复力三部分组成。Brenkert(2005)从气候灾害角度认为脆弱性应该从气候的敏感性、社会应对能力、适应能力三方面进行分析。另外,大多数学者认为,脆弱性是指对危险暴露程度及其敏感性和抵抗力尺度的考量,脆弱性的概念已经逐渐演变成包含风险、敏感性、适应性、恢复力等一系列相关概念在内的一个概念集合,内涵不断丰富。学术界对脆弱性研究的关注程度越来越高,2001 年 4 月《科学》杂志发表的《可持续性科学》("Sustainability Science")一文把"特殊地区的自然—社会系统的脆弱性或恢复力"研究列为可持续性科学的 7 个核心问题之一。通过性质分类,脆弱性包括物理脆弱性、社会脆弱性、经济脆弱性和环境脆弱性。具体而言,它们的含义如下。

(1) 物理脆弱性:主要指物理结构或系统在面对外部冲击时的抵抗能力和恢复能力。例如,建筑物的抗震能力、基础设施(如交通、通信、供水系统等)在灾害中的稳定性以及它们灾后的恢复速度等,都是物理脆弱性的体现。

(2) 社会脆弱性:关注社会群体在面对灾害或危机时的适应能力、组织能力和社会支持系统的有效性。这包括人口结构、社会网络、教育水平、健康状况、文化习俗以及政府和社会组织的应急响应能力等。社会脆弱性高的地区往往更容易受到灾害的影响,且恢复过程更加艰难。

(3) 经济脆弱性:指经济体系在面对外部冲击时的稳定性和恢复能力。这包括经济结构、产业布局、财政状况、金融稳定性以及国际贸易关系等方面。经济脆弱性高的地区往往更容易受到经济危机、市场波动或自然灾害等冲击的影响,导致经济下滑和社会动荡。

(4) 环境脆弱性:关注自然环境在面临人类活动或自然过程干扰时的敏感性和恢复能力。这包括生态系统的稳定性、生物多样性、水资源状况、土壤质量以及气候变化等因素。环境脆弱性高的地区更容易受到环境退化的影响,如荒漠化、水土流失、污染加剧等,进而影响到人类的生存和发展。

2. 脆弱性理论模型

1) 风险与灾害模型

风险与灾害(risk and hazard)模型又称 RH 模型。该模型以 Burton 等为代表,认为区域自然灾害是致灾事件与人类相互作用的产物,把致灾因子造成的破坏理解为暴露度和承灾体敏感性的函数,将脆弱性界定为人们容易遭受自然灾害影响的程度,表示为自然灾害强度与损失程度之间的关系。2002 年,Burton 等拓展了风险与灾害模型,他们在模型中纳入了多重关系,包括人与人之间、区域与区域之间、国家与国家之间的关系等。他们运用新的风险与灾害模型分析了城镇化、经济一体化、生态变化、气候变化等各种因素对个人、区域甚至国家脆弱性产生的影响。尤其是,学者提出应对自然灾害的根本出路是人类对灾害的适应与调整。应用该模型对灾害或气候变化影响进行评价时,强调承灾体对致灾因子或环境冲击的暴露性和敏感性,关注的焦点是导致灾害的具体原因和后果,不重视社会结构、制度在不同的承灾体暴露程度和灾害后果的形成过程中的作用,同时也未考虑承灾体对灾害结果所产生的放大或缩小影响以及具体发挥作用的途径。

2) BBC 模型

BBC 模型因包加迪(Bogardi)、比克曼(Birkmann)和卡多纳(Cardona)三位学者的提出与发展而得名。该模型从环境、社会和经济三个层面对脆弱性进行分析,暴露在脆弱性状态下的不同层面应对能力不足,导致对经济、社会发展和自然环境保护造成不同程度的伤害。该模型将风险应对和脆弱性降低分为两种情况:一是风险或灾难发生前,通过预警和准备对环境、社会与经济进行系统干预,从而避免灾害事件的发生;二是风险或灾难发生后,通过灾难响应和突发事件管理减少脆弱性后果。同时,该模型指出脆弱性是一个动态变化的过程,该过程由脆弱性的产生、降低脆弱性的举措、促进系统恢复等若干步骤组成。

3) MOVE 模型

MOVE 模型由联合国大学环境与人类安全研究所提出。该模型旨在建立一个脆弱性多元特征的综合概念模型,从物理、社会、生态、经济、文化和制度等多个维度评估环境变化的影响,如解释暴露、敏感性、社会响应能力与适应能力等核心因素。MOVE 模型中的风险不仅来源于自然环境,还包括人类社会以及自然与社会系统的交互作用,而脆弱性的多元化特征主要与社会条件和过程相关。该模型强调脆弱性是动态的过程,具有非线性和尺度特征,因此,该模型的应用必须考虑影响脆弱性的地方特征及其社会和环境系统的构成因素与耦合过程。虽然 MOVE 模型没有提供具体的评估方法和指标体系,但为社会脆弱性的系统评估提供了指导,主要应用在灾害管理、气候变化、极端天气等状态下的社会脆弱性问题。

4) 压力与释放模型

压力与释放(pressure and release)模型,又称 PAR 模型。该模型以 Blaikie 等为代表,从形成灾害的根源上分析了脆弱性的形成机理。压力与释放模型把灾害的发生描述为压力产生和作用的过程,认为灾害是在压力和致灾因素共同作用下形成的,而脆弱性是这种压力的释放。其中,"压力"(pressure)是指产生脆弱性的自然灾害事件过程,"释放"(release)是指灾害、压力与脆弱性的减弱。PAR 模型从压力释放角度提出,对灾害的缩减应该通过缓解压力的方式。一方面从根源上减轻压力,如合理分配资源,观念的转变研究与开发的推动等;另一方面从致灾事件的掌控上缓解压力。该模型详细阐述了社会因子这一根源是如何经过"动态压力"和"不安全条件"两个阶段逐渐产生脆弱性的动态过程。同时,该模型认为社会经济和人群特征对灾害脆弱性有决定性的意义。

5) 区域灾害模型

区域灾害(hazards of place)模型,又称 HOP 模型(图 1-1),是苏珊·L.卡特(Susan L.Cutter)于 1996 年提出的,其认为脆弱性科学应建立在地理学、社会学和人类学基础之上,以更全面地理解脆弱性的形成机制。该模型目的在于考察脆弱性在区域空间上的差异并试图解释自然灾害与社会脆弱耦合作用下可能导致的区域脆弱性问题。具体而言,在 HOP 模型中,风险与减灾(mitigation)交互作用形成潜在的致灾因子,通过地理环境和社会结构的影响形成物理脆弱性与社会脆弱性,而物理脆弱性和社会脆弱性的相互作用又形成区域脆弱性,从而把自然灾害本身所具有的地理区域特征与社会脆弱性研究中的恢复力、应对能力等结合起来,避免了以往脆弱性研究中只关注自然或人文系统脆弱性的弊端,使脆弱性研究向着耦合系统的方向发展。HOP 模型提出后,许多研究在此基础上进一步展开,通过分析特定地方的多种风险或多重压力来探讨人口和社会的脆弱性,这些研究明确了风险暴露度和社会敏感性之间的关系,对于确定风险事件特征和脆弱人群的识别起到关键作用,而且对地方和区域尺度制订风险干预与减缓措施具有重要意义。

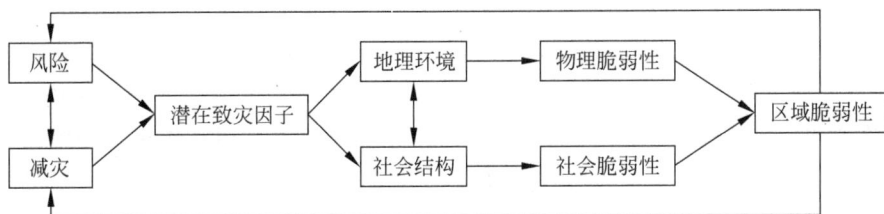

图 1-1　HOP 模型

资料来源:杨俊,向华丽.基于 HOP 模型的地质灾害区域脆弱性研究——以湖北省宜昌地区为例[J].灾害学,2014,29(3):131-138.

6)三角模型

"三角模型"是迈克尔·J.沃茨(Michael J. Watts)和沃斯·G.博勒(Hans G. Bohle)在研究食物安全领域中的饥饿、饥荒与贫困之间的结构关系时,从人类生态学、权利理论和政治经济学三个方面构建的食物安全脆弱性理论模型。在人类生态学中,食物安全的脆弱性受到人类活动的影响,如过度开垦、污染等,可能破坏生态系统,加剧食物安全的脆弱性。在权利理论视角下,社会结构、权力关系以及个体或群体在获取食物资源时的权利和能力受到关注。权利不平等是导致饥饿和贫困的重要因素之一。在这个视角下,食物安全的脆弱性不仅取决于食物的物理可获得性,还取决于人们是否有能力获取这些食物,这涉及社会制度、政策、文化习俗以及个体或群体在社会结构中的位置等多个方面。在政治经济学中,强调政策、市场和经济制度如何影响食物生产与分配。总的来说,该模型包括以下几个方面:①权利的具体分配以及在特定环境下是如何产生的;②权利的集合;③政治经济的结构特征(会产生权利危机)。该模型从脆弱性产生的社会经济、政治和体制角度进行分析,揭示了脆弱性产生的社会、经济、政治背景,但是没有考虑自然环境变化对食物安全产生的影响。

7)"钻石模型"

R. Chambers 认为脆弱性应该包括外部和内部两个方面,外部是指系统所暴露的扰动和压力,内部是指系统对外部压力和扰动的响应及恢复力。博勒认同 R. Chambers 对脆弱性的划分方法,但是他认为以往的研究比较关注脆弱性外部方面的分析,对脆弱性内部方面的研究不足,尤其是在概念和理论方面。他认为应对能力是一个非常复杂的问题,并提出与应对策略关系最为紧密的三种概念和理论的探讨:一是对脆弱性内外两个方面相互作用及其辩证关系的研究,即外部因素如自然灾害、经济波动等可能对系统造成压力,而内部因素如应对能力、资源分配等则决定了系统对这些外部压力的敏感性和恢复力。二是对应对资源使用权的研究,即在资源有限的情况下,如何优化资源配置,提高使用效率,是降低脆弱性、增强系统韧性的关键。三是冲突和危机理论,即在面对复杂多变的外部环境时,系统内部可能产生各种冲突和危机,如何有效应对这些挑战,保持系统的稳定性和可持续性,是模型关注的重点之一。在吸收 R.Chambers 观点的基础上,博勒创建了脆弱性分析的"钻石模型",该模型将上述三个研究方向与权利理论、人类生态学和政治经济学等概念及理论融入脆弱性分析中,促进了脆弱性研究的进一步发展。

8) AHV 模型

AHV(Airlie House Vulnerability)模型(图 1-2)以 B.L.特纳(B.L.Turner)、卡斯珀森(Kasperson)等为代表,从可持续发展的角度认为脆弱性是由"人类—环境"耦合系统决定的,并且这种关系存在于任何尺度上的耦合系统。该模型由以下三个层次构成:一是耦合系统中的人文条件与环境条件;二是人文、环境条件及其相互作用过程中面临的扰动或压力;三是表征耦合系统脆弱性的暴露、脆弱性和恢复力。各层次与要素之间的相互作用关系存在于不同尺度上(地方、区域和世界)的耦合系统,系统的人文—环境条件决定其暴露度和脆弱性,并影响系统的应对机制。在该模型中,人类与自然环境的脆弱性是相互联系的,系统的脆弱性具有动态性,并且随着时间、地域和社会空间的不断变化而变化,具有地方特性。AHV 模型已应用于多个资源型城市的脆弱性分析项目,如中国部分煤炭城市、石油城市的可持续发展研究。这些应用展示了 AHV 模型在不同经济背景下的适用性和有效性。

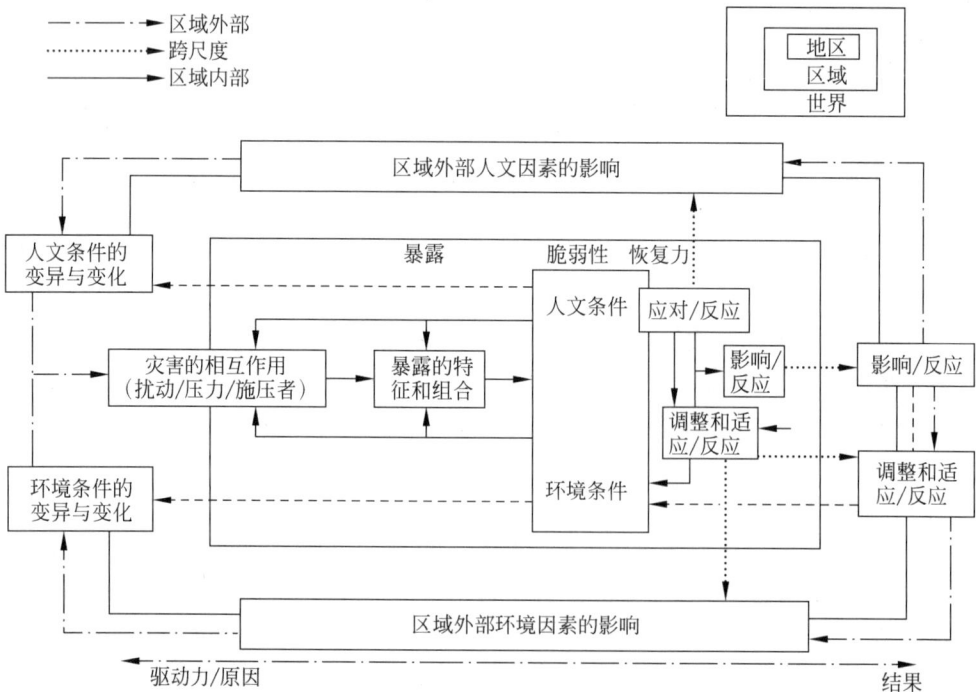

图 1-2 AHV 模型

资料来源:徐君,李贵芳.资源型城市脆弱性的 AHV 模型及演化耦合作用分析[J].
资源开发与市场,2017,33(8):899-904.

9）可持续生计模型

可持续生计模型是一个用于评估和指导贫困减贫策略与可持续发展计划的理论框架，它通过综合分析个人或家庭的人力、自然、物质、金融和社会资本来制定提升生计持续性的策略。这些资本共同影响个人或家庭在面对经济和环境变化时的适应能力与恢复力。其中人力资本指人们为了追求不同的生计策略和实现生计目标而拥有的技能、知识、劳动能力和健康等，这些能力直接影响个人的工作效率和收入水平。自然资本包括人们的生计所依靠的自然资源的储存和流动，如生物多样性、可直接利用的资源（如土地、树木等）以及生态服务。物质资本指维持生计所需要的基础设施以及生产用具，例如住房、交通工具和生产设备。金融资本主要指流动资金、储备资金以及容易变现的等价物，这些资金为生计活动提供经济支持。社会资本指各种社会资源，如社会关系网和社会组织（宗教组织、亲朋好友和家族等），包括垂直的（与上级或领导的关系）社会联系和横向的（具有共同利益的人）社会联系。可持续生计模型已被广泛应用于脆弱性研究领域，主要集中在农村地区的社会与贫困脆弱性、家庭生计安全等，其主要贡献之一是为社会脆弱性评价提供了指标来源。

上述脆弱性理论的典型模型，为脆弱性的理论建构奠定了重要基础，同时也为脆弱性评估与实证分析提供了指导。脆弱性的理论模型是对脆弱性产生原因及机理的概念化表述，每个模型都试图找出脆弱性形成的根本原因，从不同角度探索脆弱性驱动因素之间的内在联系。但由于研究视角的差异，不同模型的脆弱性研究出发点、逻辑思路和主要内容有很大不同。由于不同学科领域自身对脆弱性内涵的理解及研究方向具有显著差异，这些脆弱性理论模型具有不同的特色。例如，RH 模型认为区域自然灾害是致灾事件与人类相互作用过程的产物；PAR 模型旨在从灾害形成的根源上探讨脆弱性的形成机理；HOP 模型基于空间分析，强调地理位置对脆弱性的影响。可持续生计模型用于评估和指导贫困减贫策略与可持续发展计划，主要集中于个体和家庭的尺度上，从人的谋生能力和消除贫困的角度分析脆弱性，脆弱性被解释为谋生能力对环境变化的敏感性以及不能维持生计。

3. 脆弱性评估方法

脆弱性评估方法是用于评估和分析个体、群体或系统在面对各种压力与扰动时所显示出的易损性及恢复力的工具。这些方法涵盖了从自然灾害到社会经济系统的各个方面，为降低脆弱性并提高可持续性提供了重要的理论和实践依据。目前学界主要运用的脆弱性评估方法主要有以下几种。

1）VSD（vulnerability scoping diagram）评估框架

C. Polsky 等受美国公共空间计划（Project for Public Spaces）整合框架的启示，把脆弱性分解为"暴露、敏感、适应"三个组成部分，使用 VSD 评估框架来组织数据、统一概念和构建脆弱性评价指标体系网。图 1-3 展示了运用 VSD 评估框架进行脆弱性评价的流程，可以看出整个过程包括整合、分析、VSD 评估框架三个系列。VSD 模型的一般形式为，模式中心为脆弱性，外层是维度层，由暴露、敏感性和适应能力构成；在具体的评价中指标和参数层逐级细化。由中心层、维度层、指标层和参数层逐级构建了分析框架，指标和参数的选择根据具体评价对象与研究目的而定。VSD 评估框架的优势在于：一是具有明确的含义,将脆弱性分解为暴露、敏感性和适应能力三个维度;二是用维度层—指标层—参数层逐级递进、细化的方式来组织评价数据;三是有规范评价流程的八个步骤。VSD 评估框架具有较好的兼容性,明晰的评价流程可以系统指导从数据整理到结果应用的全过程。该框架提供了一个系统地进行脆弱性分析和评价的基本思路,囊括了从抽象的定性分析到具体的指标和参数选取的全过程,在数据理想的情况下,作为脆弱性评价的实践指导,其圈层式的数据组织框架具备良好的延展性,具有重要的应用价值。

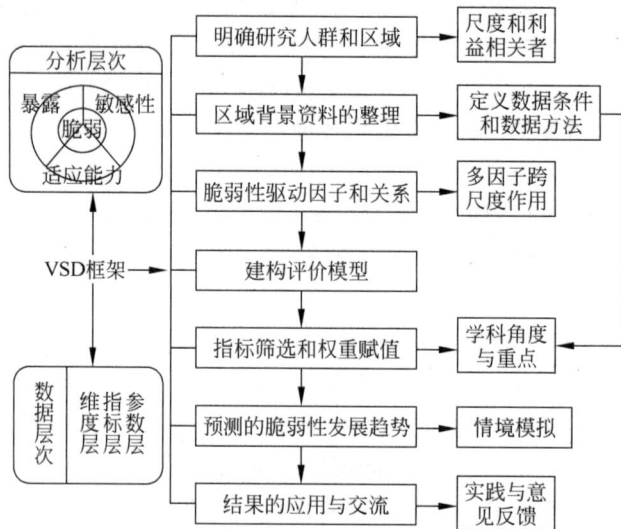

图 1-3 VSD 评估框架

资料来源:刘小茜,王仰麟,彭建.人地耦合系统脆弱性研究进展[J].地球科学进展,2009,24(8):917-927.

2) ADV(agents' differential vulnerability)评估框架

随着脆弱性研究的深入,学者们越来越重视人在脆弱性评估中的作用。作为受到自然和社会经济变化影响的人类的发展需求以及对适应方式的选择等因素被纳入脆弱性评价体系之中。Acosta-Michlik 等提出了以人为中心的"交互式脆弱性评估框架",即 ADV 评估框架(图 1-4)。该框架更能体现将脆弱性形成的时间和空间的动态变化过程以及包括气候变化与全球化过程在内的多种全球变化过程结合起来的脆弱性评价理念,并且提出要将大多数研究中的一般性指标评价方法转变为面向适应者的脆弱性评价。作为适应者的脆弱性不仅是暴露水平、敏感性和适应能力的函数,而且包括适应者对变化和风险的认知过程,如对变化及风险的感知、评估,是对适应方式的权衡与选择、决策过程以及对自身适应行为产生效果的评价等诸多过程。这些过程更好地涉及各种经济、社会和行为科学理论,不同的风险承担者会有不同的认知策略。但由于人们感知的脆弱性很难度量,该框架的实用性还值得进一步检验。

3) 综合指数法

综合指数法通过对选取的指标数据进行标准化处理,利用主成分分析、综合加权求和、熵权系数、层次分析等方法确定指标权重,进而综合评价脆弱性程度。该方法计算过程相对简单且容易操作,但在指标选取与权重确定过程中存在一定的主观性,缺乏指标之

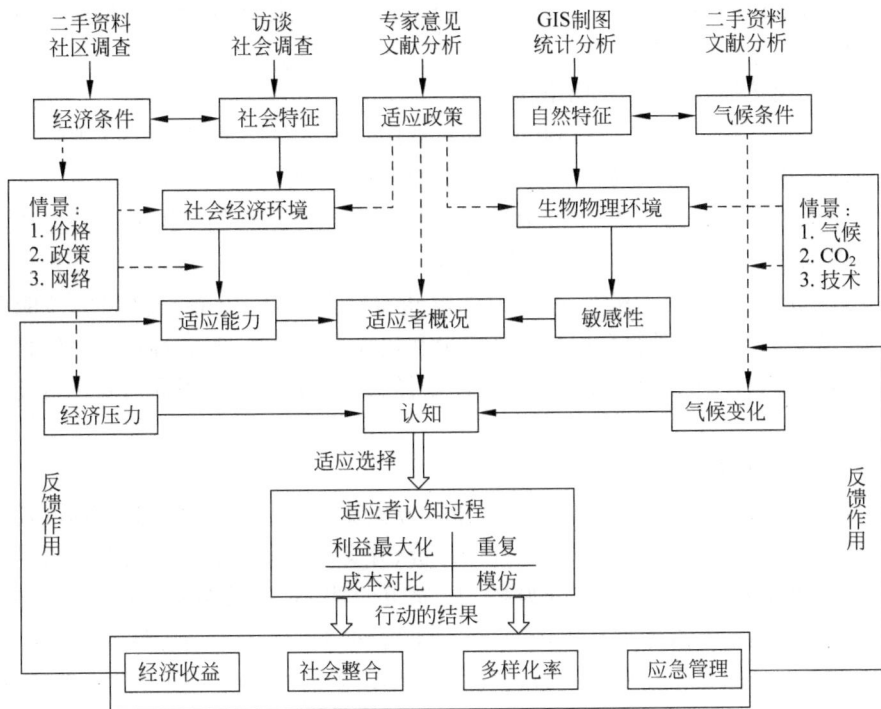

图 1-4 ADV 评估框架

资料来源：黄建毅,刘毅,马丽,等.国外脆弱性理论模型与评估框架研究评述[J].
地域研究与开发,2012,31(5):1-5,15.

间相关关系的体现。例如,何黎(2015)采用了综合指数法来评估成都市的生态环境脆弱
性,从暴露度、敏感性、适应能力三个方面选取了人口密度、城市建设用地占比、工业产值
占 GDP 比重、建成区绿化覆盖率、空气质量优良天数比率、第三产业占 GDP 比重、财政环
保支出比重、财政教育支出比重、污水处理率等 16 个具体指标,通过加权求和的方法计算
出成都市生态环境脆弱性的综合指数。结果显示,成都市生态环境脆弱性总体处于"低度
脆弱",但脆弱性呈逐年上升趋势。其中,2007 年综合指数值最低,为 0.222;2015 年综合
指数值最高,为 0.301。

4) 函数模型法

函数模型法是一种常用的分析方法,用于量化并评估系统或对象在面临特定风险或
压力时的脆弱性。这种方法通常将脆弱性分解为多个维度,如暴露度、敏感性、应对或适
应能力以及恢复力等,以构建相应的脆弱性函数模型。该方法较好地明确了脆弱性的组
成要素及其相互作用关系,定量化反映要素权重,但如何确定要素仍存在困难,且表现形
式差异较大。例如对某沿海地区社区进行气候变化脆弱性评估,考虑海平面上升对该社
区的影响,可以构建一个包含暴露度、敏感性、适应能力和恢复力的脆弱性函数模型。具
体而言,用海平面上升速率表示暴露度,社区建筑的防潮能力表示敏感性,防洪设施的建
设表示适应能力,社区经济水平表示恢复力。通过收集过去十年海平面上升数据、社区建
筑防潮数据、防洪设施建设情况以及社区经济状况数据,对数据进行标准化处理,消除量

纲影响。然后通过回归分析确定各要素的权重,建立综合脆弱性指数。利用该指数评估社区在不同情景下的脆弱性程度。

5) BP(反向传播)人工神经网络模型法

BP 人工神经网络模型法通过划分指标数据区间和评价标准,构建 BP 神经网络输入输出层和网络拓扑结构,将数据导入训练好的网络模型,得出脆弱性评价结果。该方法具有较强的非线性映射功能,能够很好地反映脆弱性特征及其影响因素,但网络结构的选择尚无统一理论指导。在实际应用中,BP 神经网络的构建和训练过程可能需要根据具体问题的需要进行调整与优化。其中,数据的准确性和代表性对 BP 神经网络的性能有很大影响,因此需要确保收集到的数据具有高质量和代表性。另外,脆弱性评价的结果可能受到多种因素的影响,包括模型的结构、参数的选择、数据的处理等,因此需要进行充分的验证和分析。

6) 决策树分析法

决策树分析法是根据数据资料生成决策树分类器,通过参数调整与运算,确定理想的决策树,并利用决策树分类器对脆弱性进行评价、分类。该方法有利于明确评价指标之间的关系,但各单元的评价结果被划分为高、中、低几个类别,不够精确。在构建决策树时,应确保所有重要因素都被考虑在内,并且各因素之间的逻辑关系清晰明确。分配概率和权重时应基于充分的数据和专家经验,以确保评估结果的准确性和可靠性。其中,评估结果应作为制订防灾、减灾措施的重要依据,但也需要结合实际情况进行灵活调整和优化。

除了上述描写的评估方法外,常见的还有面向对象分析法、空间多准则评估法、图层叠置法、模糊物元评价法、危险度分析等方法。基于此,脆弱性评估方法涵盖了从自然到社会各个层面的内容,为全面理解和应对脆弱性问题提供了科学依据。每种方法都有其独特的优势和局限,适用于不同的研究领域和应用场景。例如,VSD 评估框架立足于传统的“暴露、敏感、适应”的脆弱内涵理解,ADV 评估框架侧重于对人类自身脆弱性的阐述,综合指数法适用于快速评估地区的脆弱性程度,而函数模型法则更适合深入分析脆弱性的内在机制。未来,需要进一步完善脆弱性概念框架和理论体系,关注耦合系统脆弱性过程与机制,探究脆弱性驱动因素和演化机理,科学界定脆弱性关键因素阈值,挖掘和提取多源遥感数据信息,开展系统脆弱性动态评价和时空分析,最终满足国家和地区可持续发展战略的需要。

1.3.2 抗逆力理论

1. 抗逆力的含义

抗逆力(resilience),在心理学中,指的是个体在面对生活的逆境、创伤、灾难、压力等负面事件时,能够自我恢复、适应和成长的能力。它如同一种心理抗体,帮助个体抵御挫折和压力,保持心理健康。“抗逆力”一词最初源于物理学,用以描述如橡胶等弹性物质在受到外力作用后的恢复能力。20 世纪 60 年代,随着心理学研究的深入,抗逆力作为一个概念开始被明确提出,心理学家称之为“心理弹性”或“心理恢复力”,用以描述个人、家庭或组织在面对危机或困境时,能够作出积极应对和建设性处理的能力。例如,美国精神病学家诺曼·加梅齐(Norman Garmezy)将“抗逆力”一词引入儿童发展性精神病理学中,自此抗逆力概念被独立应用于儿童的精神问题领域,表示个体面对高危环境和困境时表现出来的良好适应性与抗压性。进入 20 世纪 70 年代后,生态环境学领域专家在原有稳定性概念的基础上引入抗逆力概念,以此衡量生态系统适应变化、维系稳定状态的能力,从可持续发展的视角正式将抗逆力作为学术概念率先提出。此后,抗逆力逐步扩展到组织管理学领域,侧重描述组织范围内的适应和恢复能力,同时也被引入社会科学领域,主要是指面对冲击时个人、组织等对不确定性的回应。20 世纪末期,在借鉴其他学科相关研究的基础上,抗逆力作为衡量灾害系统的一个属性正式应用于应急管理领域。人们从传统灾害的应对视角将抗逆力界定为个人、组织和系统应对突变的一个重要特征,是能够承受和抵抗外部冲击以及恢复的能力。例如,Timmerman 最早将抗逆力界定为"衡量系统从危险事件中吸收和恢复能力的一部分";以 Kwok 为代表的学者将应急管理领域的社会抗逆力解释为"社会实体和机制预测、吸收和适应灾害的能力,以及开展恢复活动以减少未来破坏及其影响的能力"。其中,社区抗逆力在这一阶段逐渐成为抗逆力研究的一个重要分支。社区抗逆力强调社区在面对风险和挑战时的整体应对能力,包括社区的物理设施、制度建设、社会资本等多个方面。

目前,学界对抗逆力的概念界定还没有达成统一的意见,对于这一概念主要有以下几种观点:特质论、结果论、过程论和多面向论。

(1) 特质论把抗逆力定义为个体所具有的一种能力、潜能或特质,这包括一系列的认知和情感心理特质,如人格特质和自我观念(陶欢欢,2009)。这种特质使个体在面对逆境、压力或挑战时能够保持积极的心态,有效应对并恢复过来。抗逆力作为特质,通常被认为是相对稳定的,并受到遗传、早期经历、个性特征等多种因素的影响。

(2) 结果论认为抗逆力应该被视为适应良好的结果,而非一种固定品质。这意味着在环境和风险因素发生变化时,抗逆力也会随之变化。因此,从结果的角度来看,抗逆力更关注个体如何展现积极的适应结果。

(3) 过程论认为抗逆力是个体与环境相互作用的过程,强调个体如何利用内部资源和外部资源来应对逆境。这个过程包括个体的认知、情感和行为反应,以及环境对这些反应的支持或阻碍。

(4) 多面向论认为抗逆力是一个包含多个维度和层面的综合概念。它不仅涉及个体的内在特质和能力,还包括外部环境因素(如社会支持、资源获取等)对个体抗逆力的影响,强调抗逆力的复杂性和多维性。

除了上述的四种观点外,也有学者认为,抗逆力是在某一时点上,风险因素和保护因素相互影响、博弈的过程。因此提到抗逆力的概念一般也会通过风险因素和保护因素来理解。其中风险因素指个体所生活的环境中造成其在生存和发展上出现消极结果的因素。正是由于风险因素的存在,个体才能展示出其抗逆能力。保护因素是指那些能够促使个体更好地应对生活事件、减少消极发展的个人或环境因素(李燕平,2005)。保护因素常从内、外两方面理解,内在保护因素就是当事者具有的一种积极生理和心理潜质,能够在适当的条件下激发出来,并帮助个体在面临危机和逆境时,柔性应对,顽强生存(刘劲松,2013);外在保护因素则是从家庭、学校和社区等环境中进行分析的,如刘劲松(2012)指出有三项指标对形成保护性外在环境至关重要:一是充满关爱和互助的生活环境,二是寄予期望和支持的精神后方,三是参与实践的机会和锻炼的平台。在风险因素和保护因素相互影响、博弈的过程中,个体的内部资源(如自我效能感、乐观主义)和外部资源(如社会支持、经济稳定性)相互作用,共同决定了个体对逆境的反应和适应能力,也就是抗逆力。个体的抗逆力并非静态不变,而是随着时间和环境的变化而变化。在不同的生命周期和环境条件下,相同的风险因素和保护因素可能对个体的影响也会不同。

2. 抗逆力研究

1) 研究视角:问题视角和优势视角

问题视角主要关注个体或系统在面对逆境时所存在的问题、挑战和缺陷。它倾向于识别和分析导致抗逆力不足的原因,以便找到解决问题的方法。在问题视角下,抗逆力被视为需要被修复或增强的能力,而不是个体固有的积极特质。在青少年心理健康领域,问题视角的研究者可能会关注那些面临学业压力、家庭矛盾、同伴关系紧张等问题的青少年。通过问卷调查、访谈等方式分析这些青少年在应对逆境时表现出的问题行为、负面情绪和认知偏差。例如,研究发现一些青少年在面对挫折时容易出现抑郁、焦虑等心理问题,甚至采取逃避、攻击等不良行为,基于问题视角,研究者会提出一系列干预措施,如心理咨询、家庭治疗、学校支持等,旨在帮助青少年解决这些问题,提高他们的抗逆力。在社区灾害应对方面,问题视角的研究者会关注社区在灾害发生后的恢复能力和存在的问题。他们可能会评估社区的基础设施、应急响应机制、居民自救互救能力等方面,以识别导致社区抗逆力不足的因素。例如,研究发现一些社区在灾害发生后存在救援物资短缺、信息传递不畅、居民参与度低等问题,基于问题视角,研究者会提出改进建议,如加强社区基础设施建设、完善应急响应机制、提高居民自救互救能力等,以提升社区的抗逆力。

优势视角强调个体或系统在面对逆境时所展现出的积极特质、资源和能力。它认为抗逆力是一种内在的力量,可以帮助个体或系统克服挑战并实现成长。在优势视角下,研究者会关注个体或系统的优势资源、成功经验和社会支持等方面,以激发其内在的抗逆力。在青少年抗逆力培养方面,优势视角的研究者会关注青少年的积极特质和潜力。他们可能会通过团体活动、案例分析等方式,引导青少年识别自己的优势资源,如兴趣爱好、社交技能、解决问题的能力等。同时,研究者还会鼓励青少年分享自己的成功经验,以增强他们的自信心和自我效能感。例如沈之菲(2010)提到,抗逆力就是以优势视角看待青少年,认为个体是自己问题解决的专家,任何解决问题的资源都存在于个体身上,发现和利用个体现有的力量与资源,是个体抗逆力提升的关键。同样,在职场环境中,优势视角的运用可能包括识别员工的核心技能和激励因素,并调整工作环境以发挥他们的长处,提高工作满意度和生产力。

问题视角和优势视角在抗逆力研究中各有侧重。问题视角关注识别和解决导致抗逆力不足的问题,更适合处理具体的、紧迫的问题,尤其是那些需要立即干预以防止进一步恶化的情况。这种视角有助于提供针对性强、反应迅速的服务,以缓解个体的即时压力。然而,长期而言,仅仅关注问题本身可能忽视了个体的整体发展和成长潜力。而优势视角则强调挖掘和激发个体或系统的积极特质与资源,不仅帮助个体应对当前的逆境,还培养了他们未来面对困难的能力,并非仅仅是问题的解决。但优势视角也有其局限性,在一些紧急或严重的情况下,仅仅依靠个体的内在资源和优势可能不足以解决问题。此时,问题视角中的直接干预可能是必要的。在实际应用中,这两种视角可以相互补充,共同促进抗逆力的提升。如可以从问题视角入手,快速缓解个体的即时危机,随后转入优势视角,发掘和利用个体及社群的内在力量与资源,以实现长期的适应性和积极发展。

2) 研究方法:定性研究与定量研究

对抗逆力的研究,主要有定性和定量两种方法。

定性研究强调对抗逆力的深入理解,通过个案研究、访谈和观察来获取丰富的、细节化的信息。这种方法通常关注抗逆力的发展过程,而非单一的行为或结果。定性研究可以揭示抗逆力如何在个体的生活经历中逐步形成,并探索这一过程中的关键转折点和影响因素,注重个体的主观体验和视角,认为每个人的抗逆力经历都是独特的。通过个人叙述,研究者能够更全面地理解个体如何利用自身及外部资源来应对困境。例如孙瑞琛等(2010)在研究汶川地震后个体抗逆力中,采用质性研究方法进行个案研究,使用参与式观察、心理咨询的记录文本分析及生活随访。田国秀、侯童(2012)于 2008 年 9 月—2010 年 7 月,在北京某中学通过参与观察、半结构式访谈、焦点小组等方法,对学习困境中的学生的干预过程与效果进行研究。雷鸣、戴艳(2012)采用半结构访谈的方法,着重从压力源、应对的内外资源方面进行访谈和录音,归纳出优秀贫困大学生心理复力内外在保护因子。姚进忠、郭云云(2014)项目研究运用参与式观察、生活随访、入户调查等方法收集相关资料。澳大利亚研究人员巴克尔等通过实证调研和专家讨论,得出了对个体和社区的抗逆力定性评估方法。穆斯塔法(Mustafa)通过实证调研和对调研数据进行分析等方法发现,灾难抗逆工作的关键是集中救助脆弱的对象,并且提出社会经济不平衡和性别会对抗逆力造成影响。诺里斯(Norris)等认为社区抗逆力是社区的适应能力面对灾难或突然的变化进行适应的过程,在此基础上建立了一种包含经济发展、社会资本、信息和交流以及社会支持的概念模型,认为四个维度决定了一个社区恢复能力的大小。要想增强社区抗逆力,需要减少资源和经济的不平衡,增加组织之间的联系,促进和鼓励社会支持,以及拥有灵活的、有弹性的和可信任的信息资源。

定量研究主要使用问卷、量表和其他标准化工具来收集数据,以确定影响因素。这种研究方法产生的结果是具体且可量化的,便于进行比较和复制。这使得研究结果更加客观,并为制订基于证据的干预措施提供了依据。例如,师彦洁(2011)研究的第二部分以高中生为研究对象,采用问卷调查法,对高中生日常性学业复原力、自尊、社会支持的特点进行考察,并探讨了自尊、社会支持与高中生日常性学业复原力之间的关系。沈之菲(2009)采用分层随机抽样的方式对上海市 5 个区的 3 662 名中小学生进行问卷调查,了解中小学生应激性生活事件、应对方式和抗逆力的情况。韦海燕(2009)在对大学生复原力的干预的研究中,采用观察记录、量表施测、成员访谈、反馈等手段进行定量研究和定性研究。郭雪萍(2011)运用复原力量表、情感指数量表和一般心理健康问卷,通过整群抽样的方式对河北省 664 名大学生的复原力、主观幸福感、心理健康进行评估。佩顿等研究了新西兰受到鲁阿佩胡火山 1995 年和 1996 年爆发影响的社区恢复情况,以社会心理学为基础,通过对社区进行问卷调查,并对结果进行统计分析,得出结论:个体的自我效能感、问题解决能力、社区从属感和年龄是社区灾难抗逆力的主要预测变量。

3. 抗逆力在应急管理中的应用

1) 应急管理领域中的抗逆力的含义

在应急管理领域中,抗逆力指的是系统对各种风险和灾害的适应与恢复能力。抗逆力强调系统能够积极对抗和适应风险灾害的冲击,通过风险因素与保护因素的互动机制,发挥自组织作用的内在特质。在动态的应对过程中,抗逆力还包括快速减灾和恢复常态的能力,这需要调用多样性策略、冗余资源和启动重构。樊博和乔楠(2022)构建了包括属性、结构、过程、能力的多维度抗逆力概念集合,进一步细化了抗逆力的理论框架。

(1) 属性维度方面。MCEER(地震工程研究多学科中心)提出抗逆力的四个因素:鲁棒性(robustness)、冗余度(redundancy)、富足性(resourcefulness)、快速性(rapidity),简称4R模型,这四个要素可以应用到任何社会系统中。其中,鲁棒性指在面临环境突变时,系统抵制破坏并能持续、有效运行;冗余度指在社会系统面临打击或破坏时,其他系统能够替代原系统继续提供基本功能和服务;富足性指社会系统能够有效地动员资源的充裕度;快速性指在面临危机时,迅速反应对事件予以反应的时间长短。

(2) 结构维度方面。王艳等学者基于凯恩琳·蒂尔尼对强抗逆力系统的过程和结构特征的描述进一步阐述抗逆力的测量,他们认为抗逆力建立在明确抗逆力来源基础之上,其来源可分为过程和结构两方面,强抗逆力的形成来源于系统的结构要素和过程要素的持续改进。在结构要素中,其测量包括系统多样性、结构去中心化、组织网络化、社会资本。系统多样性指响应计划和响应策略的多样性有助于灾害应对;结构去中心化指地理位置去中心化可以降低灾害或恐怖袭击对组织或系统的影响,而危机发生时,决策的去中心化与冗余性和丰富性相关;组织网络化指在灾害发生时,组织网络能够在技术系统的支持下及时收集、交换和共享信息,以实现相互适应、动态调整;社会资本指在灾害研究中,个人和社会团体的社会资本也被认为是提高组织抗逆力的结构要素,社会资本的增加有助于增加个体获得的信息量,丰富其物质财富,从而增强个体与团体潜在合作的可能性,并获取相应的情感支持。

(3) 过程维度方面。过程维度中构成要素可归纳为利益考量、信息互动、应急灵活性。不同于关注系统内部组成与特性的结构要素,过程要素强调外部环境各主体之间互动协同,主要涉及信息互通、应急处置协同以及制度引导各行动者进行合作。其中,利益考量指组织在时间和工作量的压力下,出于利益考量,往往会偏离安全实施标准或原来已经设定的工作程序,逐渐积累的小偏离的集聚最终导致组织远远脱离已经设定的安全轨道,从而引发灾难性事故;信息互动指在灾害发生时,关键节点能够协调组织间分享信息,共同解决问题;应急灵活性指及时调整方式与手段以应对复杂多变的应急环境。

(4) 能力维度方面。Vugrin和Ehlen、Béné等学者提出抗逆力系统由三种属性构成,可以通过量化进而改进系统。这些属性是吸收能力、适应能力和恢复能力。其中,吸收能力指承灾体本身对外界冲击的直接承受能力,包括:承受的幅度和频次,能够承受多大程度的风险;适应能力指承灾体根据外界环境的变化调整并适应的能力;恢复能力指承灾体在突发事件冲击后的修补能力,包括恢复程度和速度等能力。

2) 应急管理领域中的抗逆力研究

抗逆力研究多聚焦于生态学和心理学领域,而应急管理领域相关研究多聚焦于社区抗逆力,相关理论探索与实践总结主要来自国外的社区研究。国内对抗逆力这一重要理论转向的研究尚处于探索阶段,多侧重于心理学领域的微观个体层面,对于应急管理学科视角下的抗逆力研究十分匮乏。从研究单位的角度,应急管理领域的抗逆力研究可以分为国家层面、社区层面和个人层面。

(1) 国家层面:风险防控模型(Risk Prevention and Control Model)将环境与土地等资源要素纳入抗逆力的考察内容,强调应急抗逆力中资源丰富性的问题。美国地震工程研究多学科中心最早开展对灾害抗逆力概念的研究并提出 4R 模型,将鲁棒性、冗余度、富足性和快速性视为抗逆力概念的重要内涵,认为这四个要素适用于任何社会系统之中。GFM(Global Focus Model)模型将应急抗逆力划分为经济能力、组织抗逆力与基础设施承受力等维度,认为政府灾后组织能力、非政府组织规模以及基础设施数量与密度能够很好地回应同等级灾难不同地区受灾程度不同的问题。

(2) 社区层面:抗逆力能力(Resistance Capacity)模型将社区居民归属感、信任等社会资本要素纳入抗逆力的概念中。Cutter 等提出社区基线抗逆力模型,包括环境、社会、经济、组织、基础设施、社区竞争力等方面,围绕生物多样性、社会网络与信任关系、政府应急预案完备性等对抗逆力进行概念解构。杜兰大学等组织从抗逆力的时间序列过程变化方面对抗逆力概念进行了定义:抗逆力即在应灾过程中浮现的吸收能力、适应能力以及恢复能力。Coles 和 Buckle(2004)则把社区抗逆力等同于社区从灾难中充分恢复的能力、技巧和知识。Pfeferbaum(2005)认为,抗逆力是指社区成员采取有意义的、慎重的以及集体的行动,以补救由问题带来的影响,包括对环境的解释、干预及行动的能力。苏映雪等(2022)从应对突发公共卫生事件以及复杂系统特征出发,前期研究将社区抗逆力系统界定为受政治、文化、经济等多种外部环境因素影响由众多要素、利益主体构成,以实现防灾、减灾和灾害管理为宗旨,具有非线性、复杂动态反馈的主体适应系统,包括社区基础特征子系统、灾害管理子系统、社会资本子系统以及社区发展能力子系统。

(3) 个人层面:Sherieb 以个体应对灾害的能力为视角,引入信息、社会资本、社会支持等要素建立了抗逆力概念网络模型。Garmezy 基于抗逆力的保护因素建立了行为目标模型,强调个体能力(competence)对于抗逆力的影响。Rutter 从环境与个体两个角度提出四种策略,认为降低外部风险与提升自我效能感对增强个人抗逆力同样重要。Adger 从降低风险因素这一维度开展研究并建立个体—环境策略模型,强调风险因素的刺激与保护因素的应激是相互博弈、相辅相成的关系,由此呈现出抗逆力运行的关系框架。Pelling 主要关注个体面对灾难的脆弱性,把个体面对灾难的脆弱性细分为暴露程度、抵抗能力和抗逆能力三个维度,面对灾难个体体现的抗逆力被其认为是个体面对灾难表现出适应的能力。

1.3.3　风险感知理论

1. 风险感知的概念

风险感知(risk perception),又称风险认知,是指人们对风险事物和风险特征的感受、认识和理解。风险感知属于心理学范畴,是指个体对存在于外界的各种客观风险的感受和认识,并强调个体由直观判断和主观感受获得的经验对认知的影响。风险管理是基于人们已有的风险认知水平而采取的评估和管理活动,因此,风险感知是其重要组成部分。根据奥尔特温·雷恩(Ortwin Renn)与伯内德·罗尔曼(Bernd Rohrmann)的观点,风险感知具有以下特点。

(1)风险感知受媒体的影响,因为现代社会面临的多数风险无法为人类感官所体验,而主要是通过沟通学习到的,风险相关信息的传播方式和公众获取、解释信息的方式会对风险感知产生影响。其中,媒体扮演了重要的角色。面对纷繁复杂的信息,人们的注意力会表现出选择性偏好。不当的风险沟通可能导致公众风险感知的偏差。

(2)社会因素影响风险感知,因为人们在接收信息后,通过常识机制处理信息并作出推论,这个过程容易诱发直觉偏见,风险感知中的直觉常常是不可靠的,容易受到社会因素如文化、群体心理等的影响。对于一个风险,人们对其严重程度的感知受以下因素的影响:①预期死亡人数或损失;②灾难性潜能,如人们认为低概率、高损害结果的风险比起高概率、低损害结果的风险更加可怕;③被感知到的风险源或风险情境的属性,如风险是不均衡的,则被认为是严重的;④与风险原因关联的信念。

(3)个体特征也会影响风险感知。其中年龄、性别、职业等个体差异导致不同的风险感知特点。个体的知识、经验和过往风险事件的经历也会影响其对新风险的感知与反应。

另外,美国心理学家保罗·斯洛维奇(Paul Slovic)、B.费希霍夫等描述了在特定文化背景下的两种风险感知模式:一是风险相关模式(risk related patterns),该模式下,个体感知到的"恐惧"并不因与风险相关的客观事实改变而发生变化。以交通类风险感知为例,尽管机动车事故的死亡率远高于飞机坠毁事故,但人们往往认为:驾车时遭遇车祸更易导致伤亡,而飞机一旦失事则难以幸存。这种认知差异体现了统计数据与个体风险感知之间的矛盾——即便客观数据表明汽车更危险,主观上飞机事故的不可控性仍会强化其威胁性。二是情境相关模式(situation related patterns),主要与风险所处的背景相关,在"日常饮食"情境之下,人们觉得只要自己愿意,就能够轻易地控制自己不吃危害健康的食物,比如甜食、饮酒等,而对于转基因、化学合成这类食品,有着高度的敏感性,这主要在于人们觉得这类食品处于公共机构缺乏监管的"失控"状态。对于同样的风险后果,人们的关注度可能完全不一样。

为了理解人们面对风险的不同感知模式,雷恩将风险分为五类:即时威胁型、听天由命型、挑战自我型、机会游戏型与潜伏危害型(表1-2)。

表1-2　雷恩风险分类模型概述

类　　别	典型示例	专家观点	公众感知
即时威胁型	核电站、危化品存放点、液化天然气罐等技术型事故	1. 发生概率可计算 2. 可通过有效技术手段降低发生概率、减轻事故后果 3. 人们将技术型事故往往归因为某组织或个体"行动与事故决策"的后果	1. 发生概率即使很低,也可能随时发生 2. "概率"对于事故发生而言毫无意义

续表

类　　别	典型示例	专家观点	公众感知
听天由命型	地震、洪水、龙卷风等自然灾害	与技术型事故相比较,人们对此类灾害的归因更多基于宗教信念、神话传说或其他神秘观念	1. 远离或逃跑 2. 否认其存在
挑战自我型	登山、滑翔伞、攀岩等探险运动	1. 活动的目的并非获益,而在于冒险活动本身 2. 某些技术型事故与"本能的冒险渴望"相关	1. 证明个体的能力 2. 体验战胜自然或其他风险的成就感 3. 出于某种冒险的本能渴望
机会游戏型	博彩	1. 风险概率已知,某种程度上类似于技术型灾难 2. 风险活动收益和损失与个人能力无关 3. 将健康或个人生活做赌注时,会造成危害	1. 成本收益间的极大反差与总有获益者的现象,让人们相信"自己会是下一个获益者" 2. 受到某种个人系统思想的支配,如幸运数字、星座预测等
潜伏危害型	食品添加剂、离子辐射、农药、转基因食品等	1. 科学家的研究很难满足公众对于"确定答案"的需要 2. 科学家的预测得不到证实 3. "可能性与后果"不再是判断和认知此类风险的主要衡量标准	1. 总是期待得到一个确切的答案,将风险与风险源画上等号 2. 对于低概率的相关事件显示出极高关注水平,如某些动物大批死亡等 3. 具有将自己放在受害者位置的倾向

资料来源：方曼.风险感知跨学科研究的理论进展与范式变迁——基于心理学视域的解读[J].国外理论动态,2017(6)：117-127.

2. 风险感知的两大流派

风险感知的研究始于 20 世纪 60 年代,那时开始关注公众对风险的认知与评价。研究者 Sowby 设计出了一整套风险对比方法,这一方法的本质是与风险沟通相关联。Starr 的发现表明,风险可接受性不仅关系到风险本身的收益评估,还需要考虑人们的主观尺度,如自愿性等。他的理论为风险感知研究奠定了理论基础。在 20 世纪 70—80 年代,以斯洛维奇为代表的研究者运用心理学方法来研究风险问题,侧重对风险根源的主观特征和主观感受的测量。斯洛维奇等利用心理测量范式模型对风险感知进行了不同维度的测量,依据两个基本前提:一是感知风险是可以定量化并预测的,二是"风险"对每个人具有独特含义。20 世纪 90 年代,玛丽·道格拉斯(Mary Douglas)等学者提出风险的文化理论流派,强调从认知主体自身生活方式的视角理解风险感知及与风险有关的行为的流派。21 世纪初以来,风险感知研究的理性决策阶段逐渐实现了跨学科与范式变迁的统一,各学科之间的互动促进了理论的发展。当代风险感知理论研究流派趋向于融合,文化理论流派和心理测量流派之间出现了学科融合研究趋势及后现代趋势。

1）风险的心理测量流派

风险的心理测量流派,其代表人物有斯洛维奇、里纳特·舍贝里(Lennart Sjöberg)等,他们主要运用心理学方法研究风险问题,侧重对风险根源的主观特征和主观感受的测量。风险感知研究的策略是建立一个灾害分类体系,以便了解和预测人们面对风险时的反应。分类框架能够被解释为人们为何对一些灾害所造成的风险极度地厌恶,而对一些风险则表现得相对冷漠,还可以反映出专家的观点与真实反应之间的差异。要实现这一目标,最为普遍的方法就是心理测量范式,该方法使用心理缩放和多元分析技术来完成人对待风险的态度与感知的定量化。利用心理测量范式,人们能够定量地判断多种不同灾害的当前风险和期望风险与风险的调节期望水平。这些判断与风险的其他属性相关联,例如:①用于假设风险感知与态度的风险特点情况(如自愿、恐惧、了解、可控性等);②每种灾害带给社会的收益;③每一年由于灾害造成的死亡人数;④灾害年由灾害造成的死亡人数。因此,风险的心理测量学派认为,风险的心理测量理论最重要的前提假设之一为风险是主观的风险,而不是客观的风险,即风险不是独立于人们头脑和文化之外等待被测量的东西。风险是由受心理、社会制度和文化等多种因素影响的个人主观定义的,所以只要调查工具设计合理,当中的很多因素与它们之间的内在关联就可以被量化和模式化,从而阐明个人和社会面对灾难时的反应。

　　斯洛维奇等将心理测量范式运用于风险认知的测量获得了大量的实验数据,成为探讨个体风险认知状况的重要基础。其中,多维风险特征的测量方法是对心理测量原理最具特色的发展。风险特征评价维度的形成完全是基于风险问题的特异性而设计的,对界定和分析风险事件的性质有独到作用。风险特征维度是二级评价指标,被试在各个风险特征上评价多个风险因素,在此基础上可形成风险认知地图(cognitive map)。依靠风险认知地图能够相当直观地标识出风险因素的位置与性质,为学者提供了一个有效评价风险认知状态的工具。

　　斯洛维奇等主要是运用调查问卷法直接询问人们对风险和收益的感知以及人们对不同风险/收益权衡的偏好。他们主要是通过让人们按被认为对风险感知和接受有影响的不同性质或特征,如自愿性、灾难潜力、可控性及恐惧程度等对这些特征排序,从而总结出"灾难人格"的特征,换言之,即主要运用多种心理测量标度方式,对感知风险、感知收益和感知的其他方面进行定量分析。斯洛维奇等在风险感知方面的研究成果颇丰,较有代表性的成果主要集中在以下三个方面。

　　(1)提出因子分析描述模型。因子分析描述模型试图揭示普通公众对各种危险的感知状况和认知特征。斯洛维奇等对34名受访者进行关于风险特征的调查,通过因子分析,从15种风险特征中提取出了两个主要因子——恐惧风险和未知风险,这两个因子共同解释了公众对危险的感知状况和认知特征。研究绘制了一个基于因子分析结果的风险空间排列模式,展示了8种危险在因子空间中的分布情况,这些分布与公众的风险感知紧密相关。研究发现,恐惧风险因子得分较高的危险,公众更倾向于减少其风险并希望通过严格规范来降低风险水平。专家与公众在风险感知上存在显著差异,专家倾向于将风险视为年度预期死亡率的同义词,而公众的风险感知则与各种风险特征或因子紧密相连。情绪因子和认知信任因子是影响公众风险感知的主要因素,而社会信任因子的作用相对较小。情感和情绪在风险感知过程中起着重要作用,它们影响人们对风险的整体知识库和认知评价。启发式影响的研究进一步证实了情感和态度在风险感知中的重要性,积极态度的人群往往感觉到相对较低的风险。另外,恐惧的概念在风险感知研究中被扩宽,包含态度和制造混乱之间的关联,这表明恐惧与人们的态度密切相关。通过态度这座桥梁,恐惧的概念与风险感知之间的关系得到了进一步的阐释,揭示了风险感知的复杂性,即风险感知是一个复杂的多维度过程,涉及情感、认知、社会信任等多个因素的交互作用。为了更全面地理解风险感知,需要对这些因素进行深入研究,以便更好地预测和管理公众对风险的反应。

（2）提出风险的社会放大分析框架。风险的社会放大分析框架是一个形象化的比喻,它描述了风险在传播过程中的两种情形:放大和弱化。这个框架强调了心理、社会、文化和政治因子在风险传播中的互动作用,以及这些因素如何影响风险的管理和干预。在风险的放大过程中,风险的影响范围扩大,可能引发更广泛的社会事件和政治事件,促使风险管理上的干预。相反,在风险的弱化过程中,风险的影响被限制,可能导致社会事件和政治事件的发生减少,风险管理上的干预受到阻碍。风险的传播不仅在时间上有所延续,还在不同的部门和领域之间扩散,形成复杂的影响网络。风险的影响还受到地理条件的影响,不同地区的风险感知和管理策略可能存在显著差异。社会群体的互动、媒体的报道和公众的讨论,都在风险传播中起着重要作用,可能加剧或减缓风险的放大效应。同时个体的心理特征,如恐惧、信任和认知偏差,影响他们对风险的感知和反应,从而影响风险的传播。另外,不同的文化背景也塑造了人们对风险的认知和评价方式,影响了风险的社会放大过程。最后,政治决策、政策制定和治理结构对风险管理具有重要影响,可能促进或阻碍风险的放大。因此,风险管理干预应考虑风险的社会放大效应,采取适当的沟通和政策,以平衡公众的风险感知和实际风险水平。

（3）污名化与风险感知的深入探讨。污名化是指当一个地点或群体与某种负面形象或行为联系在一起时,它在公众心目中的形象受损的过程。这种联系往往导致对该地点或群体的社会排斥和经济排斥。污名化不仅影响被污名化的地点或群体的社会经济状况,还可能引发公众的恐惧和回避行为,降低该地点作为旅游或居住地的吸引力。污名化的信息通过媒体、社交网络等渠道传播,增加了公众的风险感知,使原本可能被认为风险较低的事务被视为高风险。人们往往将污名化的标签与特定的地点或群体联系起来,这种联想一旦形成,就会在人们的脑海中根深蒂固,影响他们的决策和行为。例如,斯洛维奇等于1986年和一群跨学科的社会学家一起预测国家将高放射性核废料仓库建在内华达山脉并投入使用,对内华达州南部居民和社区所造成的社会经济影响。在研究过程中,他们发现"污名化"与风险感知有着较为密切的关联。研究结果表明,有10%的受访者一提到内华达州即会引发其与核有关的联想,研究者认为这与核武器的实验地点在尤卡山脉附近有关。一旦出现与核有关的联想,人们就会降低把内华达州作为旅游胜地的偏好程度。因此,斯洛维奇认为,"污名化"的研究对有害废料处置有着重要意义。"首先,它表明,不管是哪些健康风险与废料产品有关,若一个地区被想象成受污染的或废料遍地的形象,就很可能产生重要的社会经济影响。其次,它加强了有效处理废料从而避免恶性事件（也包括即使没有严重健康风险的那些事件）发生的重要性。"

风险感知研究虽然为理解和管理风险提供了重要理论支持,但其仍然存在诸多弊病。一是风险感知的研究往往集中于个体如何接收和处理信息,而对社会文化背景的影响考虑不足。人们的风险感知是在特定的社会文化环境中形成的,忽视了这一点,研究结果就可能缺乏外部效度。二是研究中虽然引入了情感和价值观因素,但通常只是将其视为信息加工过程中的变量,而非作为个体主动构建意义的基础,这种简化忽视了人们在面对风险时复杂的心理活动,包括情绪反应和价值判断。三是心理测量学派倾向于将个体对风险的反应归纳为普遍模式,忽略了个体间的差异性。这种方法不能充分解释不同个体在风险感知上的差异,可能导致对某些群体的特殊需求和反应的忽视。四是心理测量学派的研究,多聚焦于某一时刻的风险感知,而没有考虑风险感知随时间和环境变化的动态性。这种静态的研究视角无法捕捉到风险感知的复杂变化过程,限制了对风险感知演变规律的深入理解。五是风险感知研究常基于一种假设,即公众的风险感知是非理性的,与专家的理性分析相对立。这种观点忽视了公众在日常生活中积累的经验和智慧,以及他们在面对风险时可能采取的合理策略。六是心理测量范式过分强调研究方法和统计技术,而对理论建构的关注不足。这种偏重导致了大量研究集中在数据收集和分析上,而非理论的深化和创新,影响了风险感知领域的知识积累和理论发展。

2)风险的文化理论流派

风险的文化理论流派,其代表人物有人类学家道格拉斯、迈克·汤普森(Michael Thompson)等,该流派试图以认知主体自身的生活方式理解风险感知及与风险有关的行为。道格拉斯认为风险感知是由社会和文化构建的,而不仅仅是由外部风险本身决定的。她特别强调了社会群体边界和分类系统在风险感知中的作用,认为不同群体对风险的感知和反应取决于其文化背景与社会结构。如她在其著作《洁净与危险》中,将"洁净"与"污秽"同社会分类和秩序规范联系起来,分析了不同文化背景对风险的不同理解和反应。汤普森探讨了如何以认知主体自身的生活方式来理解风险感知,强调了社会建构在风险感知中的作用。其研究指出,对风险的挑选和排序依赖于社会组织无法避免的文化偏好,现代人对风险的识别受到道德、情境和集体认知结构的影响。

道格拉斯和野夫文·威尔达夫斯基在《风险与文化》一书中,通过"格-群"模型来分析不同社会群体的风险感知和偏好。其中,"格"即"网格",代表社会规范和约束的强度,反映了社会的组织化程度;"群"即"群体",表示个体与群体的关系密切程度,反映了社会网络的紧密性。因此,面对风险时存在四种不同类型的人群,这四种类型的人群选择关注的风险类型存在很大差异,分别是:等级主义者,即高"格"和高"群",倾向于强调权威和社会秩序,认为风险是维护社会秩序的威胁;个人主义者,即低"格"和低"群",重视个人自由和市场选择,认为风险是商业机会的体现;平等主义者,即低"格"和高"群",强调平等和共同体,将风险视为集体行动的驱动力;宿命论者,即高"格"和低"群",由于外部控制感强,往往对风险持一种被动接受的态度。当前的研究通常集中在经验理论对这四类人群的风险感知的定量化研究的转换中。

文化理论为理解不同社会和文化背景下的风险感知提供了有力的工具,有助于解释为何不同群体在面对相同风险时反应迥异。通过跨文化比较研究,可以更全面地揭示文化因素如何塑造个体和群体的风险感知与行为模式。尽管该理论在解释力和应用性上取得了显著进步,但仍存在一些局限性。一是文化理论倾向于认为风险感知主要受社会历史文化塑造的世界观影响,而忽视了风险本身的性质。这种偏向可能导致对风险的客观评估不足,从而在风险管理上产生偏差。二是文化理论强调社会情境的重要性,但在将其有效融入具体的风险感知研究中却显得不够充分,这导致理论假设与实际研究之间存在脱节。如现有研究多停留在理论阐述层面,缺乏足够的实证数据来支持文化理论在实际风险感知和评估中的应用。三是研究者试图通过个体水平的调查来间接测量文化相关过程的结果,但这忽视了文化理论所强调的社会结构和群体互动层面的因素。

3. 风险感知理论的研究趋势

风险感知理论的研究趋势是多方面的,涉及不同学科的融合、后现代转向以及对公众风险感知现实意义的探讨。这些趋势不仅反映了风险感知研究的深度和广度,还指示了未来可能的发展方向。

1) 学科融合

学科融合趋势主要体现在心理学和社会学两种研究视角的交叉与融合上。心理测量流派强调运用心理学方法对风险根源的主观特征和主观感受进行测量,而文化理论流派则运用社会学从认知主体自身生活方式的视角理解风险感知及与风险有关的行为。斯洛维奇指出,灾难的社会性反应受多种因素影响,包括个体心理认知、社会文化背景以及社会结构等。这要求研究者从多维度、多领域进行探索,以全面理解风险感知的形成机制。心理学和社会学在风险感知研究中的应用,促使两者的理论框架相互融合,形成了更为综合的分析模型,有助于揭示风险感知的复杂性和多样性。如心理学家在风险感知研究中越来越关注风险对象的社会、文化因素,这些因素对个体的风险感知有重要影响。同时,他们也开始弱化对现实假设因素的关注,转而更加注重主观解释和情境依赖。社会学家在风险感知研究中更加强调风险的现实性,并尝试针对风险认知和反应作出更多个人主义的解释,这种解释考虑了个体在社会结构中的位置和互动模式。

2) 后现代转向

后现代转向主要体现在诠释性风险感知研究流派的兴起上。诠释性风险感知研究流派主要运用解释学和现象学的理论与方法研究风险问题。解释学强调对风险问题的深度理解和解释,侧重于挖掘风险背后的深层含义,而非仅仅进行表面的量化分析。现象学关注个体如何体验和理解他们所处世界中的风险。这种视角强调直接经验和主观感受,认为这些是理解风险感知的关键。另外,诠释性流派采用定性的(如扎根理论)或混合法等研究方法,获取对给定风险问题在其中被识别并理解的情景的"深度描述",强调人们所处的环境和情景的特定性是解读风险的重要特征。这是因为人们的思维方式和解读实践的逻辑深受其体验与知识来源的影响。风险感知不仅是个体心理过程的结果,还受到外部社会环境和文化背景的深刻影响。这种情境依赖性要求研究者将风险放在具体的社会语境中进行分析。

3) 公众风险感知的现实意义

学界越来越认识到公众的风险感知对风险管理政策制定的前提和基础作用,强调公众参与在风险评估和管理过程中的重要性。首先,公众的风险感知对风险管理政策的制定至关重要,因为政策必须反映公众的担忧和期望才能获得广泛支持。有效的政策需要建立在充分了解公众风险感知的基础上,确保政策的针对性和可行性。其次,信息的传播方式和透明度显著影响公众的风险感知。研究者呼吁通过有效的风险沟通促进公众对风险管理政策的理解和支持。如在新媒体环境下,社交媒体的使用强化了公众风险感知,关键行动者可通过社交媒体掌握重要信息源并在风险信息扩散过程中充当意见领袖。另外,研究者呼吁加强公众的风险教育,提高其风险认知能力。这不仅有助于公众更好地理解和应对风险,还能促进公众在风险管理中积极参与。这对于构建具有抵御风险能力的社会至关重要。

1.3.4　风险放大理论

风险放大理论的两个代表性理论是风险的社会放大理论(Social Amplification of Risk Framework,SARF)和社会表征理论。这两个理论为理解公众如何感知和反应风险提供了重要的分析框架。

1. 风险的社会放大理论

1) 社会放大理论的内涵

1988 年,美国学者卡斯帕森夫妇(Roger E. Kasperson 和 Jeanne X. Kasperson)、雷恩以及斯洛维奇等提出了社会放大理论,指的是信息过程、制度结构、社会团体行为和个体反应共同塑造风险的社会体验,从而促成风险结果的现象。这一理论试图描述和解释风险,风险事件与各种心理、社会、制度及文化之间的互动如何增强或者减弱公众的风险感知,并塑造其风险行为,即为什么一个风险事件的最终影响会超过它的初始效应。"某些事件会导致次级后果的扩散,甚至可能超过事件最初的影响,引发原本无关的危害。"[①]通俗地讲,就是引发"涟漪效应"。

在社会放大理论中,风险事件被视为一种信号,信息通过社会及个体"放大站"进行加工,公众的风险感知过程被转化为信号的解码过程。所谓"放大站",包括技术评估专家、风险管理机构、大众传媒、社会团体中的舆论领袖、同辈和参考群体组成的个人网络等。社会"放大站"通过媒体、信件、电话、直接交流等沟通渠道制造和传输信息。在信息传递过程中,每个环节都可能通过增加或删减某些形式和内容来改变原始信息。这种再解读过程会产生"涟漪效应",使得风险感知在社会中不断被强化或弱化。

风险的社会放大理论包含两个机制:一是信息传播机制,即对风险或风险事件的信息传递过程,这一过程受到信息渠道的影响。风险的社会体验无论是直接的个人体验还是通过风险信息获得的间接体验,都可以是风险放大的根源,很多风险并非人们直接经历的,那么通过他人或媒体获知的风险信息就充当了放大的原动力,而"信息的量、信息的受争议程度、戏剧化程度以及信息的象征意蕴"等信息属性是放大或弱化风险的关键变量。二是社会反应机制,即对信息流的解读和反应,这一过程受到个体特征的影响,同时也受制于社会的、文化的和制度的背景的影响。该理论假定了引发社会反应机制的四种途径:第一种途径是个人和团体的价值偏好,即个人和团体在面对复杂的风险时,其价值偏好会显著影响对风险的评估。例如,对于环保重视的个人和团体,可能会对环境风险有更高的敏感度和更严的评估标准。第二种途径是社会团体关系,即利益相关团体的性质和目标会影响其成员对风险的认知与防范。例如,某个依赖特定资源生存的团体可能对该资源相关的风险更为敏感。第三种途径是信号值。风险事件是否传递出危险的预兆和信号,

---

① 皮金,卡斯帕森,斯洛维奇.风险的社会放大[M].谭宏凯,译.北京:中国劳动社会保障出版社,2010.

以及这些预兆和信号的数值,是影响风险感知的重要因素。新风险通常伴随着高信号值,意味着它们更容易被公众感知为威胁。同时风险的属性和危险程度也会影响其信号值。例如,具有潜在致命性的风险通常会被认为具有更高的信号值。第四种途径是污名化,即与不受欢迎的团体或个体联系在一起的负面形象,如污染、疾病等,会引发公众对风险的污名化,这种污名化给风险管理带来了巨大的挑战。

2）社会放大理论的研究现状

风险的社会放大理论相关研究趋向"微观",解释趋向"宏观",从而丰富了风险"放大"隐喻的内涵,形成了多样化的研究方法。

(1)以"微观"研究探索问题,以"宏观"解释分析问题。当前以"微观"研究探索问题主要体现在以下几个方面:第一,研究者开始探索影响"放大"的因素。库哈尔(Kuhar)等将问卷法和访谈法相结合,研究公众对佛罗里达赤潮的风险感知,得出熟悉度(不确定性)和风险的直接经验在风险的放大过程中发挥了重要作用的结论。第二,出现对次级影响和放大站的专门研究。巴克尔(Baki)通过案例研究分析了媒体在将钻井平台弃置深海的风险的放大中发挥的作用,揭示了绿色和平组织如何利用媒体成功地交流风险信号,对抗壳牌公司的计划。麦科马斯等将公众集会看作"社会放大站",探索它对参会者的风险感知的影响,结果得出,公众集会作为一个"社会放大站"并不能独立地发挥作用,而是要与公众、官员以及其他的风险来源互动才能对风险感知有影响。第三,对"放大"和"缩小"机制的探索。卡斯帕森关注和讨论了风险的社会放大机制,他认为,SARF 假设了四个放大风险的机制:个人和团体的价值偏好,社会团体关系、信号值和污名化。除此之外,还有第五个重要的机制——社会信任,即如果公众对有关机构及其管理者高度或日益不信任,那么风险很容易被放大。雷恩认为,SARF 可以与其他的因果理论相结合来帮助理解放大和缩小的机制。他提出共鸣理论可以作为风险放大的解释机制,如果一条消息与目标受众产生共鸣,且他们承认自己与该问题的理解及其对行为的意义相关,那么就可能会产生放大。风险缩小的解释机制则可以借鉴公共资源理论,即如果某人的贡献被自己和他人认为是边缘的和个人的牺牲,并且这些牺牲很快会被他人的过度消费所补偿,那么行为将不会遵循态度的导向,人们会出于抢先利用资源的动机而缩小感知到的风险。

解释趋向"宏观"是指对风险放大现象的解释更多地考虑到了社会文化制度因素,而不是从内部认知的角度一味地关注个体对风险信息的"歪曲"。莱辛(Leschine)在他对石油泄漏和风险的社会放大与缩小的研究中提到,风险的缩小源自"信息流的官僚主义衰减",人们没有注意的东西一直很危险,人们不了解它的原因是政府管理者使信息远离了他们。波莫代尔(Poumadere)等描述了法国热浪(heat wave)风险的缩小,充分利用已有数据对风险缩小的原因进行了深入的探讨:热浪的大部分易感群体的社会特征是老、孤、病、穷,一种污名效应和拒绝倾向在法国可能存在;法国各相关群体的态度,即公众对健康风险持宿命论的态度,精英(专家)采取保密态度,官方持盲目乐观的态度;死亡率和城市生活条件、贫穷、孤独、生病强相关,热浪被证明是沉默的受害者的无声杀手,揭露了面对风险时的社会不平等,是官僚政治管理失败的结果;物理和社会水平之间的复杂联系模糊了风险感知。

(2)丰富风险"放大"隐喻的内涵。一是关注"放大"隐喻中的"缩小"的含义。如伯吉斯(Burgess)以火山灰云为例,说明"天灾"风险被社会缩小的原因。通过频率统计,他得出在欧洲各国报道火山灰云的文章数目少于墨西哥湾漏油和猪流感。在关于火山灰云的报道中,缩小的符号远多于放大的符号,可见,火山灰云的风险在欧洲被缩小了。缩小的原因在于:没有严重的后果,缺乏主要的事件和伤亡;不期而至、持续时间短;没有明确的责任方。二是探讨风险被"放大"或"缩小"的发生条件。一些研究认为,风险的放大或缩小取决于人们的身份。如罗德(Raude)等以牛海绵状脑病(BSE)为案例,研究执业医师(GPs)如何评估和感知 BSE 相关风险,他们报告的对家人和病人的 BSE 相关行为,以及报告的行为和风险感知之间的相关程度。此外,一些研究还认为,风险的放大和缩小取决于我们所能观察到的实际行为与在最佳可用的科学数据的基础上合理预期的行为之间的差异。如 Masuda 和 Garvin 通过考察地方、文化和风险的社会放大之间的关系得出,风险的放大或缩小取决于与文化世界观相关的经验,主要指人们的地方依恋和身份,即人们(局内人和局外人)将这个地方看作一个生活的地方还是发展经济的地方。还有一些研究者认为,风险是被放大还是缩小取决于社会情境。社会文化情境赋予人的诸多考虑,如意识形态立场、货币性损益、股东的责任等方面,都是风险放大的相关因素。三是扩展"放大"过程的含义。放大的过程就是一个信息的加工、建构、交流的过程和效应的传播过程。巴奈特(Barnett)和布雷克威尔(Breakwell)认为,SARF 反映了风险的生命历程,该框架的中心推力是某个风险事件的社会经济影响取决于社会过程,而不是该事件的物理特征。阿尔科克(Alcock)和巴斯比(Busby)也将 SARF 看作一种过程模型,但仅局限于某特定风险产生影响的过程,认为该框架仍关注特定的事件或问题经历转化并产生影响的方式,它没有特别地指向风险随时间迁移的过程。

(3) 多样化的研究方法。SARF 的研究至今已经形成一套比较完善的方法,主要包括资料分析法、访谈法、问卷调查法和分层方法。资料分析法有助于收集某一时间段内的多层次变量(不同的风险国家、领域),但是这种方法多基于一个潜在的前提,即某风险事件的报道频率等同于公众关注度、等同于风险感知和反应,这个前提中默认的关系的合理性还有待商榷。访谈法适合收集某群体的风险感知和行为的文化、价值观和制度上的影响因素,他们的风险行为意向以及深层动机,有助于风险放大机制的探索。问卷调查法相对客观,多用来采集公众的风险感知、态度、信任度、行为倾向等,还可以纳入人口统计学方面的考虑,是实证研究的基础。分层方法实际上是资料分析法的一种,主要包括三个方面:①广泛收集处于不同分析层面的资料,资料涉及个体行动、态度、情感或共同认识等方面,至少要包括两个层次的资料;②包括作为分析的系统焦点的时间维度,即收集到的资料应该覆盖一定的时间段,而且不同层次的资料应该对应相同的时间段,最理想的是收集到危险事件完整的生命周期的全部资料;③分层方法既分析横向某一时刻不同层面发生事件的关系,也分析纵向的同始终的变化,形成连续变化的剖面图,经过一定时间发生于不同层次的资料中的变化的并置是分析的重点。

3) 社会放大理论的研究争议

尽管 SARF 提高了预测哪种新出现或即将出现的风险可能被高度强化或弱化的能力,但该理论仍存在一些争议。一是基本概念的质疑。史蒂芬·瑞纳(Steve Rayner)教授批评说,SARF 将风险具体化,忽视了风险的价值判断和主观性。他进一步指出,"风险的社会放大"这一表述可能会引导人们关注被放大的风险,而忽略被弱化的风险。他还提到,"风险的社会放大"这一术语本身可能带有夸大风险的语义偏好,这可能会影响公众对风险的认知和反应。二是风险放大路径的质疑。SARF 中描绘的放大路径是单向的,实际上,风险的放大和弱化是一个动态的、多因素参与的过程,涉及社会、文化、政治和经济等多个层面的互动,这与实际风险传播过程中复杂无序的因素相矛盾。批评者担心这种模型可能会过分强调单一的风险沟通渠道。三是专家评估与公众认识之间的矛盾的质疑。SARF 试图解释为什么一些被专家评估为风险相对较低的灾害和事件却引起了社会的广泛关注,而一些被认为风险较高的事件却没有引起关注。然而,多米尼克·达科特(Dominic Duckett)等认为,专家评估与公众认知之间并不存在必然的矛盾。不同的利益团体可能会提供不同的专家评估结果来支持他们的观点,这反映了风险评估中的利益冲突和政治斗争。这种多样性可能被 SARF 的理论框架所忽视。四是理论的应用局限。SARF 主要是在西方文化背景下发展的,其在非西方文化背景下的适用性和有效性可能受到限制。这需要更多的跨文化和跨国研究来验证。另外,SARF 被批评可能更适合处理突发的、急性的风险事件,而对于长期的、慢性的风险问题,如环境污染和气候变化,其解释力度可能有限。

2. 社会表征理论

风险的社会表征理论由法国心理学家瑟奇·莫斯科维奇(Serge Moscovici)在 20 世纪 60 年代提出,旨在理解和解释个体与社会群体如何构建、解释及应对风险。社会表征理论以常识理解新事物为出发点,关注个体和社会层面的交汇点,通过群体成员之间的互动达成共识,同时允许个体差异的存在。目前,社会表征理论已逐渐发展成为风险研究领域的一个重要理论框架。在风险研究领域,社会表征理论特别关注人们如何形成对风险的认知、感知和反应。具体来说,社会表征是指群体成员在互动过程中,通过共享的知识、信仰、价值观和实践系统,对新异事物(如风险)进行解释和重构的过程。这种解释和重构旨在使新异事物与已有的表征系统相容,从而恢复常识在日常生活中的有效性和合理性。由于风险的出现威胁着人们的身份和已经建立的秩序,违反了人们对事物的预期,人们无法用已有的知识系统来解释和应对,因此会产生不安。为了缓解这种不安,重新构造一个稳定的、可预测的世界,社会表征的作用开始凸显。通过考虑风险的社会表征,可以更好地预测和解释公众对风险的反应,从而制定更有效的风险管理和沟通策略。

1)理论基础

社会表征理论为风险研究提供了丰富的理论基础,主要包括结构理论、身份理论和三角巧克力模型等。

结构理论认为,社会表征是由中央核心(central core)和外围元素(peripheral elements)两个主要部分组成的。中央核心是社会表征中最为稳定、连续且核心的部分,它代表了群体成员共享的、具有普遍性和共识性的观念、意象与价值观。这些元素构成了社会表征的基础,为群体成员提供了共同的理解框架和行动指南。中央核心具有社会性和历史性,它融合了社会文化因素,使得社会表征不仅仅是个体经验的简单叠加,而是具有深厚社会根基的集体知识。中央核心具有以下特点:一是规范性,中央核心为群体成员提供了行为规范和社会准则,指导他们在面对特定社会现实时如何行动和决策;二是功能性,它帮助群体成员对外部世界进行分类和解释,促进人际沟通和社会互动;三是稳定性,中央核心的稳定性使得社会表征能够在一定时期内保持相对不变,为群体成员提供稳定的认知框架。外围元素是围绕中央核心展开的、相对灵活和敏感的部分。它们受到社会情境、个体经验和外部环境等多种因素的影响,呈现出多样性和动态性。外围元素的存在使得社会表征能够适应不同的社会环境和文化背景,保持其灵活性和适应性。外围元素有三项基本功能:一是防御,外围元素通过不断的变化和调整,维护中央核心的稳定性,使其免受外部环境的冲击和破坏;二是差异性,外围元素的灵活性允许个体在保持群体共识的基础上,展现出个性和差异性,促进群体的多样性和创新性;三是动态性,外围元素的变化使社会表征具有动态性,能够随着时间和环境的变化而不断演化和更新。中央核心和外围元素是相互依存、相互作用的。中央核心为外围元素提供了稳定的基础和方向,而外围元素则通过不断的变化和调整,为中央核心注入新的活力和内容。这种相互作用使社会表征既具有稳定性又具有动态性,既能够保持群体的共识和凝聚力,又能够适应外部环境的变化和发展。

社会表征的身份理论强调,个体的身份定位是其对社会客体进行表征的出发点和基础。不同的身份背景,如性别、种族、职业、社会地位等,会塑造个体独特的认知框架和解释模式,从而导致对同一社会客体产生多样化的表征。这种表征的差异性不仅反映了身份认同的多样性,也揭示了社会结构对个体认知的深刻影响。在社会表征的身份理论中,新事物或社会变革往往被视为一种潜在的威胁,因为它们可能挑战现有的身份认同和社会秩序。面对这种威胁,个体或群体会产生强烈的情感反应,尤其是焦虑感。焦虑作为一种基本的心理防御机制,促使人们采取行动以抵御潜在的危险。在这个过程中,社会表征成为一种重要的心理工具,帮助个体或群体理解和应对外部世界的不确定性。为了维护自我身份和自尊,个体或群体会采用一种分裂的机制来应对外部威胁。这种机制表现为对他人或外群体的极端化表征,即将外群体与威胁紧密联系起来,使用极化的词语和刻板印象来描绘他们。同时,个体或群体会将负面的经验和感觉向外投射,而将正面的经验和感觉保留在内部,以此构建一个积极的内心世界。这种分裂机制不仅强化了群体内部的凝聚力,也加剧了群体间的对立和冲突。社会表征的身份理论对于理解社会现象、预测社会行为以及制定社会政策具有重要意义。首先,它揭示了身份认同在社会认知中的核心作用,提醒我们在分析社会问题时不能忽视身份因素。其次,该理论为我们理解群体冲突和偏见提供了新的视角,指出这些现象往往源于身份认同的威胁和焦虑感。最后,该理论还为社会政策的制定提供了启示,即政策制定者应该关注不同群体的身份需求和情感反应,通过促进身份认同的多样性和包容性来减少社会冲突与偏见。

社会表征的三角巧克力模型,由鲍尔(Bauer)和加斯克尔(Gaskell)于1999年提出,用于解释和理解社会表征的复杂性与动态性。该模型的核心思想是将社会表征视为一个由主体(subject,简称S)、客体(object,简称O)和投射(projection,简称P)构成的三元组,这一结构可表示为:表征 $= f(S, O, P)$。主体指的是参与社会表征过程的个体或群体。这些主体具有认知能力、情感反应和社会互动能力,他们通过自身的经验和背景来理解与解释社会现象。主体在社会表征过程中扮演着至关重要的角色,他们的认知框架、价值观念和文化背景都会影响他们对客体的表征。客体是被表征的对象,可以是具体的物理实体、抽象的概念、社会现象或社会事件等。在社会表征的过程中,客体是主体认知和解释的焦点。客体的性质、特征和变化都会影响主体的表征内容与方式。例如,在全球化的背景下,文化多样性成为一个重要的客体,不同国家和地区的人们会根据自身的文化背景与经验来理解及表征这一现象。投射是指主体在表征客体过程中所采用的心理机制和认知策略。它涉及主体如何将自身的认知框架、价值观念和文化背景应用到对客体的理解与解释中。投射是连接主体和客体的桥梁,它使主体能够将自身的内心世界投射到外部世界中,从而形成对客体的特定表征。投射过程可能受到多种因素的影响,包括社会环境、历史背景、文化传统等。三角巧克力模型将社会表征视为一个动态变化的过程,其中主体、客体和投射三个要素相互作用、相互影响。模型强调了社会表征的多元性和复杂性,认为不同的主体可能对同一客体产生不同的表征。这种差异性的表征不仅反映了主体的多样性和差异性,也揭示了社会现象本身的复杂性和多样性。此外,三角巧克力模型还强调了社会表征的历时性变化。随着时间的推移和社会环境的变化,主体对客体的表征也会发生变化。这种变化可能表现为新的表征形式的出现、旧有表征的消亡或不同表征之间的竞争和融合。因此,该模型为我们理解社会现象的发展和演变提供了有力的理论工具。

2) 特点

风险的社会表征理论的特点主要体现在以下几个方面。

(1) 多维度的视角。该理论从社会、文化和心理等多个维度出发,全面审视风险的感知、理解和应对过程。它不仅仅关注风险本身的物理或技术属性,更重视风险如何被社会成员所认知、解释和赋予意义。这种多维度的视角使得风险研究更加全面和深入。

(2) 动态性与历史性。风险的社会表征理论认识到风险是动态变化的,它随着时间、社会环境和文化背景的变化而不断演变。这种动态性和历史性使该理论能够捕捉到风险在不同历史时期和社会背景下的独特特征,为理解风险的变化趋势提供有力支持。

(3) 强调社会互动。该理论强调风险是在社会互动中构建和感知的。个体或群体通过交流、分享和协商来形成对风险的共同认知与理解。这种社会互动不仅塑造了风险的表征,还影响了人们对风险的应对策略和行动。因此,该理论有助于揭示风险感知和应对背后的社会心理机制。

(4) 尊重个体差异。尽管社会表征具有共享的核心成分,但该理论也允许外围成分的变化和优化,以及差异性的存在。这意味着不同个体或群体可能根据自身的经验、价值观和信仰对风险产生不同的感知与理解。这种对个体差异的尊重使该理论更加贴近现实、更具解释力。

(5) 指导实践应用。风险的社会表征理论不仅具有理论价值,还具有实践指导意义。它可以帮助政策制定者、企业管理者和公众更好地理解风险的本质与特征,从而制定更加科学、合理和有效的风险管理策略与应对措施。同时,该理论还可以促进不同利益相关者之间的沟通和协商,使其共同应对风险挑战。

(6) 促进跨学科研究。风险的社会表征理论涉及社会学、心理学、文化学等多个学科领域的知识和方法。这种跨学科的研究方法有助于打破学科壁垒,促进不同学科之间的交流和融合。通过整合不同学科的研究成果和视角,可以更加全面地理解和应对风险问题。

3）未来研究趋势

关于风险的社会表征理论,未来研究可着重关注以下三个方面:①风险的社会放大理论构建了一个综合分析框架,用于阐释风险现象的形成与演变机制。它强调了风险信息传递和社会反应过程中心理、社会因素的互动作用。然而,该理论在解释个体和社会放大站的具体作用机制及反应模式方面存在局限性。社会表征理论则侧重于因果关系的探索,具有较强的解释力,可以弥补这一不足。未来研究可以将社会表征理论作为理论基础,融入风险的社会放大理论中,通过两种理论的有机结合,构建更为全面和深入的风险分析框架。这一框架将更好地解释风险如何被社会放大、个体和社会如何对风险进行认知、情感反应及行为应对等复杂过程。②解释公众风险感知与应对行为的不一致。在实际生活中,经常观察到公众对风险的认知和情感反应与其实际应对行为之间存在不一致现象。例如,尽管公众在认知上已经接受了某种风险的存在,但在行动上却可能采取消极或回避的态度。未来研究应深入探讨这一现象背后的原因,包括个体心理因素(如恐惧、侥幸心理等)、社会环境因素(如制度规范、信息传播等)以及文化背景等。通过综合分析这些因素,揭示公众风险感知与应对行为之间不一致的内在机制,为制定有效的风险管理策略提供依据。③明确风险表征的基本理论问题。风险感知是公众对风险的主观感受和理解,而风险表征则是这种感知在社会层面上的表现形式。未来研究需要明确风险感知是否和风险表征的某个维度(如态度)相同,或者风险感知本身就是风险表征的一种表现形式。这种关系的明确有助于我们更好地理解风险在社会中的传播和演变过程。此外,还需要进一步研究风险表征的性质和变化规律。风险表征是如何在社会互动中形成的?它是如何随着时间和环境的变化而演变的?这些因素如何影响公众的风险感知和应对行为?这些问题的解答将有助于我们构建更为精准和有效的风险管理体系。

案例讨论

"恶魔医生"事件

2022年8月14日,有网民匿名在网上发帖"如何看待某国内知名三甲医院某医生?"此帖一经发布,网友纷纷跟帖,指出该医生存在严重的医疗作风问题,包括频繁对患者使用高额治疗、夸大病情开展手术、用其他患者的结石和血液冒充手术患者的、随便给病人化疗与切肠等,相关舆情在网络上持续发酵,引发众议。该帖浏览量突破1 345万,跟帖数755条。8月16日,该院发布情况说明,对涉事医生开展调查,停止其工作。8月18日,该院发布情况说明"初步调查发现,该医生在医疗过程中存在不规范行为,将继续开展调查"。在此期间,随着国内主流媒体的报道,话题声量迅速升高,该事件相关热点话题在新浪微博的阅读量累计超6.48亿。随后8月20—24日,话题热度有所回落,但相关舆论话题逐步延伸至"组织—医院""行业—医生"以及"卫生系统"等领域。8月25日,该院召开"改进医疗作风·规范医疗行为"专项行动启动会。8月26日,该省卫生健康委通报:"经初步调查,发现该医生涉嫌严重违法,并正接受该市监察委员会监察调查。"相关话题历经二次爆发,新浪微博阅读量突破6.83亿,话题声量到达监测内峰值。8月28日,中央纪委国家监委网站发表评论文章《坚决维护医疗领域风清气正》,及时回应群众难点、痛点、焦点,坚决纠治医疗卫生领域腐败和不正之风。监管部门介入调查并适时发声,坐实该医生存在违法、违纪情况,安抚网民情绪,话题热度出现二次回落。优讯舆情监测平台显示,截至 8 月 31 日 24 时,相关舆情共计 370 887 篇。其中,新浪微博 198 655 篇,客户端 96 554 篇,论坛 2 709 篇,微信 11 162 篇,视频 55 975 篇,网站 5 721 篇,报刊 69 篇,电视 19 篇。

资料来源:兰琳宗.今日锐评|坚决维护医疗领域风清气正[EB/OL].(2022-08-28). https://www.ccdi.gov.cn/pln/202208/t20220828_214123.html.

思考:请根据社会放大理论分析风险信息扩散与社会反应机制,进而剖析涟漪效应中风险扩散及放大的效果,为以后相似案例的风险防范提供对策与建议。

即 测 即 练

第 2 章

风险管理的流程和方法

本章学习目标

1. 了解什么是风险管理,对风险管理有一个全面、清晰的认知;
2. 了解风险识别的含义、程序和方法;
3. 了解风险评估的含义、流程、内容和方法;
4. 了解风险控制的含义、策略;
5. 理解风险决策管理的内容、程序和方法。

引导案例

雨润集团内外交困:资金链被指紧张,以火腿肠抵债

在 2015 年的中国商界,雨润集团无疑是一个备受瞩目的焦点。这个曾经的肉类加工巨头,因为资金链的严重问题,陷入前所未有的危机。其中,商票无法兑现、火腿肠抵债的事件更是引起了广泛关注和舆论哗然。

事情的起因可以追溯到 2015 年 8 月。当时,上海一家钢材供应商陈志峰(化名)向媒体透露,他手中持有的雨润集团旗下地产公司开具的商业承兑汇票(商票)无法兑现。这张商票的总金额为 350 万元,由江苏地华实业集团有限公司(雨润集团旗下的地产公司)开出,出票日期为 2015 年 2 月 13 日,到期日应为数月后的某个日期。然而,当陈志峰按期前往银行承兑时,却被告知付款人余额不足,无法支付。

这一消息迅速引发业界的震动。商票作为一种以公司信誉为担保的支付工具,其无法兑现往往意味着公司的资金链出现了问题。而雨润集团作为业内的知名企业,其商票无法兑现无疑是对其信誉的严重打击。

更令人震惊的是,雨润集团在商票无法兑现后,竟然提出了以火腿肠抵债的方案。据陈志峰透露,对方负责人表示,由于公司资金链紧张,无法支付现金,但可以提供雨润品牌的火腿肠作为抵债物品。这一提议立即引发了陈志峰的强烈不满和舆论的广泛关注。毕竟,一个做钢材生意的供应商,要那么多火腿肠又有何用? 更何况,这些火腿肠的销路也是个问题。

除了火腿肠抵债的荒谬提议外,雨润集团还提供了另一种抵债方案:房产。然而,这些房产大多位于偏远地区,销售情况不佳,根本无法与商票的价值相匹配。因此,陈志峰和其他供应商纷纷表示拒绝,并要求雨润集团尽快支付现金。

雨润集团的资金链危机并非一朝一夕形成。早在 2014 年初,雨润集团旗下的另一家上市公司中央商场的负债率就已高达 90%。而雨润食品作为雨润集团的主营业务,其盈利能力也在逐年下滑。2015 年 7 月 13 日,雨润食品发布盈利预警,称上半年亏损将不少于 7 亿港元。这一消息无疑为雨润集团的资金链危机火上浇油。

与此同时,雨润集团的高层人事变动也加剧了这一危机。2015 年 3 月,雨润集团掌舵人祝义财因涉嫌经济问题被监视居住。随后,中央商场副董事长胡晓军也因违纪问题被调查。这一系列的人事变动使雨润集团的内部管理和决策出现了混乱,进一步加剧了资金链的紧张。

在内外交困的情况下,雨润集团开始尝试通过出售资产来缓解资金压力。然而,这些努力并未能从根本上解决资金链的问题。随着商票无法兑现、火腿肠抵债等事件的曝光,雨润集团的信誉和品牌形象受到了严重损害。

面对这一危机,雨润集团需要采取切实有效的措施来恢复资金链的稳定和信誉的重建。然而,这一过程的艰难和复杂性不言而喻。雨润集团能否成功走出困境,还需要时间和市场的检验。

总的来说,雨润集团资金链危机中的商票无法兑现、火腿肠抵债事件是一个深刻的教训。它提醒我们,企业的稳健经营和信誉建设至关重要。资金链一旦出现问题,不仅会危及企业的生存和发展,还会对供应商、员工和社会造成不良影响。因此,企业应该加强风险管理,确保资金链的稳定和安全。

资料来源:盛潇岚.雨润内外交困:资金链被指紧张 以火腿肠抵债[EB/OL].(2015-08-25).http://www.ce.cn/cysc/sp/info/201508/25/t20150825_6314764.shtml.

2.1　风　险　识　别

要健全风险防范化解机制,坚持从源头上防范化解重大安全风险,真正把问题解决在萌芽之时、成灾之前。要加强风险评估和监测预警,加强对危化品、矿山、道路交通、消防等重点行业领域的安全风险排查,提升多灾种和灾害链综合监测、风险早期识别和预报预警能力。要加强应急预案管理,健全应急预案体系,落实各环节责任和措施。要实施精准治理,预警发布要精准,抢险救援要精准,恢复重建要精准,监管执法要精准。要坚持依法管理,运用法治思维和法治方式提高应急管理的法治化、规范化水平,系统梳理和修订应急管理相关法律法规,抓紧研究制定应急管理、自然灾害防治、应急救援组织、国家消防救援人员、危险化学品安全等方面的法律法规,加强安全生产监管执法工作。要坚持群众观点和群众路线,坚持社会共治,完善公民安全教育体系,推动安全宣传进企业、进农村、进社区、进学校、进家庭,加强公益宣传,普及安全知识,培育安全文化,开展常态化应急疏散演练,支持引导社区居民开展风险隐患排查和治理,积极推进安全风险网格化管理,筑牢防灾、减灾、救灾的人民防线。

2.1.1　风险识别概述

1. 风险识别的定义

风险识别指的是风险管理人员运用相关的知识和方法,通过连续、系统、全面的判断与分析,确定风险管理对象的风险源、风险类型及风险严重程度等要素,并且分析风险因素诱发风险事故的机理这一过程。其目的是便于实施风险管理过程中的风险衡量,进而选择最佳的风险处理方案。

2. 风险识别的特点

1) 系统性

风险识别不是片面或局部的,而是一个全面、系统的过程,要求从全局的角度出发,全面覆盖组织或项目所面临的各种潜在风险。这意味着识别过程需要考虑到所有可能影响目标实现的因素,无论这些因素是显性的还是隐性的,是直接的还是间接的。同时风险识别要求按照系统的流程及方法来识别风险,这意味着在识别过程中,需要深入理解组织或项目的运作机制,明确各个环节之间的依赖关系和相互影响,从而准确地把握风险产生的根源和传播路径。

2) 连续性

风险管理对象的活动及其所处的环境是在不断变化的,在整个风险管理的过程中,都需要进行风险识别,在风险管理初期,主要是针对潜在的风险事件进行预判;在风险管理中期,潜在的风险可能会发生,也可能不会发生,这就需要通过风险识别进行判断;而随着风险管理的进行,又有可能产生新的风险,也就需要不断地进行风险识别。这样一来,在整个风险管理周期中,始终需要进行风险识别,因此风险识别是一个连续的过程。

3) 科学性

风险识别需要运用科学的数据、方法及工具,以确保识别结果的准确性和可靠性。风险识别依赖于大量的数据支持,这些数据必须来源于可靠的渠道,以确保其真实性和准确性。例如,企业在进行市场风险评估时,可能会参考行业报告、市场调研数据等,这些数据需要由权威机构或专业公司提供。同时,在风险识别过程中,还会对数据进行严格的质量控制和筛选,以确保后续分析的有效性;为了更准确地评估风险的大小和可能性,风险识别过程中往往需要采用科学的技术和方法进行量化分析。例如,通过构建风险矩阵将可能的损失程度和发生的可能性进行量化评分,从而帮助决策者更直观地了解风险情况并制订相应的应对措施。

4) 预测性

风险本质上是不确定性的体现,而风险识别正是对这种不确定性的认知过程。在风险识别过程中,风险管理人员会运用相关的知识和方法,对组织可能面临的各种潜在风险进行预判和评估。这种预判和评估本身就是一种预测行为,旨在提前揭示那些可能对组织目标产生负面影响的因素。通过风险识别,组织可以提前识别出潜在的风险因素,并主动采取措施进行防范和应对。因此,风险识别需要具有一定的前瞻性和预测性,能够基于当前的信息和趋势预测未来的风险。

5) 动态性

由于组织内外部环境的不断变化,风险因素也会随之发生变化。因此,风险识别是一个动态的过程,需要定期或不定期地对已识别的风险进行重新评估和调整。同时,对于新出现的风险因素也需要及时进行识别和评估。此外在风险识别的过程中,随着新信息的获取和旧信息的更新,风险管理人员需要不断对已有的风险清单进行迭代和修订,不断提高风险识别的准确性和有效性,为组织或项目的顺利实施提供更加有力的保障。

2.1.2 风险识别的程序

风险识别是风险管理的第一步,其程序通常包括以下几个关键步骤,如图 2-1 所示。

1. 收集信息

风险识别需要充足的信息为后续的决策提供支持,为后续开展风险管理提供充足的信息。在进行风险识别时,需要全面、准确地收集尽可能多的与组织活动或项目相关的各种信息,包括内部环境(如财务状况、运营流程、组织结构等)和外部环境(如市场趋势、政策法规、竞争对手动态等),这有助于后续步骤的顺利进行。

2. 分析排查风险源

在收集组织相关信息之后,需要基于收集到的信息分析排查风险源,风险源是指那些可能导致风险后果的因素或条件的来源。风险管理人员在识别风险管理单位面临的风险时,最重

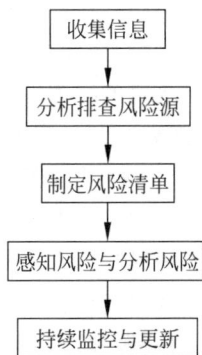

图 2-1 风险识别的程序

要、最困难的工作是了解风险管理单位可能遭受损失的来源。如果风险管理人员不能识别风险管理单位所面临的潜在损失风险,风险因素聚集或者增加,就会导致风险事故的发生。在风险事故发生以前发现引发风险事故的风险源,是风险识别的核心,因为只有发现风险源,才能有的放矢地选择风险处理技术,才能改变风险因素存在的条件,才能防止风险因素的增加或聚集。一般来说,引发风险事故的风险源大致可以分为以下几类。

1) 自然环境风险源

自然环境风险是指由于自然环境的变化或自然灾害等不可抗力因素引发的风险。自然环境是最基本的风险源,地震、干旱和过度降水都可能导致损失。例如,地壳运动引发的地震可能导致建筑物倒塌、人员伤亡和财产损失;暴雨、融雪等引发的洪水可能淹没农田、城市,造成经济损失和人员伤亡;强风、暴雨和风暴潮等台风灾害可能破坏基础设施、影响交通和供电。当然,它也可能是机遇的来源。例如,晴朗的天气就可能使旅游业收入增长。

2) 社会环境风险源

社会环境是指人们的道德信仰、价值观、行为方式、社会结构和制度。当人们的道德信仰和价值观受到冲击时,就可能发生一些意想不到的事件,这些事件可能会影响到组织的发展。此外,不同国家和地区的社会环境可能有很大差别。当一个公司要拓展国际业务时,就会面临社会环境带来的风险。例如,由于中美双方在劳资关系、文化、工会运动等方面存在差异,福耀玻璃在进军美国时面临了诸多挑战,一些当地员工质疑公司的经营方式和管理标准,全美汽车工人联合会也对福耀玻璃发起了激烈的工会运动,这给福耀玻璃在美国的发展带来了生产和管理等风险。

3) 政治环境风险源

在一个国家或地区,政治因素可能会成为非常重要的风险源。政治环境主要是通过

政府的政策对组织产生影响,如当前我国大力发展新能源行业,针对新能源行业出台了许多补贴政策,对于新能源汽车行业而言,提供了一个很好的发展机会,但同时也给传统油车企业的发展带来了风险。在国际领域,政治环境非常复杂,跨国公司在识别风险时,需要考虑东道国(地区)的政治环境,风险管理人员需要了解当地的相关政策。

4)经济环境风险源

人类经济活动也会产生风险和不确定性,进而引发风险管理单位损失的风险。企业的很多风险,尤其是市场价格风险,都和经济环境密不可分。虽然从一定程度上来说,某个特定政府的行为能够影响到国际资本市场,但政府并不能完全控制经济环境。通货膨胀、经济衰退和经济萧条成为当今经济环境的新风险源。

5)法律环境风险源

在组织运行发展过程中,有相当一部分的不确定性和风险来源于法律环境,识别法律风险源是风险识别非常重要的方面之一,政府奖惩条件的变化,法律法规对企业生产经营活动态度的变化,都会给企业的生产经营带来一定的法律风险。例如,法律法规与时俱进,人力资源和社会保障部办公厅针对新型就业形态劳动者出台了《新就业形态劳动者休息和劳动报酬权益保障指引》《新就业形态劳动者劳动规则公示指引》等,引导平台企业及其用工合作企业健全用工管理制度,提高劳动者权益保障水平;从整个国际环境的角度来看,各种不同法律体系的存在对企业提出了重大挑战,如果是跨国公司,那么就会面临非常复杂的法律风险,对于产品责任法、汽车责任法、合同法和环境保护法这些与企业经营管理密切相关的法律,各国和地区的条款可能有很大差别。

6)操作环境风险源

操作环境是指组织的运作和程序。风险管理单位工作人员在生产和操作上的失误,也会产生损失的风险,即操作环境风险源。操作环境风险源主要包括指挥失误、操作失误、监理失误、其他行为性风险源等。例如,在生产过程中,某员工违规操作机器,结果轧伤了另一位员工的手,就是操作环境风险源。又如,某司机酒后驾车,撞伤人行道上的行人,由此引发赔偿行人医疗费、误工费、护理费等方面的损失,也是操作环境风险源。

3. 制定风险清单

分析排查完风险源之后,将识别出的潜在风险记录在风险清单中,并为每个风险提供相应的描述、评估结果和可能的应对措施。风险清单应详细、全面,以便后续的风险管理和监控。制定风险清单能够为风险管理提供清晰的指南和参考,确保所有潜在风险都得到充分的关注和应对。详细的制定方法将会在风险识别的方法中进行阐述。

4. 感知风险与分析风险

感知风险即了解客观存在的各种风险,是风险识别的基础。通过感知风险,可以初步判断风险的类型和可能的影响。在风险感知的过程中,风险管理人员需要尽可能避免出现认知风险,进而对后续的决策产生影响。风险是客观存在的,但人类对风险的认识却并不完全都是客观的。换句话说,由于我们所掌握的信息有限,以及不同的风险管理人员认知风险源的能力和水平也是不同的,实践中对风险的认识往往掺杂了主观的判断,而当主观判断和客观实际有差别时,就可能给面临风险的组织带来不确定性。这种不确定性不是由它本来面临的客观风险造成的,而是由进行风险管理的人员造成的,这种风险的来源称为认知环境。在实践中,需要提升风险管理人员感知风险的能力,同时加强其责任意识,提高其风险管理水平,降低风险管理对象的损失。只有感知风险的存在,才能进一步有意识、有目的地分析风险,掌握风险存在及导致风险事故发生的原因和条件。同时,在了解风险的存在后,必须进一步明确风险存在的条件以及导致风险事故发生的原因。风险管理的根本目的在于对客观存在的风险采取行之有效的应对措施,消除不利因素,克服不利影响,减少风险带来的损害。因此,感知风险与分析风险是风险识别的两个阶段。感知风险是风险识别的基础,分析风险是风险识别的关键。只有通过感知风险,才能进一步进行分析。只有通过风险分析,才能寻找到可能导致风险事故发生的各种因素,为拟订风险处理方案和进行风险管理决策服务。

5. 持续监控与更新

风险识别是一个持续的过程,需要随着组织的发展和环境的变化不断更新与调整。因此,必须建立有效的监控机制,及时发现新的风险并评估其影响。同时需要建立风险识别的反馈机制,将监控结果及时反馈给相关人员,以便及时调整风险管理策略和应对措施。

综上所述,风险识别是一个系统、动态的过程,涉及收集信息、分析排查风险源、制定风险清单、感知风险与分析风险以及持续监控与更新等多个步骤。这些步骤相互关联、相互支持,共同构成风险识别的完整流程。

2.1.3　风险识别的方法

风险管理的对象不同,风险识别的方法也需要进行调整;风险管理的阶段不同,其识别风险的方法也是不同的。一般而言,风险管理人员进行风险识别的信息除了由风险管理对象提供之外,还需要额外自行收集。为了更好地识别风险,风险管理人员往往需要先收集信息,然后运用一系列科学的方法对收集到的信息进行分类、筛选,识别、监测风险源,以便及时、准确地识别风险。

风险识别的方法有很多,根据不同的风险管理对象、风险管理阶段可以选择不同的方法,常用的风险识别的方法主要有风险清单分析法、现场调查法、流程图分析法(flow-chart method)等,这些识别风险的方法各具特色,又都具有自身的优势和不足。因此,在具体的风险识别中,需要灵活地运用各种风险识别的方法,及时发现各种可能引发风险事故的风险因素。

1. 风险清单分析法

风险清单分析法又称列表检查法,即事前设计好调查表及问卷并将已经识别的主要风险填列其中,这些表格及问卷通常全面地列出一个组织可能面临的风险,风险管理人员需要结合收集到的信息,对照清单上的每一项都回答"组织是否会面临这种风险",在回答这些问题的过程中,风险管理人员逐渐构建出风险管理对象的风险框架。1977年,美国风险和保险管理学会制定了一份比较全面的风险损失清单,包括直接损失风险、间接的或者引致的损失暴露、第三方责任(补偿性和惩罚性损失)三大项,见表2-1。

表 2-1　风险损失清单

直接损失风险	无法控制和无法预测的损失	电力干扰：闪电、熄火、太阳黑子活动、电力波动、磁带去磁
		降落物体：飞行器、陨石、导弹、大树
		地质运动：地震、火山、山体滑坡、雪崩
		声音和震动波：声呐、震动、水的拍打声
		下陷：倒塌、沉降、腐蚀
		战争、暴动、反叛、武装反抗、阴谋破坏
		水灾：洪水、水平面上升、暴雨、泥石流、潮汐波（海啸）、间歇泉、地下水、水管裂缝、下水道溢出
		冰、雪
		风暴：台风、飓风、旋风、龙卷风、冰雹、降雨、灰尘、沙暴
	可控制或可预测的损失	玻璃或其他易碎品破碎
		故障：部件或润滑油的故障等
		碰撞：水上交通工具、空中交通工具、陆上交通工具
		污染物：液体、固体、气体、放射性、污染
		锈蚀：磨损、撕裂、滥用、疏于保养
		员工疏忽
		爆炸和内破裂
		环境控制失败：温度、湿度、气压
		动物区系：哺乳动物、啮齿类动物、昆虫、害虫
		火
		卸载货建筑危险：物体不慎摔坏
		国际破坏：向海中抛弃货物
		海上风险：海盗、船长或者海员的非法行为
		物理变化：缩水、蒸发、变色、生霉、膨胀、收缩
		桶、箱、罐、槽的破裂或刺穿
		烟尘危害、熏烟
		溢出、渗漏、颜料泼洒
		建筑缺陷：起重机或者升降机失控
		恐怖分子袭击、爆炸
		运输：翻倒、碰撞
		无意过失：雇员、计算机、顾问
		植物
		破坏行为、恶意损害、损坏财产
	一般的财务风险	雇员的欺诈行为：造假、挪用公款、盗窃
		征用：国有化、查封、充公
		欺诈、伪造、小偷、窃贼、抢劫
		契约、所有权、专利权或版权的失效
		存货短缺：神秘消失、财产遗失
		荒废

续表

间接的或者引致的损失暴露	所有直接损失暴露对下列各种人和物的影响	供应商
		消费者
		公用设施
		运输：职员和财产
		雇员
	额外费用：租金、通信、产品	
	资产集中	
	风格、品位和期望的变化	
	破产：雇员、管理人员、供应商、消费者、顾问	
	教育系统的破坏	
	经济波动：通货膨胀、衰退、萧条	
	流行病、疾病、瘟疫	
	替代成本上升、折旧	
	版权或专利权遭到侵犯	
	成套、成双、成组部件的遗失	
	档案受损造成的权利丧失	
	管理上的失误	定价、市场营销
		分销方式
		生产
		扩张
		经济预测
		政治预期
		投资
		分发红利
		交税
	产品取消	
	废品	
第三方责任（补偿性和惩罚性损失）	飞行责任	自己拥有的或者租赁的飞行器
		非所有者：官员和雇员
		地面责任和连带责任
	运动责任：运动队的赞助关系、娱乐设施	
	广告商和出版商的责任	作为代理人的责任
		对产品特征的诽谤、诬陷
		媒体应用：广播、电视、报纸、样品、展览
	机动车责任	驾驶车辆：所有者和非所有者
		装货和卸货
		危险物品：易燃物品和易爆物品

第三方责任 (补偿性和惩 罚性损失)	合同责任	购货协议
		销售协议
		租赁协议：动产和不动产
		服务
		债务、抵押、票据
		无害条款
		保险协议
	董事长和高级职员的责任	
	地役权	总的地役权
		附属物
		普通法的支持和反对
		获得阳光、水、排水设施、支持设施的权利
	业主责任	《员工赔偿法》或者其他类似法律
		《联邦雇员责任法》
		普通法
		《美国码头装卸工人和港口工作人员法》
		《琼斯法》
		《军事基地法》
		《外大陆架法》
		失业赔偿
		就业歧视
	受托人和额外福利计划责任	养老金、托管金、利润共享计划、投资
		保险：人寿保险、意外事故保险、健康保险
		信托协会
	玩忽职守责任	医疗事故：医生、护士、专家
		律师
		工程师
		养老金计划理事
		侵犯专利权
	普通的玩忽职守责任	雇员
		代理商
		受邀请的和未受邀请的客户
		承包人和次级承包人
		未能提供安全设备和安全警示
		法律、法规没有得到充分执行
		食物准备不当
	非所有者责任	租赁的动产和不动产
		受托者责任
		雇员使用陆上交通工具、飞行器和水上交通工具
	业主责任	障碍、损害、妨害
		受邀请的顾客
		其他权利：河岸权、矿产权、阳光、空气、视野、侧面支持、 在他人土地上的通行权、局部墙壁、执照、排水、征用权

续表

第三方责任 (补偿性和惩 罚性损失)	产品责任	隐性担保
		显性担保
	保护责任	受雇的工业承包人
		建筑物损害
	铁路责任	旁轨协议
		道路权
		(道路与铁路的) 平面交叉
	董事长和高级职员的责任 (股东的派生责任)	
	水上交通责任	所有权、租赁、操作
		类型：小船、游艇、轮船、潜水工具、钻探平台、工作平台

　　风险清单分析法适合新公司、初次构建风险管理制度的公司或者缺乏专业风险管理人员的公司使用，这些标准化表格、问卷的优点是经济方便，能够帮助公司系统地识别出最基本的风险，并且降低忽略重要风险源的可能性。但是，这些标准化表格、问卷也有局限性，一方面，由于清单是通用的，适用于所有企业，因此，针对性较弱，特殊行业的特殊风险未能包含进去；另一方面，这些清单是在传统风险管理阶段设计出来的，传统的风险管理只考虑纯粹风险，不涉及投机风险，所有风险清单中不包含投机风险的项目，而且随着时代的发展，由技术所引发的一些新的风险也未能包含进去。对于风险管理人员而言，需要认识到这些局限性，使用一些其他的辅助方法来配合风险清单分析法的使用，以弥补其不足。

　　从表 2-1 中可以看出，风险损失清单从直接损失风险、间接的或者引致的损失暴露、第三方责任(补偿性和惩罚性损失)三个方面列举了风险管理单位可能面临的各种损失风险。风险管理单位在识别风险时，可以参照这个清单，逐一检查、核对，预见本单位在生产经营活动中可能面临的各种风险，并根据风险事故可能造成危害的严重程度，确定风险管理的先后次序，制作适合本单位的风险损失清单。风险清单中所列举的项目是之前人们已经识别出来的、最基本的风险源，风险管理人员在使用风险清单分析法时，需要注意以下几个方面的问题。

　　(1) 风险清单越详细、越完善越好，这样就可以全面识别风险管理对象可能面临的各种风险，有利于减少风险事故的发生，从表 2-1 中可以看到，关于风险的列举十分琐碎，但是对于风险管理初期而言，风险清单能够帮助风险管理人员系统、全面了解风险管理对象的潜在风险，建立起风险框架。

　　(2) 风险清单可以根据组织需要制作，在制作风险清单时，风险管理人员可以根据组织的实际情况，按照对组织有利、方便的方式列举风险源，不能遗漏重要风险源，不能颠倒风险源的次序。

　　(3) 风险识别是一个不断动态调整的过程，因此风险清单也需要不断调整。经济和社会环境的变化、风险管理对象情况的变化等，需要风险管理人员不断地收集有关风险暴露的信息，调整已经制作的风险损失清单。如果发现风险识别中存在一些新情况、新变化，应当及时调整、改进风险损失清单，以避免遗漏重要的风险源。

2. 现场调查法

现场调查法是一种常用的风险识别的方法。风险管理人员亲临现场,通过直接观察风险管理对象的现场情况,能够更加直观地了解、判断潜在风险。例如,保险代理人对于投保疾病险业务的被保险人需要了解其是否从事危险职业、是否有遗传病等情况,被保险人可能不会告诉保险代理人真实的信息,造成双方之间存在信息不对称。此时,保险代理人一般会采用现场调查法,如走访其身边的亲朋好友,以验证其所说信息的真实性。

现场调查的一个显著优点是能够亲身经历,通过现场调查,风险管理人员就有机会与高层管理者、一线员工等交流,听取他们关于风险源的见解。这种亲身调查比仅仅通过文本、数据分析要更加具有实践性。除了可以了解组织存在的风险之外,风险管理人员还能通过交谈讨论风险管理计划,听取员工们的建议,组织风险管理计划的成功实施离不开组织全体员工的合作。

现场调查法作为风险识别的重要方法,在风险管理中得到普遍、有效的使用。但是,现场调查法既有优点、也有缺点。现场调查法能够获得风险管理对象的第一手资料,了解其真实情况,避免道德风险的发生,防止事故的发生,但是现场调查法耗费的时间较长,成本较高,而且风险管理人员的风险识别能力和水平会影响现场调查的结果。因此,此方法适用于风险管理体系较为成熟的组织,对于风险管理体系处于新建时期的组织,运用此方法可能达不到预期的效果。

风险管理人员进行现场调查时,需要做好以下几个方面的工作。

1) 调查前的准备工作

在进行调查之前,首先需要查阅、了解风险管理对象以往的相关资料,获取尽可能多的信息,确定本次调查的目标、地点、对象;其次,编制现场调查表,以确定调查的内容,在现场调查表中,应该明确重点需要调查的项目,以防在调查过程中遗漏;再次,确定调查的计划安排;最后,根据调查的复杂性和时效性等确定本次调查所需花费的时间。调查前的准备工作是确保现场调查成功的前提和基础,其中关键是确定调查需要花费的时间以及调查的开始时间,而核心则是确定现场调查的内容,可以通过编制一个现场调查表来反映调查的内容、进度和人员安排,以组织整个调查活动。常见的现场调查表主要有事实检查表、回答问题检查表以及责任检查表三种,风险管理人员可以根据具体的情况选择一种使用。

(1) 事实检查表。事实检查表需要提前确定好检查对象,填表人不需要具备风险管理相关的专业知识也可以根据事实情况进行填写。根据表中填写的内容,针对填表人提出的问题,风险管理人员应当调查原因。事实检查表的优势是能够及时发现安全隐患,可以为后续风险管理决策提供重要的参考依据。但是这种表格也存在不足:其一是对调查对象的评判标准不同,因此得出的结论也会有所区别;其二是在编制事实检查表时可能会遗漏重要的检查对象,对于没有检查到的地方可能也会存在风险,因此在运用事实检查表识别风险时,要尽量详细,尽量不遗漏检查的对象。某公司厂区安全检查表见表 2-2。

表 2-2　某公司厂区安全检查表

签字(负责人)：　　　　　　　　　　　　　　　　　　　　　日期：

检 查 项 目	待改善事项	说　　　明	备　　　注	复　　　检
消防				
灭火器				
走道				
门				
窗				
地板				
厂房				
楼梯				
厕所				
办公桌椅				
餐厅				
工作桌椅				
厂房四周				
一般机器				
高压线				
插座、开关				
电线				

(2) 回答问题检查表。回答问题检查表需要事先确定检查对象,并以问题的形式呈现在表格中,填表人只需要根据问题回答"是"或"否",不需要表述具体的情况,但需要注意的是如果存在安全隐患,则需要说明这一情况并记录采取的风险防范措施。这种表格的优势是能够将各种风险因素直接表述出来,即使填表人不具备风险管理的专业知识,也能够通过问题直观地看出来,根据事实情况进行回答,不会出现判断失误的问题。但是回答问题检查表也存在一定的问题:第一,设计这种检查表比较麻烦,需要具备较丰富的专业知识;第二,设计这种检查表需要内容详细,不遗漏一些重要的问题,如果风险管理人员在设计表格的过程中遗漏一些事项,这些事项有可能会引发重大风险事故,因此,回答问题检查表要制作得比较详细。某公司的用电安全检查表见表 2-3。

表 2-3　某公司的用电安全检查表

调查问题	是	否	改善事项
电器设备及电动机外壳是否接地			
电气设备是否有淋水或淋化学液			
电气设备配管配线是否破损			
电气设备配管及电动机是否超载使用			
高压电动机短路环、电器是否良好			
配电箱处是否堆积材料、工具或其他财物			
导体露出部分是否容易接近、是否挂"危险"标示牌			
D. S 及 Bus Bar 是否因接触不良而发红			
配电盘外壳及 P. T. C. T 二次线路是否接地			

调 查 问 题	是	否	改 善 事 项
转动部分是否有覆罩			
变电室灭火器是否完全			
临时线路的配置是否完全			
高压线路的绝缘支持物是否不洁或有脱落现象			
中间接线盒是否有积棉或其他物品			
现场配电盘是否确实关妥			
电器开关的保险丝是否符合规定			
避雷针是否有效			

签字(负责人)：
日期：

（3）责任检查表。责任检查表定时、定期检查风险管理对象，一般只调查有关管理人员是否履行工作的职责，如果未履行或者未按照规定的要求工作，可能会存在安全隐患。从表 2-4 中可以看到，该表不仅需要确定调查对象，还需要确定调查对象所处的状况，并制定判断标准。在调查时，填表人需要判断调查对象处于哪种情况，如果存在问题，还需要说明针对该问题采取的措施，如果未采取相应的措施，则存在安全隐患。责任检查表被送到风险管理部门后，风险管理人员会针对低于标准的情况采取措施，分析其安全隐患。责任检查表设计得灵活性强，可以为现场调查提供参考，同时也能起到预警风险的作用，但是这种表格也存在一些问题：第一，责任检查表如果失误，可能会影响风险管理的结果；第二，责任检查表的内容、标准不容易把握，编制责任检查表，需要借助风险管理人员以往现场调查的经验和相关资料；第三，填表人不反映存在的严重问题或者低于标准的情况，就会影响调查的真实性和有效性。对此，有必要加强对填表人识别风险能力和经验的教育。

表 2-4　消防设备的责任检查表

消 防 设 备	检 查 结 果	A 低于标准	B 达到标准	措　　施
活动水泵		水源不正常或达不到标准	水源正常、达到标准	
室外消防栓		不能使用	可以使用	
水龙带和室内灭火栓		不正常	正常	
灭火器		没有灭火器或位置较隐蔽	有灭火器且位置比较明显	
水桶		不易拿到	随时可以拿到	
手动水泵		不能使用	可以使用	

签字(负责人)：
日期：

2）现场调查和访问

在现场调查实施的过程中，风险管理人员可以通过座谈、访问、查阅相关文件档案、实地观察业务活动等方式完成先期编制的现场调查表中所列举的项目。除此之外，还应该根据现场调查得到的信息及时调整需要调查的项目和关注的重点,以期为尽可能成功地完成风险识别等后续工作获得准确、全面的第一手资料和信息。风险管理人员进行现场调查和访问时,需要注意以下几个问题:①熟悉、了解现场的每一个角落,不遗漏可能存在的风险隐患。②风险管理人员同工作人员交流、沟通,可以帮助风险管理人员识别风险。③密切注意那些经常引发风险事故的工作环境和工作方式。例如,某风险管理人员发现,某工地高架梯经常发生风险事故,这时,风险管理人员会仔细调查这些架子的性能和工人使用高架梯的方法,现场调查的结果是,使用高架梯的工人违规操作。④提出大致的整改方案。在调查现场时,风险管理人员没有时间仔细思考被调查现场的有关情况,因而只能提出大致的整改方案,更加详细的整改方案会在调查报告中提出。例如,针对工人违规操作高架梯的情况,风险管理人员提出的整改方案是:对高架梯的操作工人进行操作培训。

3) 调查报告

现场调查后,风险管理人员应立即对现场调查的资料和信息进行整理、研究和分析,并在此基础上根据现场调查的目的来撰写调查报告。调查报告主要包括以下三大部分。

(1) 根据调查目的,对调查资料和信息去伪存真、进行梳理和总结后撰写的全面、系统、完整、规范的调查资料与信息处理报告。

(2) 依据调查目的以及调查资料与信息处理报告所得出的初步结论、对策和建议。

(3) 包括现场调查表在内的现场调查的原始资料附件。

3. 流程图分析法

流程图分析法是指按照业务活动的内在逻辑关系将整个业务活动绘制成流程图,并从业务流程图中识别风险的方法。运用这种方法时,可以根据业务活动的不同内容、不同特征以及复杂程度,将不同风险主体的业务活动绘制成不同类型的流程图,按照不同的划分依据,流程图可以被分为不同的类型。

1) 流程图的类型

(1) 按照流程图的复杂程度,流程图可分为简单流程图和复杂流程图。简单流程图是对风险主体的活动按大致流程进行分析,用一条直线将主要流程的内在联系勾画出来,发现活动过程中可能存在的风险事项(图 2-2)。复杂流程图是对主体所面临的风险事项,在风险主体的活动过程中的主要程序以及每一程序中的各个详细环节都进行分析(图 2-3)。

图 2-2 某公司劳动保护用品发放流程

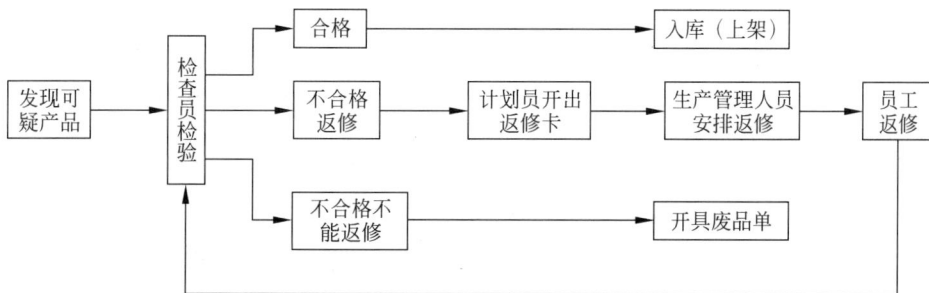

图 2-3 某公司产品返修流程

（2）按照流程的内容，流程图可分为内部流程图和外部流程图。只包含生产制造过程的流程图称为内部流程图，包含供货与销售环节的流程图称为外部流程图。图 2-4 和图 2-5 分别为某零件公司的内部流程图与外部流程图。

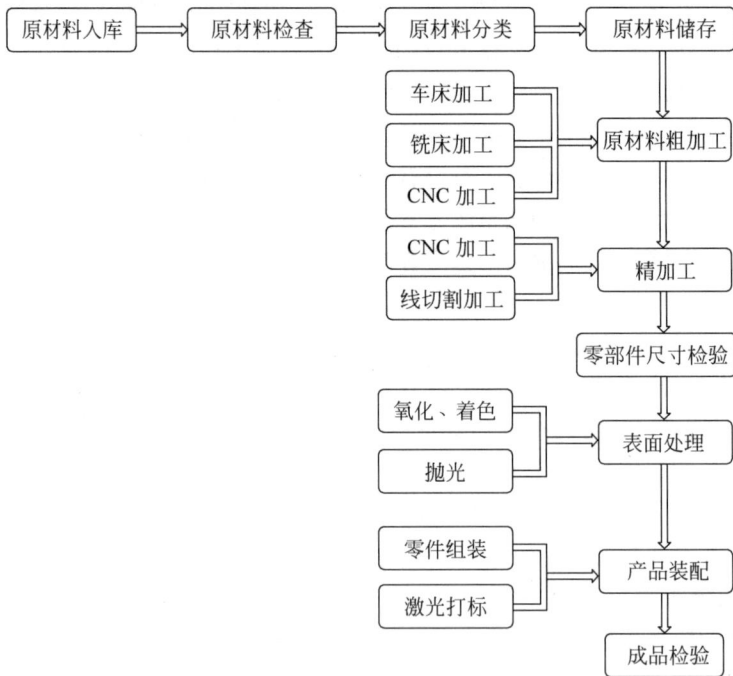

图 2-4　某零件公司的内部流程图

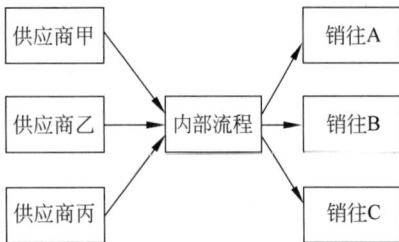

图 2-5　某零件公司的外部流程图

（3）按照流程图的表现形式，流程图可分为实物形态流程图和价值形态流程图。实物形态流程图是以某种产品的生产全过程为基本流程路线，将主要生产经营活动用箭头连接起来，连线中标注出产品的数量。从实物形态流程图中可以看出各个生产环节之间的关系，根据流程图可以很清楚地看出各个环节之间的影响关系，如果其中某环节出了问题，其他环节受到的影响就很容易推断出来。价值形态流程图与实物形态流程图非常相似，但是有所不同的是，连线处标注的是物品的价值，而实物形态流程图连线处标注的是物品的名称和数量。在价值形态流程图中，通过货币价值额指标，可以更清楚地揭示风险主体各部门之间相互联系的程度，明确整个生产过程的关键部门和关键环节，以及生产过程中某程序的中断给其他程序带来的影响。

2）流程图分析法的步骤

概括地说，流程图分析法的步骤主要包括以下四个方面。

（1）分析业务活动之间的逻辑关系。

（2）绘制流程图。当分析对象涉及多个子流程时，可以先绘制各个子流程，再组成综合流程图。

（3）对流程图作出解释。流程图本身只能反映生产、经营过程的逻辑关系，在实际应用时，还需要对流程图做进一步的解释、剖析，并编制流程图解释表。

（4）风险识别分析。风险管理部门通过查看流程图及其解释表，进行静态与动态分析并识别流程中各个环节可能发生的风险以及导致风险的原因和后果。静态分析就是对图中的环节逐一调查，找出潜在的风险，并分析风险可能造成的损失后果，类似于这样的问题是针对单独某个生产销售环节的，而动态分析则着眼于各个环节之间的关系，以找出那些关键环节。

流程图分析法的优点在于清晰、形象、较全面地揭示出所有生产运营环节中的风险，而且对于营业中断和连带营业中断风险的识别极为有效。但流程图只强调事故的结果，并不关注损失的原因，因此，要想分析风险因素，就要和其他方法配合使用。

2.2 风 险 评 估

《孙子兵法》这部经典军事著作虽主要聚焦于战争领域，但其中包含诸多可类比到风险管理的智慧。例如，"知己知彼，百战不殆"强调了在面对战争风险时，需要全面了解相关信息的重要性。这就如同现代风险管理流程中的风险识别和风险评估阶段，需要充分收集内外部环境信息，了解自身和对手的优势、劣势以及可能面临的风险因素等情况，这就是中国古代的风险评估理念。

2.2.1 风险评估概述

1. 风险评估的概念

风险评估是指在风险事件发生之后，对于风险事件对人们的生活、生命、财产等各个方面造成的影响和损失进行量化评估的工作。风险评估包括风险分析、风险估计和风险评价。风险识别回答了组织面临何种风险，以及存在哪些风险因素的问题，在清楚这些问题之后，还需要进一步探究这些风险发生的概率以及发生之后可能会造成多大程度的损失。

2. 风险评估的特点

1）全面性

在进行风险评估时，风险管理人员需要考虑所有可能存在的风险因素，多维度、多阶段、多角度对风险因素进行分析，不仅要关注直接风险，还需要考虑间接风险，包括技术、财务、法律、环境和声誉等多个方面。同时还要识别和评估所有可能影响项目或组织的风险因素，包括已知的和未知的、内部的和外部的、可控的和不可控的风险。

2）客观性

风险评估基于客观的数据和信息，采用标准化的评估流程和工具进行分析，在风险评估过程中，尽可能使用量化方法来评估风险的可能性和影响，以提供更客观的评估结果，强调在评估过程中应尽量减小主观判断和偏见的影响，确保评估结果的准确性和公正性。

3）预测性

风险评估基于历史数据来识别模式和趋势，预测未来可能发生的风险，同时应用统计模型、机器学习算法等工具来分析数据,预测风险发生的概率。风险评估能够基于现有的信息以及数据,对未来可能发生的风险事件进行预测和估计。预测性是风险评估中的一个重要方面,它帮助组织提前识别潜在的风险,并采取相应的预防和缓解措施,从而降低风险带来的负面影响。

4）动态性

风险评估的动态性强调了评估过程必须随着时间和条件的变化而持续更新。这种动态性要求组织不仅在项目初期进行全面的风险识别和分析,而且在项目实施过程中不断监控风险的发展,及时捕捉新出现的风险因素。随着外部环境或内部条件的变动,风险的潜在影响和发生概率都可能发生变化,因此风险评估需要定期进行复审和调整。这种灵活性和适应性确保了风险管理策略与实际情况一致,从而更有效地预防和减小风险带来的影响。

5）多样性

风险评估的多样性体现了其在不同领域、不同项目和不同组织中应用时的灵活性与适应性。这种多样性意味着风险评估不是单一的、固定不变的方法,而是可以根据特定情境的需求进行定制。不同的行业和项目可能面临不同的风险类型与风险水平,因此风险评估方法和工具需要具有足够的灵活性来适应这些差异。此外,风险评估的多样性还体现在评估过程中使用的方法上,可以是定性的、定量的,或者是两者的结合,以确保评估结果的全面性和准确性。

2.2.2　风险评估的流程

风险评估是对识别出来的风险进行量化分析和描述,以探究各种风险发生的概率以及风险带来的损失估计。根据评估的结果,选择正确处理这类风险的方法,风险评估的流程如图 2-6 所示。

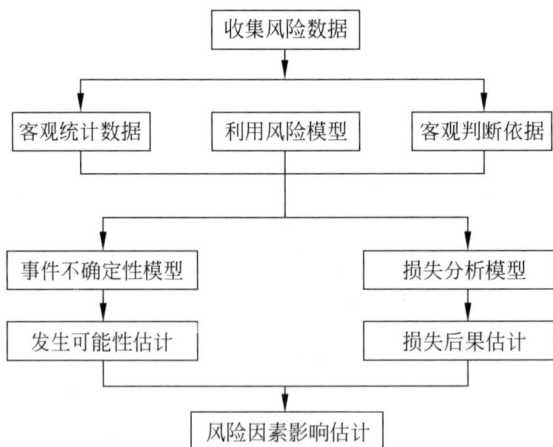

图 2-6　风险评估的流程

1. 收集风险数据

风险评估建立在现有的数据以及信息的基础上,风险评估的信息数据来源包括：宏观数据,即宏观环境因素的变化数据;行业数据,即行业生命周期、行业竞争对手、行业市场份额分布、行业关键成功因素等数据;专家数据,即外部专家对组织风险的可能性和影响程度的判断,可以为组织风险评估提供直接而重要的借鉴,是组织重要的数据来源。除此之外,组织的历史数据也是组织进行风险评估的重要数据。所收集的资料要求客观真实、准确完整、具有较好的统计性。

原始数据收集之后,必须对其进行整理。风险管理人员需要根据研究任务的需要,按照设计方案的要求,对收集到的信息数据进行加工、处理,使之条理化、系统化。

2. 利用风险模型

根据收集、整理好的数据资料,对风险事件发生的可能性和带来的后果进行量化描述的方法称为风险模型。风险模型是一种用于评估和量化风险的工具,它通过模拟和分析潜在风险事件的发生概率与影响来帮助决策者理解风险的本质。风险模型的选择取决于评估的目标、可用数据、资源和特定行业的需求。通过使用风险模型,组织可以更好地识别风险、制定应对策略,并优化风险管理过程。

3. 风险发生可能性估计和损失后果估计

建立风险模型之后,就可以采用适当的方法去估计每一种风险因素发生的概率以及可能造成的损失,风险发生的可能性一般用概率来定量描述,可能的后果则一般通过时间、金钱等方面的损失来表示。

4. 风险因素影响估计

风险发生可能性和损失后果往往是有联系的,风险损失大小不同时,其相应发生的机会也不同。通常将风险因素的发生概率和可能的结果综合起来进行评价。由于风险损失为连续变量,所以常用概率分布函数来描述损失与发生频率间的关系。

2.2.3　风险评估的内容

1. 风险发生的可能性

在风险发生的过程中,并不是所有的风险最终都发展成导致损失的风险事故,因此,通过判断每种风险发生的概率,就能够对风险的影响程度以及严重性作出判断,进而据此进行风险管理的决策。确定损失的概率是风险评估的一个重要方面,某件事情发生与否往往存在一种统计规律性,风险发生的可能性的分析结果一般有"极低""低""中等""高""极高"五种情况,在实际评估过程中,可以采取定性或定量方法对风险发生的可能性进行描述,具体的结果见表 2-5、表 2-6。

表 2-5　风险发生可能性的定性测评

序　号	描　述　项	详细描述举例
1	极低	在例外情况下可能发生
2	低	在某些时候不太可能发生
3	中等	在某些时候能够发生
4	高	在多数情况下很可能发生
5	极高	在多数情况下预期会发生

表 2-6　风险发生可能性的定量测评

序　号	描　述　项	概　率
1	极低	$(0,5\%]$
2	低	$(5\%,10\%]$
3	中等	$(10\%,50\%]$
4	高	$(50\%,95\%]$
5	极高	$>95\%$

2．风险发生的影响程度

除了风险发生的概率之外，还需要判断风险带来的后果，如果一种风险发生的概率很大，但是带来的损失却很小，那么针对该风险不需要采取复杂的处置措施，需要综合考虑风险发生的概率以及风险带来的损失，才能够根据风险损失期望来制定风险处置策略。

风险管理人员应根据经济单位自身的特点，采用不同的方法来衡量损失程度。按照可能的影响结果，一般将风险发生的影响程度划分为"极低""低""中等""高""极高"五级（表 2-7）。

表 2-7　风险发生影响程度定性分析

序　号	描　述　项	详细描述举例
1	极低	不受影响，较低的损失
2	低	轻度影响，轻度损失
3	中等	中度影响，中度损失
4	高	严重影响，重大损失
5	极高	重大影响，极大损失

对于不同的组织而言，组织目标不同，因此对于风险带来损失的衡量标准也就不同。在进行风险评估的过程中，风险管理人员应该从组织具体情况出发，运用适当的风险评估技术，根据风险发生的可能性以及带来的损失大小对风险进行排序，分清楚哪些是主要风险、哪些是次要风险，从而筛选出组织的关键风险，为组织风险管理提供依据，从而使有限的风险管理资源发挥出最大的效果。

2.2.4　风险评估的方法

风险评估的方法有以下几种。

1．定性分析方法

定性分析方法是指用定性的方式对风险可能性以及影响进行描述，在对风险进行评估时，经验丰富的风险管理人员基于其过往的经验作出的定性评估也同样具有重要的意义。在数据、信息不足或者不易收集的情况下，风险管理人员需要采取定性的方法进行分析，但是定性分析方法具有很强的主观性，往往需要凭借分析者的经验和直觉。定性分析方法有风险坐标图法、问卷调查、集体讨论、专家咨询、情景分析、政策分析、行业标杆比较、管理层访谈、由专人主持的工作访谈和调查研究等，最常用的定性分析方法是风险坐标图法。

风险坐标图法是一种直观的风险评估工具,它通过在二维坐标系上表示风险的可能性和影响,帮助决策者快速识别和优先处理风险。通常,风险坐标图有两个轴:一个表示风险发生的可能性(或频率),另一个表示风险发生的影响程度(或严重性)。如图 2-7 所示,横轴表示风险发生的影响程度,纵轴表示风险发生的可能性。

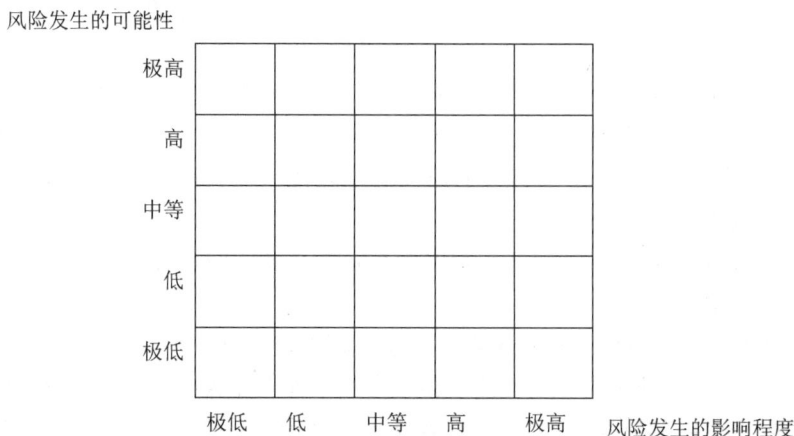

图 2-7　风险坐标图

根据对风险发生的可能性及风险发生的影响程度的评价,将所有的风险事件都在风险坐标图中标注出来,能够比较直观地对各个风险的风险值进行比较,从而确定对各个风险管理的优先级顺序以及管理策略。

2. 敏感性分析法

敏感性分析法指的是从众多不确定因素中找出对组织目标有重要影响的敏感性因素,并分析、测算其对组织目标的影响程度和敏感性程度,进而判断组织承受风险能力的一种不确定性分析方法。敏感性分析有助于确定哪些风险对组织具有最大的潜在影响。敏感性分析法在不考虑其他因素的条件下,考察各种风险因素的不确定性对组织产生多大程度的影响,从而使风险管理人员掌握系统风险水平,明确进一步的风险管理途径和技术方法。其作用主要体现在以下方面:①找出影响组织的敏感性因素,分析敏感性因素变动的原因,并为进一步进行不确定性分析(如概率分析)提供依据;②研究不确定性因素变动如何对组织目标产生影响,分析判断组织承担风险的能力;③比较多方案的敏感性大小,以便在实现目标的情况下,从中选出不敏感的投资方案。在使用敏感性分析法时,需要遵循以下步骤。

(1)确定敏感性分析指标。敏感性分析的对象是具体的技术方案及其反映的经济效益。因此,技术方案的某些经济效益评价指标,如息税前利润、投资回收期、投资收益率、净现值、内部收益率等,都可以作为敏感性分析指标。

(2)计算该技术方案的目标值。一般将在正常状态下的经济效益评价指标数值作为目标值。

(3)选取风险因素。在进行敏感性分析时,并不需要对所有的不确定因素都考虑和计算,而应视方案的具体情况选取几个变化可能性较大的因素,并结合具体实际情况、行业特点和市场环境等因素进行综合考虑。例如,产品售价变动、产量规模变动、投资额变化等,或是建设期缩短、达产期延长等,这些都会对方案的经济效益大小产生影响。

（4）计算不确定因素变动时对分析指标的影响程度。反映敏感程度的指标是敏感系数,其计算原理如下。

$$某因素的敏感系数＝利润变化率（\%）/该因素变化（\%）$$

其判别标准如下。

① 敏感系数的绝对值>1,即当某影响组织目标的因素发生变化时,组织目标会发生更大程度的变化,该影响因素为敏感性因素。

② 敏感系数的绝对值<1,即组织目标变化的幅度小于某影响因素变化的幅度时,该因素为不敏感因素。

③ 敏感系数的绝对值=1,即某影响因素变化会导致组织目标相同程度的变化,该因素也为不敏感因素。

（5）找出敏感因素,进行分析和采取措施。敏感性分析法容易理解,使用广泛且方便,是一种实用性很强的风险分析方法。但该方法也有其不足之处：第一,使用该方法需要获得准确的企业内部数据；第二,一般因变量受多因素影响,在分析时,难以确定每个变量的影响；第三,该方法要求每一关键变量的变化相互独立,但是,仅仅考虑独立的因素是不现实的,因为它们往往是相互影响的。

3. 蒙特卡罗随机模拟法

蒙特卡罗随机模拟法又称统计模拟法、随机抽样技术,是一种基于随机抽样的数学技术,通过构造描述数学模型与计算机仿真得到相对精确的风险事项概率分布,再据此来评估风险指标的方法。该方法用来分析、评估风险发生的可能性、风险的成因、风险造成的损失或带来的机会等变量在未来变化的概率分布。这种方法广泛应用于风险分析、金融建模、项目评估等领域。其具体操作步骤如下。

第一步,量化风险。对需要分析评估的风险进行量化,明确其度量单位,得到风险变量,并收集历史相关数据。

第二步,建立评估模型。基于对历史数据的分析,借鉴常用建模的方法,建立能描述该风险变量在未来变化的概率评估模型。建立这种评估模型的方法有很多,如差分和微分方程方法,插值和拟合方法等。这些方法大致分为两类：一类是对风险变量之间的关系及其未来的情况作出假设,直接描述该风险变量在未来的分布类型（如正态分布）,并确定其分布参数；另一类是对风险变量的变化过程作出假设,描述该风险变量在未来的分布类型。

第三步,计算概率分布初步结果。利用随机数发生器,将生成的随机数代入上述概率评估技术,生成风险变量的概率分布初步结果。

第四步,修正、完善概率评估技术,即通过对生成的概率分布初步结果进行分析,用实验数据验证模型的正确性,并在实践中不断修正和完善模型。

第五步,利用该模型分析、评估风险情况。由于蒙特卡罗随机模拟法依赖于模型的选择,因此模型本身的选择对于蒙特卡罗随机模拟法计算结果的精度影响甚大,通常借助计算机完成。

4. 情景分析法

情景分析法又称脚本法,指的是通过假设、预测、模拟等手段,分析未来可能发生的事件,并且分析其对组织目标产生影响的方法。情景分析法与敏感性分析法对单一因素进行分析不同,情景分析法是一种多因素分析方法,在情景分析过程中,要注意各种情景之间的相关关系和相互作用。情景分析法对以下情况特别有用:提醒决策者注意某种措施或政策可能引起的风险或危机性的后果;建议需要进行监视的风险范围;研究某些关键因素对未来过程的影响;提醒人们注意某种技术的发展会带来哪些风险。情景分析的设计是一个复杂且困难的过程,通常需要利用不同部门、不同背景人士的专业知识,它是一种非常主观地评估公司策略优劣的方法,其主要步骤如下。

第一步,定义情景。有两种定义情景的方法:第一种是考察历史上或者其他企业遭遇过的风险,并考虑这些过往的类似风险如果出现在组织将会产生什么样的后果;第二种是考虑一种从未发生过的风险,假设一种全新的环境,并以此推演组织在此环境下将会带来什么样的结果。

第二步,推断风险因子。一旦情景被选定,就要识别出会被这些情景影响的所有相关风险因子以及这些情景对其影响程度的大小。

第三步,制订应对措施。这一步主要包括界定先于该情景出现的早期预警系统以及当该情景出现时风险管理人员应当采取的行动。

第四步,定期评估情景。风险管理人员应该定期评估被开发出来的情景分析体系,并根据市场环境的变化及时调整情景。

情景分析法适用于对可变因素较多的项目进行风险预测和识别。它在假定关键影响因素有可能发生的基础上,构造出多种情景,提出多种未来的可能结果,以便采取适当的措施防患于未然。在实际操作中,风险管理人员通常会按照三种情景来分析、预测风险指标数据,进而评估相应风险:乐观情景,即内外部环境都有利的情形;消极情景,即内外部环境都不利的情形;中性情景,即以事项发生的最大可能性作为预测基准的情形。

5. 压力测试法

压力测试法通过模拟极端市场条件、经济衰退或其他不利因素对资产或系统的影响,以评估其在压力下的稳健性。其目的是确定组织在极端情况下的潜在损失,识别潜在的脆弱环节和需要改进的地方,进行预防,以防止出现重大损失事件。压力测试法与情景分析法不同,前者考虑的是各种常规情况对组织的影响,而后者则强调在极端情况下组织的风险承受情况。其具体操作步骤如下。

第一步,针对某一风险管理模型或内部控制流程,假设可能会发生哪些极端情景。极端情景是指在非正常情况下,发生概率很小,而一旦发生,后果十分严重的事情。假设极端情景下,不仅要考虑本企业或与本企业类似的其他企业出现过的历史教训,还要考虑历史上不曾出现,但将来可能会出现的事情。

第二步,评估极端情景发生时,该风险管理模型或内部控制流程是否有效,并分析对目标可能造成的损失。

第三步,制订相应措施,进一步修改和完善风险管理模型或内部控制流程。

下面以信用风险管理作为例子进行说明,A 企业已有一个信用很好的交易伙伴 B 企业,B企业除发生极端情景外,一般不会违约。因此,在日常交易中,A企业只需有"常规的风险管理策略和内部控制流程"即可。采用压力测试法,是假设该交易伙伴将来发生极端情景(如其财产毁于地震、火灾、被盗),被迫违约而对A企业造成了重大损失。而A企业"常规的风险管理策略和内部控制流程"在极端情景下不能有效防止重大损失事件,为此,该企业采取了购买保险或相应衍生产品、开发多个交易伙伴等措施。

在具体风险评估过程中,需要根据风险的复杂程度和重要性选择适当的分析技术与方法,定性方法主观性偏高,并且依赖于风险管理人员的专业知识和经验,而定量方法则需要大量精确的数据以及信息。因此,在风险评估过程中,往往采取定性分析法和定量分析法相结合的形式进行风险评估,定性分析法与定量分析法在实际应用中并非相互排斥,而是相互补充、相辅相成,企业可以依据自身的风险情况采用具体的结合形式。

6. 事故树法

事故树法(Accident Tree Analysis,ATA)起源于故障树分析法(FTA),是一种用于风险识别和分析的方法,它通过构建事故树来识别可能导致事故发生的各种因素,以树状图的形式表示所有可能引起主要事件发生的次要事件,揭示风险因素引发风险事件的作用机制以及个别风险事件组合可能形成的潜在风险事件。

在运用事故树法进行风险识别时,需要按照以下步骤进行操作。

第一步,定义顶事件:顶事件是分析的起点,通常是需要预防或减小影响的严重事故或不良结果。

第二步,确定事件的逻辑关系:分析导致顶事件发生的各种可能原因,并确定它们之间的逻辑关系。这些关系可以是"与"(AND)或"或"(OR)关系。

第三步,构建事故树:使用逻辑符号(如AND门和OR门)将原因事件与顶事件连接起来,形成一个树状结构。每个节点代表一个事件,而连接节点的线表示事件之间的因果关系。

第四步,识别基本事件:基本事件是那些不能再分解的事件,它们是事故树的叶子节点。

第五步,评估概率或频率:为每个基本事件分配概率或频率。这通常基于历史数据、专家判断或其他定量分析方法。

第六步,计算顶事件的概率:使用逻辑门的规则计算顶事件的概率。例如,如果两个事件通过AND门连接,顶事件的概率是这两个事件概率的乘积。

第七步,风险评估:根据顶事件的概率和严重性,评估整体风险水平。

第八步,风险控制:识别可以降低顶事件发生概率的措施,如改进工艺、增加安全设备或培训员工。

第九步,持续监控和更新:事故树应定期更新,以反映新的信息和变化。

事故树法能够直观展示事故和结果之间的关系,有助于风险管理人员识别关键风险因素,同时根据事故树能够确定消除风险事故的措施。但是运用事故树法识别风险需要详细的数据和专业知识,管理成本较高,对于复杂系统,事故树可能变得庞大和复杂,因此在运用该方法时,需要大量专业知识以及数据支撑。城市燃气管道腐蚀事故树如图2-8所示。

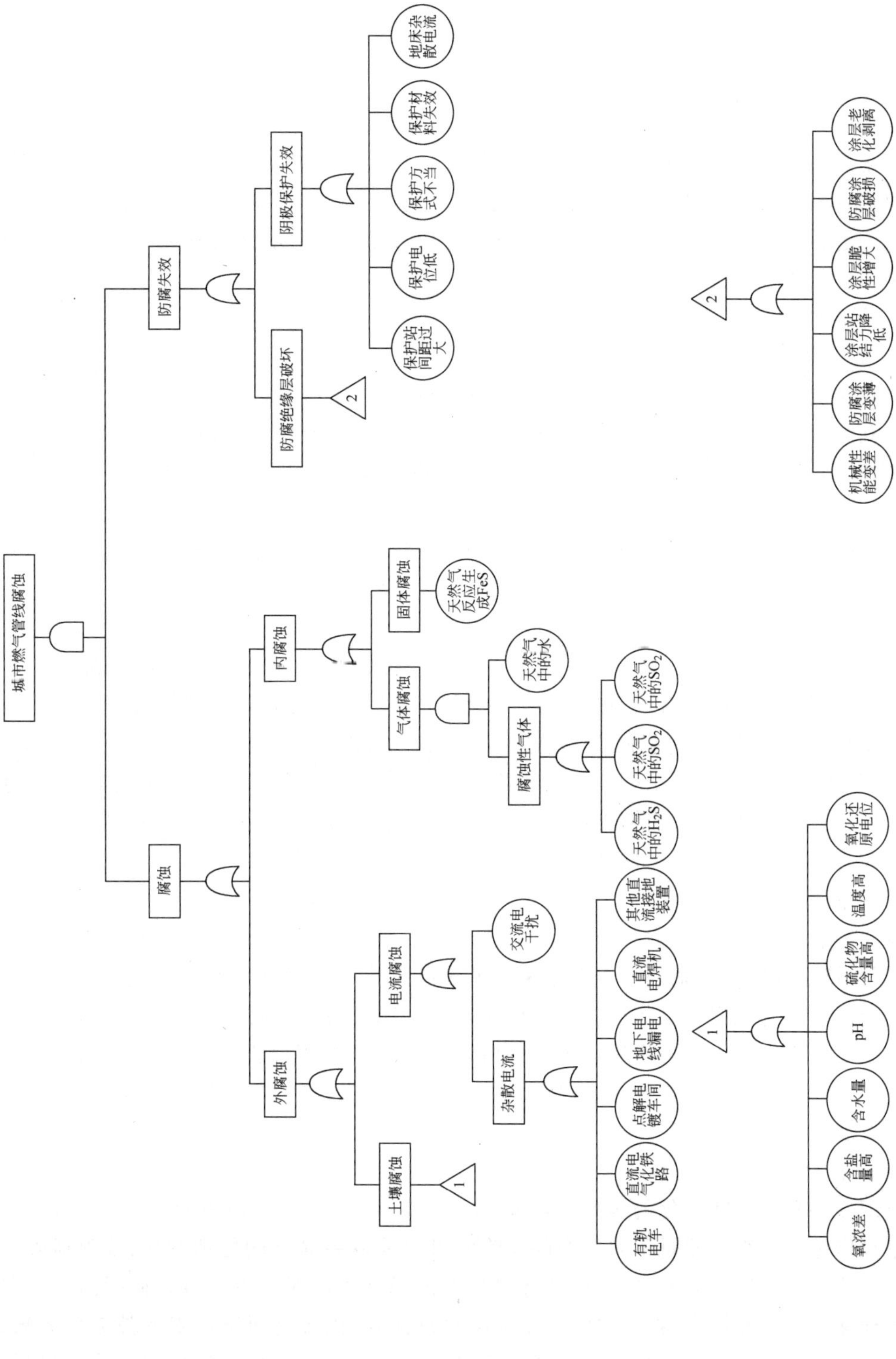

图 2-8　城市燃气管道腐蚀事故树

2.3 风 险 控 制

2.3.1 风险控制概述

1. 风险控制的概念

在风险识别以及风险评估之后,风险管理人员应该分析各种不同的风险管理方法,并从中选出最适当的风险管理方法,这一过程就是风险控制。风险控制是一种综合性的管理策略,是指采取一系列措施和方法来识别、评估、监控与减轻风险的过程,以保护组织或个人免受潜在损失。风险控制是一个系统化的过程,涉及多个步骤和方法,以确保组织适应不断变化的环境和挑战。

2. 风险控制的特点

1)战略性

风险控制的战略性体现在其与组织的整体战略目标紧密结合。风险控制不仅仅是一系列孤立的管理措施,而是组织战略规划和决策过程不可或缺的一部分。一方面,风险控制与组织的长期目标和愿景相协调,确保风险管理活动与组织的发展方向相一致;另一方面,风险控制强调从长期视角考虑风险,避免短期行为可能带来的负面影响。基于此,风险控制能够帮助组织在追求长期发展的同时,有效管理和减轻潜在风险,确保组织的稳健和可持续发展。

2)系统性

风险控制的系统性是指在组织内部建立一个全面、协调和有序的风险管理机制。

风险控制从宏观层面对风险进行整体规划和管理,以确保风险控制措施覆盖到关键领域和流程。具体来看,一方面,风险控制不是孤立的,而是与组织的其他活动紧密结合;另一方面,风险控制遵循一系列标准化的流程,在进行风险控制时,需要遵循既有流程,通过系统性的风险控制,组织能够更好地管理不确定性,提高决策的质量,增强组织的韧性和适应能力,从而实现可持续发展。

3)预防性

风险控制要求组织在潜在风险发生之前采取主动措施,通过系统的识别、评估和分析潜在威胁,制定并实施一系列预防策略来降低风险发生的可能性和影响。这种预防性措施不仅包括对现有流程和操作的审查与优化,还涉及员工的风险意识培训、合规性检查、技术应用以及建立应急准备机制。预防性风险控制的目的是构建一个能够自我监测、自我调整并持续改进的风险管理体系,从而在不确定性中为组织提供稳定性,确保其持续、健康地发展。

4)灵活性

组织需要根据不断变化的内外部环境、业务需求和风险特性,快速调整和优化风险管理策略与措施。组织在面对不同类型的风险时可以采取差异化的处理方法,确保风险控制既能够适应特定情境的需要,又能够保持足够的弹性来应对突发事件。同时组织可以利用多样化的工具和技术,在必要时改变风险管理流程,以提高风险应对的效率和效果。此外,风险控制还强调创新,鼓励用新的方法来应对不断演进的风险格局,从而确保组织在保持稳健的同时,也能够灵活应对各种挑战和机遇。

5) 合规性

风险控制的合规性主要体现在两个方面:一方面,组织在进行风险管理时,所采用的风险控制技术必须遵循所有相关法律法规、行业标准和内部政策的过程,这强调的是风险控制技术本身要符合相关的法律规定以及行业标准;另一方面,组织要建立严格的合规监控机制,以识别和遵守监管要求,保证组织的运行发展在法律法规范围之内,同时评估和减轻因不合规而可能产生的法律风险与声誉风险,这主要强调的是风险控制的目的是保证组织运行具有合规性。总之,合规性是风险控制的重要组成部分,它有助于组织在法律框架内运营,降低法律风险,保护组织和利益相关者的利益,并促进组织的长期成功和可持续发展。

2.3.2　风险控制的策略

一般来说,风险控制的策略主要包括风险规避、损失降低(reduction)、风险转移和风险承受四种,接下来将逐一介绍这几种策略。

1. 风险规避

风险规避指的是风险管理对象主动采取措施放弃原先承担的风险或者完全拒绝承担风险的行为。风险规避是各种风险控制策略中最简单的方式,但也是最消极应对风险的方式。风险规避是最彻底的风险管理措施,它使风险降为零。具体而言,风险规避有以下几种方式。

(1) 完全放弃。完全放弃指的是组织完全拒绝承担某种风险,在这种情况下,组织根本就不会从事产生风险的任何活动。

(2) 中途放弃。中途放弃指的是当组织发现有风险时,立刻终止活动,在这种情况下,组织在从事活动的过程中,一旦发现有风险,就会立刻停止活动,终止承担某种风险。

(3) 改变条件。改变条件指的是当组织发现有风险时,不立刻终止活动,而是找到风险因素,并且改变风险因素以防止风险的发生,例如改变生产活动的性质、改变生产流程或工作方法等。

风险规避这种风险控制策略确实能够帮助组织避免风险,但是这种策略的运用存在一定的局限性:第一,并不是所有的风险都能够被规避,一些自然灾害风险如地震、海啸、台风等对人类而言都是无法避免的,对于组织而言,这些风险一旦发生,是无法规避的;第二,风险的存在往往伴随着收益的可能,不承担风险也就意味着放弃收益,对于组织而言,想要发展就需要有收益,因此,组织不可能完全规避风险;第三,一种风险的避免,可能会导致另一种风险的出现,只要进行了活动,就一定会存在风险,只要组织还在正常运行过程中,那就一定伴随着风险。

2. 损失降低

损失降低是指采取措施降低风险的可能性或影响,或者同时降低两者。它几乎涉及各种日常的经营决策。其主要包括两种形式:第一是损失预防,即控制风险因素,在事故发生之前,找到引起事故的风险因素并消除;第二是损失抑制,即在发生了风险之后,采取措施控制事故,防止其愈演愈烈,减轻损失的程度(图 2-9)。

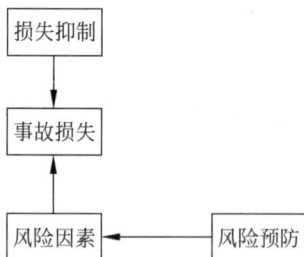

图 2-9　损失预防和损失抑制

1）损失预防

损失预防是指降低损失发生的频率。这一风险管理方法和风险规避有所不同。风险规避是指将风险发生的可能性降为零，能够完全消除损失发生的可能性，而损失预防只能够降低损失发生的可能性，并不能完全规避风险。在实践中，一般可以通过改变风险因素、改变风险因素所处的环境以及改变风险因素和其所处环境的相互作用来预防损失。

2）损失抑制

损失抑制与损失预防是有区别的。损失预防侧重于降低损失频率，并且这一方法可能会减少一段时期内的损失总量，但不能降低一次事故的损失程度，而减少损失侧重于降低损失程度。损失抑制的目的是降低损失的潜在严重程度，这是一种事后补救措施，相比于损失预防而言，损失抑制强调的是在风险发生之后，根据风险的特点制订相应的风险管理措施进行控制，常用的损失抑制措施包括抢救以及预案。

一些措施同时具有损失预防和损失抑制两种功能，如对员工进行安全与救助的培训，既会从人为因素方面减小事故发生的频率，事故发生时，员工也懂得一些救助的方法，可以有效地降低损失程度。在运用损失抑制这种方法时，需要注意以下几点：①风险管理的目标是风险成本最小化，因此，需要在成本与效益分析的基础上进行风险管理措施选择；②不能过分相信和依赖损失抑制这种方法，需要结合其他的方法进行运用，尤其是对于巨大风险；③某些措施能够抑制一种风险，但也可能带来新的风险，因此需要注意新风险的控制。

3．风险转移

风险转移又称风险分担，是指通过转移来降低风险发生的可能性或影响，或者分担一部分风险。风险转移按转移方式分为非保险风险转移和保险风险转移。

1）非保险风险转移

非保险风险转移的方式主要有两种：①将财产或活动的所有权或管理权转移给他人，即转移风险源；②签订消除或减少转移方承担损失责任的条款或者消除转移方对他人承担的义务。

（1）转移风险源。在风险事故发生之后，可以采取多种方式转移风险源：①出售财产。风险管理人员出售风险财产的同时，也就将与财产有关的风险转移给了购买该项财产的个人或单位。②租赁财产。通过将风险财产租赁出去可以部分转移自己所面临的风险。③分包。分包指的是将风险财产中的一部分委托给其他单位，相当于分包出去，这样的话可以起到转移风险源的作用。

（2）签订转移风险的合同。在风险管理中，签订合法、有效的合同，以及转移风险的条款，可以起到转移风险的作用。一般来说，转移风险的合同主要包括以下几种类型：①签订免除责任条款。签订免除责任条款是指合同的一方运用合同条款将合同履行中可能发生的对他人人身伤害和财产损失的责任转移给另一方承担，即运用合同中的条款实现风险的转移。例如,医生在给生命垂危的病人实施手术之前,会要求病人家属签字同意,若手术失败,医生不承担责任。在这份协议中,医生没有避免带有风险的活动,而是转移了可能引起的责任风险。②签订转移责任条款。经济合同中的某些条款,可以起到转移财产或人身损失风险的作用。③签订保证合同。保证合同是指由保证人对被保证人因其行为不忠实或不履行某种规定的义务,而导致权利人的损失予以赔偿的一种书面合同。保证合同的当事人是保证人、被保证人和权利人,权利人借助保证合同条款可以将被保证人违约的风险转移给保证人。一旦发生合同规定的损失,权利人可以从保证人处获得经济损失的赔偿,由保证人承担损失责任。保证的目的在于担保被保证人对权利人的忠实和有关义务的履行。

2）保险风险转移

保险风险转移是企业通过与保险公司签订合同,将潜在风险转嫁给保险公司的机制。投保的企业需要支付相应的保险费用,而保险公司则会聚合面临风险的企业,形成保险资金库,用以在事故发生时对投保方进行经济补偿。企业在投保前,应基于全面的风险识别与分析,进行成本与效益的权衡。当企业面对无法控制的风险,或对于外部、内部环境变化可能影响风险管理效果存有顾虑时,选择投保便成为一种有效的风险转移策略。再保险,又称分保,是指保险公司在原有保险合同的基础上,通过达成分保协议,将其承担的部分风险和责任转嫁给其他保险公司的行为。这种方式成为保险公司管理和分散风险的一种有效手段。

4. 风险承受

风险承受指的是企业已经知道风险会发生,但是没有采取任何措施去干预风险发生的可能性和影响,这种情况一般是在衡量了其他风险应对策略之后,出于经济性和可行性的考虑将风险留下。例如医生在进行某项手术时,能够预见这种手术存在的风险可能性,但是出于对病人的健康考虑等各方面综合分析,依旧会进行手术。对于企业而言,一般依靠自身财力去弥补风险,采取这种策略的前提是,承受风险带来的损失比规避风险、转移风险等带来的要小。

常见的风险承受方式有三种,分别为:以企业自身收入弥补损失,应对发生频率较高且造成损失较小的风险,企业可以用现有收入补偿该风险造成的损失,即直接将损失计入成本或费用;设立企业风险基金,企业风险基金是用于防范与补偿企业风险损失的专项基金,是提高企业抵御风险能力的重要手段,在符合法律法规的前提下,企业可以每年提取一定数额的资金,组成风险基金;外借资金,在风险损失发生后,若企业内部没有足够的资金弥补损失,则可以选择从企业外部借入资金弥补风险损失,如企业可以和金融机构达成贷款协议。

按照是否事先考虑,风险承受可分为非计划性风险承受和计划性风险承受两种。非计划性风险承受是被动的,指的是没有预料到会有风险发生,从而采取应急计划应对;计划性风险承受指的是组织自留风险,在进行某项活动之前,组织就已经知道可能存在该风险,该风险的损失一般在组织能够承受的水平范围之内。

2.4 风险决策管理

2.4.1 风险决策管理的概念和特点

1. 风险决策管理的概念

风险决策管理是指为了实现风险管理的目标,各个经济单位(包括企业、个人、家庭、团体、国家等)通过对风险的识别、估测、评价,选择合理、经济的风险处理技术以及方法,以最小成本实现最大安全保障的管理方法。这一过程涉及风险识别、风险衡量、风险评价以及风险管理决策等多个环节。风险决策管理作为其中的核心部分,是指根据风险管理的目标和总体方针,通过分析企业(或经济单位)所处的环境和条件,选择风险管理的技术和方法的活动与过程。

2. 风险决策管理的特点

1) 多元性

风险决策管理的多元性主要体现在目标、方法、信息、决策者及风险五个方面,目标的多元性体现在风险决策管理的目标不是单一的,而是具有多元性的,这些目标可能包括经济目标、安全目标、合规目标等,不同的经济单位在不同的阶段和环境下,其风险管理目标也会有所不同;方法的多样性指的是风险管理所采用的方法是多样的,要根据具体的情况进行选择和优化组合;信息的多元性指的是风险决策管理需要依赖大量的信息来作出决策,这些信息可能来自不同的渠道,包括历史数据、市场预测、专家意见、政策法规等;决策者的多元性指的是风险决策管理的决策者可能是单个个体,也可能是多个个体组成的团队或委员会,一般而言,组织的风险管理会由多个主体进行决策;除以上之外,风险本身也是多元的,包括市场风险、信用风险、操作风险、流动性风险、法律风险等多种类型。每种风险都有其特定的成因、表现和影响方式,需要采取不同的管理策略和措施。因此,风险决策管理的多元性还体现在对多元风险的全面识别、衡量、评价和应对上。

2) 主观性

风险决策管理的主体是人,所作出的决策带有个人的主观性判断,因此风险决策管理具有主观性的特点。风险决策管理的过程中,决策者的主观判断起着至关重要的作用。由于风险是随机的、多变的,且往往存在不确定性,决策者需要基于自身的知识、经验、心理状态以及对风险的认知来作出判断。这种判断往往受到决策者个人因素的影响,因此具有主观性。同时不同的决策者对于同一风险的感知可能存在差异,这种差异源于决策者的知识背景、经验积累、心理状态以及风险偏好等因素。例如,对于同一项投资,有的决策者可能认为风险较小,而有的决策者则可能认为风险较大。这种风险感知的差异也体现了风险决策管理的主观性。

3) 连续性

风险决策管理是以风险识别、风险衡量和风险评价为基础的,所作出的风险决策要基于前期的分析,它不仅仅局限于某个特定的时间点或阶段,而是一个持续的过程,贯穿整个企业运营或项目执行的始终。从风险识别、评估、控制到监控,每一个环节都需要进行风险决策管理,并且这些决策之间是相互关联、相互影响的,同时风险识别、风险评估和风险评价的目的是为风险决策管理提供充实的信息资料与可靠的决策依据；相反，如果缺乏以风险识别、风险评估和风险评价为依据的风险决策管理，则是不具有科学性的。例如，风险管理人员使用错误、不确切的信息，往往造成风险决策管理的失误。

4）协同性

风险决策管理不是由一人完成的，需要多方配合，对于组织而言，完整的风险决策管理需要各个部门配合，由于风险可能涉及企业的多个方面，如财务、市场、运营、技术等，因此，需要不同部门的专家共同参与风险识别、评估、控制和监控等过程。通过跨部门合作，可以充分利用各部门的专业知识和经验，形成更全面的风险认知，并制定更加科学、合理的风险管理决策。同时，风险决策管理同决策的贯彻和执行密切相关，风险管理方案确定后，方案的贯彻和执行需要各风险管理部门的密切配合，风险管理方案在贯彻和执行中的任何失误，都有可能影响风险决策管理的效果，区别风险决策管理与决策贯彻执行的不同，是十分必要的。

5）动态性

由于风险是在不断变化的，并且决策者不可能一次就作出完美的决策，因此，风险决策需要根据风险的变化以及当时的具体情况而进行调整。例如市场环境是不断变化的，包括政策调整、技术革新、竞争对手策略变化等，这些变化都可能对企业的运营和决策产生影响；同时，在快速变化的市场环境中，企业需要具备快速反应的能力，以应对各种突发事件和挑战。风险管理策略需要根据实际情况进行灵活调整，包括风险识别、评估、控制和监控等各个环节，通过及时调整策略，企业可以更好地控制风险，减少损失。在制定了风险管理策略之后，还需要对风险进行持续监控和反馈，企业需要建立有效的风险监控体系，对已经识别的风险进行持续跟踪和监控，以了解风险的变化趋势和可能带来的影响。同时，还需要建立反馈机制，及时将监控结果反馈给相关部门和人员，以便他们根据反馈信息调整风险管理策略。这种持续监控和反馈机制有助于企业及时发现与应对新的风险，持续改进和优化风险管理策略，提高风险管理的效率和效果。

2.4.2　风险决策管理的程序

风险决策管理的程序指的是在对风险进行管理时确定风险管理方案的步骤，其具体步骤如图 2-10 所示。

1. 确定风险管理的目标

风险管理人员在进行风险决策管理时，首先需要确定风险管理的目标，即在以最小成本获得最大安全保障为原则的基础上，确定风险管理预期达到的目的。在具体的操作过程中，风险管理人员需要识别风险管理的主体以及明确组织的总体目标，风险管理主体可以是企业、组织、项目或个人，不同主体的风险管理目标和需求可能有所不同，风险管理的总体目标应与风险管理主体的整体战略和目标相一致，例如，企业的风险管理目标应与企业的发展战略、经营目标紧密相连。同时，在确

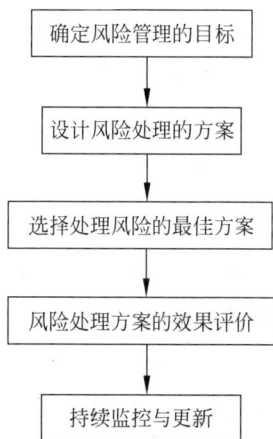

图 2-10　风险决策管理的程序

定风险管理目标时,还需要综合考量企业的行业特点、发展阶段、战略规划以及年度目标计划等因素,制订合适的具体目标。例如,对于初创企业,风险管理目标可能更注重生存和稳定发展;而对于成熟企业,则可能更注重收益稳定和市场拓展。

2. 设计风险处理的方案

风险管理人员设计风险处理方案的过程是一个系统性和综合性的工作,旨在通过制订有效的措施来应对潜在的风险。根据风险管理的目标,可以提出若干可实施、可操作的风险处理方案。在具体设计风险处理方案时,应根据风险评估的结果和企业的实际情况,采取一种或多种策略,例如风险规避、风险承受、风险转移等,具体的策略在2.3节风险控制中已经介绍过。某一特定的风险的处理方法,只有在特定条件下才能够体现出其效果,一旦环境、条件发生改变,风险处理的方案也需要改变。基于此,对于风险管理人员而言,不能只设计一种方案,而需要针对具体的风险管理目标,列举出所有可选择的风险管理方案,在什么条件下适用,风险管理措施是否具有可操作性,以及各种方案能够达到的效果等。

3. 选择处理风险的最佳方案

风险管理人员在选择处理风险的最佳方案时,需要综合考虑多个因素,以确保所选方案有效地应对潜在风险并最小化其对企业的影响。具体而言,在选择风险的最佳方案时,应综合考虑以下因素:①风险类型与特点。不同类型的风险需要不同的处理策略。例如,对于可预测性较强的风险,可以采取预防措施来降低其发生的概率;而对于突发性较强的风险,则需要建立应急预案以快速响应。②成本效益分析。对各种处理方案进行成本效益分析,比较其投入与产出的比例。选择那些能够以较低成本实现较高效益的方案。③企业资源与能力。风险管理人员应考虑企业自身的资源状况和能力水平,确保所选方案得到有效实施。例如,如果企业缺乏专业的风险管理人才,则可能需要寻求外部咨询或合作。④法律法规与合规性。确保所选方案符合相关法律法规和监管要求,避免产生法律风险和合规问题。⑤利益相关方意见。充分考虑利益相关方的意见和建议,包括股东、员工、客户、供应商等。他们的支持和配合,对于方案的顺利实施至关重要。

4. 风险处理方案的效果评价

风险处理方案的效果评价是一个系统性的过程,是指对所选择的方案的效益性、可行性进行分析、检查、评估和修正。通常,为了全面评价风险处理方案的效果,会从以下几个方面对风险处理方案的效果进行评价:①风险降低程度。评估风险管理措施是否有效地降低了风险事故发生的频率和损失金额。②成本效益分析。分析风险管理措施的成本与收益之间的关系,确保措施在经济上是可行的。③业务运营影响。评估风险管理措施对企业业务运营的影响,包括正面和负面的影响。④合规性与合规成本。评估风险管理措施是否符合相关法律法规和监管要求,并考虑合规成本。由于风险决策管理的效果在短期内难以实现和评价,又由于风险的隐蔽性、复杂性和多变性,决定了风险决策管理有时不能发挥应有的作用,达不到预期的目的,这就需要评价风险决策管理方案,并对其进行适当的调整。

5. 持续监控与更新

在实施了所选择的最优风险决策方案之后,还需要不断评估所采取的风险处理措施是否达到了预期的效果,并据此进行必要的调整和优化。这一过程旨在不断跟踪风险的变化情况,评估风险管理措施的效果,并根据需要调整和优化风险管理策略。具体而言,组织需要先建立监控机制,然后不断实施持续监控,按照设定的监控频率,定期对风险情况进行监控和评估,当监控指标超出预设阈值时,利用相关的手段,如风险管理信息系统、大数据分析等,实现风险的实时预警,提醒相关人员及时采取措施应对;除此之外,还需要定期对风险管理措施的效果进行评估,分析存在的问题和不足,根据评估结果,及时将风险管理效果反馈给相关部门和人员,并根据需要调整和优化风险管理策略,以实现风险管理目标。

2.4.3　风险决策管理的方法

风险决策管理是贯彻和执行风险管理目标的重要步骤,风险决策管理技术是风险决策管理中所运用的方法,这些方法的使用可以使管理决策建立在科学分析、论证的基础上,可以提高风险决策管理的效率,防止风险决策管理中的偏差和失误,以下是风险决策管理过程中常用的方法。

1. 风险决策顺序图法

风险决策顺序图法,也称过程决策程序图法(PDPC 法),是一种在制订行动计划或进行方案设计时,预测可能出现的障碍和结果,并相应地提出多种应变计划的方法。这种方法旨在确保在计划执行过程中遇到不利情况时,能够灵活调整,按照备选方案进行,以达成预定的风险管理目标。

在确定风险管理措施时,风险管理单位可能未将所有可能发生的风险事故全部考虑进去,但是,随着风险管理决策的实施,原来没有考虑到的风险可能会逐步地暴露出来,或者原来没有想到的办法、方案已经逐步形成。这时必须根据新的情况,再重新考虑风险管理措施,增加新的方案和措施,修改原来已经作出的决策,如图 2-11 所示。

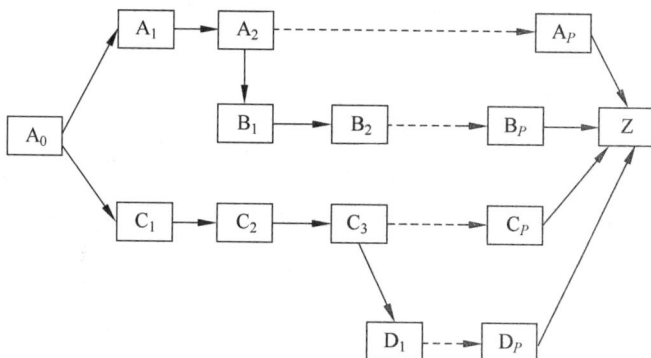

图 2-11　风险决策顺序

将图 2-11 进一步具体化,可以得到具体的风险决策顺序图。从图 2-11 中可以看出,有许多方案都可以实现风险管理目标,但是关键在于应该选取哪种方案才更适合组织,下面以保险投资公司资金保值增值的投资风险决策管理为例,分析风险过程决策顺序,如图 2-12 所示。

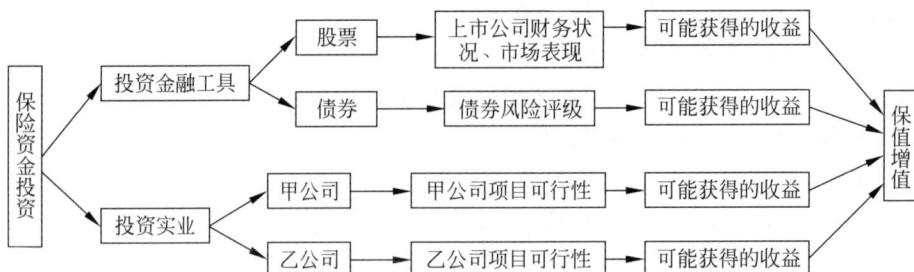

图 2-12   保险资金投资风险决策顺序

从图 2-12 中可以看出,保险资金投资保值增值的情形较多,在此过程中面临的风险也各不相同,需要有关决策者综合考虑风险管理过程中可能存在的各种风险,并采取合适的风险决策技术加以支持,这种方法的优点主要有以下几点。

(1)风险管理决策者可以从全局而不是从局部掌握风险决策系统的状态,可以作出全局性的决策,避免某一过程的决策与整个系统的决策相矛盾。

(2)风险管理决策者可以按照时间的先后顺序,掌握风险系统的进展状况,观察风险系统的变化,预测整个系统可能发生的重大变化,以便及时选择适当的风险管理对策。

(3)风险管理决策者可以发现风险决策管理的问题。在密切注意风险系统进展的同时,风险决策顺序图法能够发现产生风险的状态和原因,以便采取合适的风险决策管理方案。

(4)风险管理决策者可以发现未曾注意到的风险因素,可以不断地补充、修改以往的风险决策管理方案,使风险决策管理更适应风险管理实务发展的需要。

2. 决策树法

决策树法又称概率分析决策方法,是指将构成决策方案的有关因素,以树状图形的方式表现出来,并据以分析和选择决策方案的一种系统分析法。它是风险型决策最常用的方法之一,特别是用于分析比较复杂的问题。该方法以损益值为依据,比较不同方案的期望损益值(简称期望值),决定方案的取舍,其最大特点是能够形象地显示出整个决策问题在不同时间和不同阶段的决策过程,逻辑思维清晰,层次分明,非常直观。

决策树由决策结点、决策枝(方案枝)、状态结点、概率枝和结果点五个要素构成。它利用图解的形式,将风险因素层层分解,绘制成树状图,逐项计算其概率和期望值,进行风险评估和方案的比较与选择。这种方法层次清晰,不同节点面临的风险及概率一目了然,不易遗漏,能够适应多阶段情形下的风险分析。决策树的结构如下(图 2-13)。

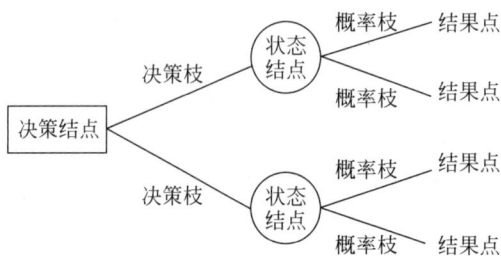

图 2-13   决策树的结构

（1）决策结点：代表决策问题，通常位于决策树的根部，表示一个需要作出选择的点。

（2）决策枝（方案枝）：由决策结点引出，代表可供选择的方案，每个方案对应一个分枝。

（3）状态结点：代表各方案在不同自然状态下的经济效果（期望值），用圆圈表示。

（4）概率枝：由状态结点引出，代表各自然状态发生的概率，每条概率枝上标明其对应的概率值。

（5）结果点：在概率枝的最末端，表示在该自然状态下各方案所达到的结果（收益值或损失值）。

在采用决策树法进行风险决策管理时，先确定需要解决的决策问题，明确决策的目标和备选方案；然后根据决策问题和备选方案，绘制出决策树图，包括决策结点、决策枝（方案枝）、状态结点、概率枝和结果点；再根据每种方案的概率计算期望值，从右向左逐步后退，计算各状态结点的期望值（即各自然状态下损益值的加权平均数），并将其标注在状态结点上方；最后比较各方案在不同自然状态下的期望值，选择期望值最大的方案作为最优方案。

决策树法以图形的方式展示决策过程，直观易懂，便于理解和分析；还能够适应多阶段情形下的风险分析，处理复杂的决策问题；并且比较客观可靠，通过计算期望值，可以方便地比较各方案的优劣，选出最优方案。但是，这种方法工作量比较大，在大型项目的风险管理中，绘制决策树和计算期望值的工作量较大；而且主观性比较强，对各种方案的出现概率的确定有时主观性较大，可能导致决策失误。综上所述，决策树法是一种有效的风险分析和决策方法，它通过图形化的方式展示决策过程，便于理解和分析，但也存在一定的局限性和挑战。在实际应用中，需要根据具体情况灵活选择和运用。

3. 网络图法

网络图法又称网络计划技术或统筹法，是一种科学的管理方法，主要用于安排和编制最佳日程计划，以及有效地实施进度管理。该方法通过构建网络图来反映和表达计划的安排，从而帮助选择最优方案，组织协调和控制生产的进度与费用，以实现预定目标。网络图法利用箭条图（或称矢线法）作为工具，通过图形化的方式展示项目中各个活动之间的逻辑关系、时间顺序以及相互依赖关系。网络图主要由箭线和节点组成。箭线代表活动或任务，节点则代表活动的开始或结束，以及活动之间的连接点。

1）网络图的组成结构

（1）作业。作业是指一项工作或一道工序，需要消耗人力、物力和时间的具体活动过程。在网络图中作业用箭线表示，箭尾 i 表示作业开始，箭头 j 表示作业结束。作业的名称标注在箭线的上面，该作业的持续时间（或工时）T_{ij} 标注在箭线的下面，有些作业或工序不消耗资源也不占用时间，称为虚作业，用虚箭线表示，在网络图中设立虚作业主要是表明一项事件与另一项事件之间相互依存、相互依赖的关系，是属于逻辑性的联系。

（2）事件。事件是指某项作业的开始或结束，它不消耗任何资源和时间，在网络图中用"○"表示，"○"是两条或两条以上箭线的交结点，又称结点。网络图中第一个事件（即○）称网络的起始事件，表示一项计划或工程的开始；网络图中最后一个事件称网络的终点事件,表示一项计划或工程的完成;介于始点与终点之间的事件叫作中间事件,它既表示前一项作业的完成,又表示后一项作业的开始。为了便于识别、检查和计算,在网络图中往往对事件编号,编号应标在"○"内,由小到大,可连续或间断数字编号。编号原则是:每一项事件都有固定编号,号码不能重复,箭尾的号码小于箭头号码(即 $i<j$,编号从左到右、从上到下进行)。

(3)路线。路线是指自网络始点开始,顺着箭线的方向,经过一系列连续不断的作业和事件直至网络终点的通道。一条路线上各项作业的时间之和是该路线的总长度(路长)。在一个网络图中有很多条路线,其中总长度最大的路线称为"关键路线",关键路线上的各事件为关键事件,关键时间的周期等于工程的总工期。有时一幅网络图中的关键路线不止一条,即若干条路线长度相等。除关键路线外,其他路线统称为非关键路线,关键路线并不是一成不变的,在一定的条件下,关键路线与非关键路线可以相互转化。例如,当采取一定的技术组织措施,缩短了关键路线上的作业时间,就有可能使关键路线发生转移,即原来的关键路线变成非关键路线,与此同时,原来的非关键路线却变成关键路线。

2)网络图的基本逻辑

根据网络图中有关作业之间的相互关系,可以将作业划分为:紧前作业、紧后作业、平等作业和交叉作业。

(1)紧前作业,是指紧接在该作业之前的作业。紧前作业不结束,则该作业不能开始。

(2)紧后作业,是指紧接在该作业之后的作业。该作业不结束,紧后作业不能开始。

(3)平等作业,是指能与该作业同时开始的作业。

(4)交叉作业,是指能与该作业相互交替进行的作业。

图 2-14 反映了网络图中各作业之间的关系。假定 C 作业为该作业。

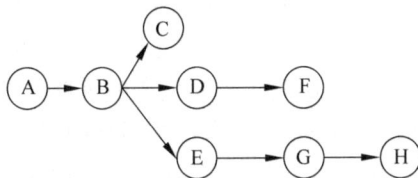

图 2-14 网络图

其中,A 作业为 B 作业的紧前作业。

C、D、E 三作业同时开始,C、D、E 作业在 B 作业完成之后才能开始,C、D、E 作业为 B 作业的紧后作业。

网络图中作业之间的逻辑关系是相对的,不是一成不变的。只有指定了某一确定作业,考察它与有关各项作业的逻辑联系,才是有意义的。

4. 损失期望值决策法

损失期望值决策法,先要分析和估计项目风险概率与项目风险可能带来的损失(或收益)大小,然后将二者相乘求出项目风险的损失(或收益)期望值,并使用项目损失期望值

(或收益)去度量项目风险。其核心思想是以每种风险管理方案的损失期望值作为决策的依据,选择损失期望值最小的风险处理方案。

损失期望值决策法通过科学的方法辨识出项目或工程面临的主要风险,并对这些风险进行定量分析,即推断出每种风险发生的概率以及可能造成的损失后果。随后,计算出每种风险的损失期望值,即风险发生的概率与风险发生造成损失的乘积。最终,选择损失期望值最小的方案作为最佳决策方案。该方法基于风险管理的客观依据——概率分布,并结合决策者个人对风险的主观态度进行决策。通过比较不同决策方案下的损失期望值,选择最经济的风险处理方案。

在运用损失期望值决策法进行风险决策时,要遵循决策的原则,决策的原则按照损失概率能否确定分为两类:一类是最大损失最小化原则;另一类是最小损失最小化原则。

1) 最大损失最小化原则

最大损失最小化原则又称大中取小原则,即比较各种方案在最坏的情况发生时的最大损失额,选择最小的并以此确定风险管理方案。风险管理人员运用这种原则,是为预防可能的最坏损失。如超市促销活动有六种方案,六种方案的最大可能损失分别为 432 000 元、432 600 元、326 500 元、326 700 元、4 800 元、3 400 元,按此原则,最后一种方案为最优方案。但是这种原则过于保守,因为高风险往往伴随着高收益,如果选择低风险,也就意味着舍弃了高收益,所以,采用最大损失最小化原则的风险管理人员属于"悲观主义者"。

2) 最小损失最小化原则

最小损失最小化原则又称小中取小原则,即比较各种方案在损失事故不发生的条件下的最小损失额(包括管理方案的费用,如保费、技术措施的成本),选择最小的一个作为决策方案。如某公司有六种能够达到目的的方案,六种方案的最小可能损失分别为 0 元、600 元、2 500 元、2 700 元、2 800 元、3 400 元,按此原则,方案一为最优方案。需要指出的是,完全采用最小损失最小化原则进行决策的风险管理人员属于"乐观主义者",他们常倾向于选择最能节约费用支出和最能减轻风险负担的方案,因而风险自留方案总是被选用。

显而易见,以上两种决策原则都存在致命的缺陷,它们只考虑了两种极端的情形:①发生导致最大限度损失的风险事件;②风险事件不发生,损失最小。但在现实生活中,更多的情况是损失后果介于最好与最坏之间,这就在极大程度上限制了这两种决策原则在实际决策过程中的运用。

损失期望值决策法虽然比较客观,但是在使用的过程中需要注意以下几点:第一,保证数据的准确性。损失期望值决策法的正确与否很大程度上取决于对损失概率及相应损失额估计的准确性。因此,在收集数据和运用模型时,需要确保数据的真实性和可靠性。第二,保持适当的忧虑价值。在决策过程中,需要考虑不同决策方案下的忧虑程度,即决策者对于风险的担忧程度。适当的忧虑价值可以使决策方案更加完善、更符合实际。第三,综合考量。除了经济损失外,还需要综合考虑其他因素如社会影响、环境保护等,以确保决策的全面性和可持续性。

5. 预期效用法

预期效用法是一种将风险管理决策中涉及的不确定性和主观偏好转化为可比较数值

的方法。它先确定风险管理人员对风险的主观态度,这种态度通过效用函数来表达。然后,将每种风险管理方法可能带来的损失用效用函数转换为效用指数值,并计算每种方法的预期效用损失。最终,选择预期效用损失最小的风险管理方法作为最优决策。

一个人对风险的态度实际上是他的效用函数形状的基本决定因素,该函数如图 2-15 所示。

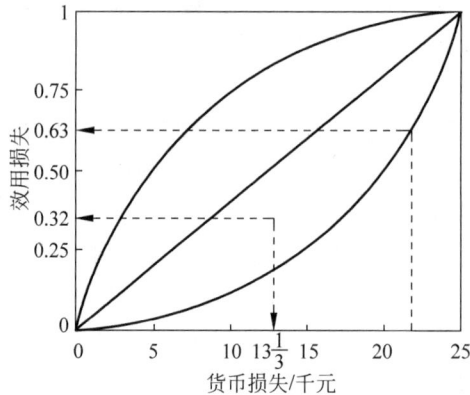

图 2-15　效用函数

横轴是潜在的货币损失,纵轴是效用损失。一条凹向上的曲线表示风险回避者,即这个人为了避免风险宁愿支付多于预期货币损失的金额。例如,对这个风险回避者来说,将会发生 20 000 元损失的概率是 0.5,不会发生损失的概率也是 0.5,预期的货币损失是 10 000 元。使用该图计算预期的效用损失:

0.5×0 元的效用损失＋0.5×20 000 元的效用损失＝0.5×0＋0.5×0.63＝0.315

这一效用损失相当于 13 333 元损失。因此,根据这一模型,这个人的不确定状况等于 13 333 元损失。换言之,这个风险回避者宁愿支付超过预期的货币损失,但最多不超过 13 333 元的金额来把风险转移给其他人。一个具有线性效用函数的人(对风险态度是中性的人)会至多支付预期的货币损失 10 000 元金额来消除这种不确定性,一个有凹下函数的人(敢于冒风险者)会保留不确定性。除非转移风险的费用小于某个值,这个值肯定小于预期的货币损失。实际的效用函数要比上述三种情况复杂。

在运用预期效用法时,需要遵循以下步骤。

第一步,确定效用函数。效用函数是描述个体对风险和收益偏好关系的数学函数。不同的个体可能有不同的效用函数,反映了他们对风险的不同态度。

第二步,列出损失可能性。列出每种风险管理方法可能带来的损失,包括损失的金额和发生的概率。

第三步,计算效用指数值。使用效用函数将每种损失的金额转换为效用指数值。这一步骤是关键,因为它将原本难以比较的损失转化为可比较的数值。

第四步,计算预期效用损失。结合每种损失的发生概率和效用指数值,计算每种风险管理方法的预期效用损失。

第五步,选择最优决策。选择预期效用损失最小的风险管理方法作为最优决策。

预期效用法在金融、保险、投资决策等领域有广泛应用。它可以帮助决策者在面对不确定性时作出更为理性的选择。然而,预期效用法也存在一些限制:①效用函数是主观的,不同的人可能有不同的效用函数,这可能导致决策结果的不一致性;②由于主观效用函数难以精确确定,因此预期效用法的精确性受到一定限制;③在某些复杂的风险管理决策中,预期效用法可能难以适用或难以提供有效的指导。

预期效用法通过确定效用函数、列出损失可能性、计算效用指数值和预期效用损失等步骤,帮助决策者选择最优的风险管理方法。尽管该方法存在一些限制,但它在许多领域仍然具有广泛的应用价值。

案例讨论

川投集团的风险管理体系优化实践

2024 年,四川省投资集团有限责任公司(以下简称"川投集团")作为四川省国资系统首批合规管理试点企业之一,在风险管理方面取得了显著成效。为了进一步提升风险管理水平,川投集团对现有的风险管理体系进行了全面优化。优化措施包括:构建以集团本部为主体、带动所属企业全面推进的"1+5+N"合规管理体系,建立"以事前防范、事中控制为主,事后补救为辅"的风险防控体系。此外,川投集团还加强了合同管理、项目投资、招投标等重点领域的合规管理,建立了投资项目合规审查机制,并注重合规培训和普法宣传,将合规理念深深植根于每一位员工心中。

通过这些措施的实施,川投集团不仅成功通过了 ISO 37301 和 GB/T 35770 合规管理双体系权威认证及年度复审,还在四川国资国企合规管理工作推进会上获得了正式授牌,为省属企业合规管理提供了可借鉴、可复制的"川投模式"。

资料来源:川投集团发布业务流程管控手册和风险案例 疏堵结合推进合规管理[EB/OL].(2024-11-13).https://www.scdjw.com.cn/article/140964.

思考:川投集团是如何通过优化风险管理体系来提升其合规管理水平的?请结合案例内容,分析川投集团在风险管理流程和方法上的创新之处,并探讨这些创新措施对提升企业整体竞争力和市场地位的影响。

即 测 即 练

第 3 章

突发公共事件与突发公共事件风险管理

本章学习目标

1. 理解什么是突发公共事件及其分类与分级标准、特点；
2. 了解风险、风险管理的定义及发展历程；
3. 熟悉和掌握突发公共事件风险管理的概念及重要性；
4. 熟悉国内外突发公共事件管理经验。

引导案例

三亚崖州湾科技城南繁科技城区域集中供冷
项目 1 号能源站"4·3"较大火灾事故

2024 年 4 月 3 日,海南省三亚市崖州区三亚崖州湾科技城南繁科技城区域集中供冷项目 1 号能源站发生火灾事故,过火面积约 1 280 平方米,火灾造成 3 人死亡,直接财产损失 117.59 万元。

经调查认定,该事故是一起因违规动火焊接维修蓄冰池侧板引燃聚脲＋聚氨酯泡沫塑料保温材料,火势迅速蔓延引发火灾,现场作业人员在有限空间紧急疏散困难且未采取有效应急响应措施,最终导致 3 人死亡的较大生产安全责任事故。

事故调查组通过现场勘察火场状况,相关人员现场指认和询问笔录,综合分析认定本起事故直接原因为:三亚丰森劳务公司焊工周磊在蓄冰池内侧板处动火作业时,引燃了蓄冰池西北侧墙聚脲和聚氨酯保温材料,且未能及时有效扑救初期火灾,火势迅速蔓延,最终导致蓄冰池内作业的 3 人未能撤离火场而窒息死亡。

3 人被追究刑事责任、6 人被行政处罚。三亚兴森建筑工程有限公司和三亚丰森劳务公司法定代表人韩啸、三亚丰森劳务公司集中供冷项目 1 号能源站现场负责人崔玉良、三亚丰森劳务公司集中供冷项目 1 号能源站焊工周磊等 3 人,涉嫌刑事犯罪,建议由司法机关依法追究刑事责任。

资料来源:三亚崖州湾科技城南繁科技城区域集中供冷项目 1 号能源站"4·3"较大火灾事故调查报告[EB/OL].(2024-05-03).http://www.sanya.gov.cn//aqscjdjsite/gsggxx/202405/eb5667255d7546028a6037887f50e7ef.shtml.

3.1　突发公共事件

3.1.1　突发公共事件的概念

1. 公共事件的定义

目前对于"公共事件"一词暂无统一的权威性定义,在此将公共事件理解为能够对一定范围内的社区、组织或社会群体造成重大影响,引发不同层面的社会群体广泛关注或跟进参与的事件,这些事件既可以是计划内的(如节日庆典、体育比赛、音乐会、社团集会等),也可以是突发性的(如自然灾害、事故、公共卫生危机等)。通常而言,突发公共事件由于其固有的不可预测性和突然性,经常在没有预警的情况下迅速发生,因此所造成的社会影响深远而广泛。这些事件不仅会对个体的生命安全和财产安全构成威胁,还可能对社会秩序、经济活动、环境健康甚至国家安全产生重大影响。因此,突发公共事件往往受到社会各界的高度关注,成为政府、企业和公众必须共同面对与应对的重大挑战。

在探讨突发公共事件的风险管理与应对策略之前,本节从概念、分类与分级以及特点方面出发,为后续突发公共事件的风险管理讨论提供理论基础。首先,通过界定突发公共事件的概念,明确其基本属性和范畴,以确保对事件的准确识别与分类。其次,通过明确现有的突发公共事件分类与分级标准,为制订针对性的应对措施提供依据。最后,深入分析突发公共事件的特点,有助于构建科学、系统的风险管理策略和应急响应计划,以有效减轻事件带来的负面影响。

2. 突发公共事件的定义

突发公共事件是一个相对具有中国特色的概念,在国外,学者们通常采用"危机事件"和"公共危机事件"等相似概念。目前,国外学者也未能在这些概念的定义上达成一致,其中广泛得到认可的是乌里尔·罗森塔尔(Uriel Rosenthal)的界定,他认为危机是"对一个社会系统的基本价值观和行为规范构成重大挑战,并在高度不确定性和紧迫的时间压力下必须作出关键决策的事件"。

在国内,突发公共事件这一定义的提出最早可以追溯到 2006 年,为了提高政府的应急处理能力,国务院于 2005 年 1 月 26 日通过,于 2006 年 1 月 8 日发布并实施了《国家突发公共事件总体应急预案》(以下简称"应急预案")。应急预案是我国针对各类突发公共事件制定的国家级预案,旨在提高政府保障公共安全和处置突发公共事件的能力,以最大限度地预防和减少突发公共事件及其造成的损害,保障人民的生命财产安全,维护国家安全和社会稳定,促进经济、社会的全面、协调、可持续发展。该文件共包含总则、组织体系、运行机制、应急保障、监督管理和附则六个章节,从多个方面对我国应急管理体系提出了指导和规范措施。应急预案明确提出,突发公共事件是指"突然发生,造成或者可能造成重大人员伤亡、财产损失、生态环境破坏和严重社会危害,危及公共安全的紧急事件"。同时,应急预案规定了国务院作为最高行政领导机构,负责应对特别重大的突发公共事件,并提出包括以人为本、减少危害,居安思危、预防为主,统一领导、分级负责,依法规范、加强管理,快速反应、协同应对,以及依靠科技、提高素质在内的六条工作原则。

除了国家层面对突发公共事件的定义之外,许多学者也对突发公共事件这一概念提出了自己的定义。薛澜和钟开斌(2005)将突发公共事件定义为突然发生的且对全国或部分地区的公共安全及秩序、法律制度、公民人身财产安全已经或可能构成重大威胁,造成巨大的人员伤亡、财产损失和社会影响的,涉及公共安全的紧急公共事件。祁明亮等(2006)将突发公共事件定义为危害人民人身财产安全以及社会安全稳定的爆发的事件,并提出突发公共事件应急管理应该贯穿突发公共事件的全过程而不仅仅是事后处置。

突发公共事件,是指突然发生,造成或者可能造成严重社会危害,需要采取应急处置措施予以应对的自然灾害、事故灾难、公共卫生事件和社会安全事件。

3.1.2 突发公共事件的分类与分级

1. 突发公共事件的分类

基于突发公共事件的发生过程、性质和机理,如表 3-1 所示,突发公共事件主要分为以下四类。

表 3-1 突发公共事件的分类

类 别	主 要 类 型
自然灾害	水旱灾害、气象灾害、地震灾害、地质灾害、海洋灾害、生物灾害、森林草原火灾等
事故灾难	工矿商贸等企业的各类安全事故、交通运输事故、公共设施和设备事故、环境污染和生态破坏事件等
公共卫生事件	传染病疫情、群体性不明原因疾病、食品安全和职业危害、动物疫情、其他严重影响公众健康和生命安全的事件等
社会安全事件	恐怖袭击事件、经济安全事件、涉外突发事件、其他社会安全事件等

1) 自然灾害

自然灾害是由自然因素引起的并对人类社会造成损害的事件,这类事件通常是不可预测的,并且具有潜在的破坏性,一旦发生,将造成公众人身财产的巨大损失,对整个社会造成重大危害。其主要类型包括以下几种:①水旱灾害:洪水、干旱等;②气象灾害:台风、龙卷风、暴雨、暴风雪、冰雹、热浪等;③地震灾害:地震及其次生灾害,如海啸等;④地质灾害:山体滑坡、泥石流、地面塌陷、火山爆发等;⑤海洋灾害:海啸、风暴潮等;⑥生物灾害:虫灾、植物病害等;⑦森林草原火灾:由自然因素或人为因素引发的大火。

2) 事故灾难

事故灾难是指由人为因素导致的重大事故,这些事故通常会对人们的生命安全和财产造成严重损害。其主要类型包括:①工矿商贸等企业的各类安全事故:如煤矿瓦斯爆炸、化工厂泄漏等;②交通运输事故:包括航空、铁路、公路、水运等各种交通方式中发生的事故;③公共设施和设备事故:如大型娱乐设施、大型办公设施的故障,供水、供电、供气系统的故障等;④环境污染和生态破坏事件:包括化学物质泄漏、核泄漏、石油泄漏、有毒有害气体污染等造成的环境污染事件及生态失衡、水土流失、环境荒漠化等生态破坏事件。

3) 公共卫生事件

公共卫生事件是对公众健康构成威胁的事件,可能包括疾病的暴发或其他健康相关的情况。其主要类型包括：①传染病疫情：如流感大流行、新冠病毒感染、霍乱等；②群体性不明原因疾病：短期内出现大量人群同时患病但病因不明的情况；③食品安全和职业危害：食品中毒、职业病等；④动物疫情：如禽流感、口蹄疫等动物间传播的疾病；⑤其他严重影响公众健康和生命安全的事件：如辐射暴露等。

4）社会安全事件

社会安全事件是由人为因素引起，可能对社会秩序和安全造成威胁的事件。其主要类型包括：①恐怖袭击事件：如爆炸、枪击、劫持人质等；②经济安全事件：如严重的金融危机、经济崩溃等；③涉外突发事件：涉及外国人的安全事件，如领事纠纷、海外公民遇险等；④其他社会安全事件：如大规模的示威游行、暴乱等可能导致社会不稳定的情况。

这些事件根据其性质、严重程度、可控性和影响范围等因素，会被进一步分为特别重大、重大、较大和一般四个等级，对于每一级别的事件，相关部门会启动相应的应急响应机制来应对和处置。

2. 突发公共事件的分级

突发事件按照社会危害程度、影响范围等因素，可以分为特别重大（Ⅰ级）、重大（Ⅱ级）、较大（Ⅲ级）以及一般（Ⅳ级）四个等级，分别用红色、橙色、黄色和蓝色标示，见表 3-2。

表 3-2　突发公共事件分级

等　级	预警标示	定　义
特别重大（Ⅰ级）	红色	特别重大突发公共事件是最高等级的突发公共事件，是指突然发生的事态严峻的复杂事件，将会对整个社会的公共安全与秩序造成或已经造成破坏，可能造成特别重大人员伤亡、财产损失或生态环境破坏
重大（Ⅱ级）	橙色	重大突发公共事件是指突然发生的复杂事件，会对一定区域内的人员和社会秩序造成破坏，可能造成重大人员伤亡、财产损失或生态环境破坏
较大（Ⅲ级）	黄色	较大突发公共事件是指突然发生的公共事件，事态较为复杂，需要尽快处理，可能造成较大人员伤亡、财产损失或生态环境破坏
一般（Ⅳ级）	蓝色	一般突发公共事件是指影响范围、影响程度和复杂程度都较低的突发公共事件，可能造成一定的人员伤亡、财产损失或生态环境破坏

每个级别的事件都有相应的应急响应程序，以便快速、有效地调动资源进行处置。例如，当事件达到Ⅰ级响应时，地方政府需在国务院或相关部门的指导下，全力调动资源进行应对；而对于Ⅱ级响应，则主要由省级应急机构负责协调；Ⅲ级事件则由市级或县级政府处理；而Ⅳ级事件则由事发地政府初步处理，如果超出其处理能力，则需向上级请求支援。

此外，在不同类别的突发公共事件中对应的等级划分也有所不同，例如在自然灾害类中，特别重大的事件可能包括特大洪水、大江大河干流重要河段堤防决口、重点大型水库垮坝等情况。而在公共卫生事件类中，特别重大的公共卫生事件可能包括发生传染性非典型肺炎、人感染高致病性禽流感病例等疫情。

3.1.3 突发公共事件的特点

突发公共事件是指突然发生并对社会公众安全、健康和生活秩序造成重大影响的公共事件，一般来说，突发公共事件具有以下共同特点。

1. 突发性与不确定性

与计划内的可以预见的公共事件不同，突发公共事件通常在缺乏任何预先警告的情况下突然发生，其固有的不可预见性和不确定性往往对应急响应团队造成极大的挑战，例如上文中所提到自然灾害（如地震和洪水）、事故灾难（如化工厂爆炸或交通事故）、公共卫生事件（如传染病暴发），以及社会安全事件（如恐怖袭击）等，由于其突发性质会对应急管理和响应措施的实施产生重大影响，因此要求应急管理机构在事前进行周密的预案制订工作，以便有效地应对此类突发情况，并将潜在损害降至最低。

2. 紧迫性与复杂性

突发公共事件除了其突发性的特点之外，往往还伴随着紧迫性与复杂性，即这类事件不仅发生突然，而且其性质极为复杂，需要用最快的速度和在最短的时间内进行妥善处置，以避免其影响范围和程度的进一步扩大。突发公共事件的复杂性主要体现在其涉及的多重影响因素上，包括但不限于自然条件、技术因素以及人为因素等，由于事件本身及后续处理流程中可能存在的多方面挑战，例如灾害链效应（一次灾害引发另一系列次生灾害，进而形成连锁反应）等，进一步加剧了处理工作的复杂性，而这种复杂性又导致了应急处置工作的紧迫性。鉴于此类事件的高度不确定性及其潜在的危害性，需要在第一时间进行妥善处理，以免其影响范围和影响程度的不断扩大，因此相关应急管理部门必须具备快速响应的能力，能够立即采取有效的应急措施以控制事态发展，从而最大限度地减少人员伤亡和财产损失。在整个应急处置的流程之中，时间是最宝贵的资源之一，快速而精准的响应能够在很大程度上减轻灾害带来的负面影响。

3. 影响广泛性与多样性

突发公共事件通常对社会中的不同群体和各个领域产生广泛且深远的影响。在当下，其影响范围往往不再仅限于某个局部区域，而是可能波及整个国家乃至整个世界，因此，突发公共事件往往备受人们关注。随着全球化进程的加速推进，国与国之间的相互依存程度日益增加，这使突发公共事件的影响能够通过复杂的跨国网络迅速扩散，因此，突发公共事件造成的影响相比以往来说也有所增强。此外，突发公共事件的多样性特征也日益显现，即在不同的领域中更加频繁地出现各类突发公共事件，这给现有的应急管理和响应机制带来了更为严峻的挑战。

4. 危害性与破坏性

无论是何种类型的突发公共事件，都会在不同程度上破坏社会秩序并对公众的人身财产安全构成威胁，并且随着现代化进程的加速发展，突发公共事件的影响范围变得更广泛，影响程度也更深。例如，在现代化的背景下，大型传染病的传播由于便捷的交通运输网络往往会迅速跨越地理界限，导致更大范围的感染，并且更加难以控制。与此同时，随着人类对自然资源的持续开发和利用,自然灾害的类型和频率也在不断增加,导致了应对这些灾害的困难。此外,信息技术的快速发展和互联网的普及使突发公共事件的相关信息能够以更快的速度传播给更多人。然而,网络信息的真实性和准确性却难以得到甄别,在网络的推波助澜下,这可能导致公众对突发公共事件的错误理解,进而引发不必要的社会恐慌。这种情况下的应急处理不仅需要快速反应来控制事态的发展,还需要有效地管理信息传播,以减轻社会心理压力并确保公众的安全感,因此加大了应急处置的难度。

5. 信息有限性与资源依赖性

突发公共事件由于其发生的突然性和事态的复杂性,往往会给信息的获取带来巨大挑战,因此信息的准确性与全面性难以得到保障。因为信息来源多样且分散,加之紧急情况下信息传递的速度和质量受到限制,突发公共事件中获取的信息通常带有不确定性,信息的真实性和完整性难以得到充分保证。而这种不确定性将会增加决策制定者的负担,因为他们在制定策略时必须基于有限甚至可能不准确的信息进行判断。另外,突发公共事件的紧迫性要求信息能够迅速而有效地流通,然而,在实际情况中,信息流通过程中可能会遇到各种障碍,如信息过载、传播延迟、沟通渠道不畅等问题。同时,信息反馈机制的不通畅也会导致决策者无法及时调整策略以适应不断变化的事态,从而降低了应对措施的有效性。

从资源依赖性的角度来看,突发公共事件的处理往往需要调动广泛的资源来作为支撑,这不仅包括直接参与应急处置的人力资源,例如救援人员、医疗团队和志愿者等,还包括必要的物力资源和技术资源,如应急物资、运输工具和技术设备等物资,以及 GIS(地理信息系统)、大数据等现代信息系统。此外,还需要有足够的财政支持来确保这些资源的调配和使用。

3.2　突发公共事件风险管理

3.2.1　风险、风险管理与突发公共事件风险管理

1. 风险的概念与范围

有关风险的概念与定义起源于西方的古典经济学,著名经济学家约翰·海恩斯(John Haynes)在 1895 年出版的 *Risk as an Economic Factor* 一书中将风险定义为"损坏或损失的可能性",这也是有关风险这一概念的最早定义。1921 年,美国经济学家弗兰克·奈特(Frank Knight)在 *Risk,Uncertainty and Profit* 一书中,进一步区分了可客观估计概率的"风险"与"真正的不确定性",把未来事件发生的概率可以被客观估计的不确定性定义为严格意义上的风险,把不能用大数法则进行分析测定的不确定性定义为真正的不确定性。除了经济学之外,风险的相关研究也不断拓展到了其他领域,既包括社会科学,也包括自然科学。不同学科对于风险的理解各不相同,这形成了风险概念的多样化,而目前学术界并未就风险这一概念的定义达成一致的意见。

尽管学术界尚未就风险的定义达成统一共识,但目前有关风险的定义普遍包含以下三个核心特征:①不确定性。不确定性是指在面对未来事件或结果时缺乏完全的信息或知识的状态,大多数关于风险的定义都强调了这种不确定性,即未来事件的结果或其发生

的概率是不可预知的。②客观性。风险的客观性是指风险本身是一种客观存在的状态，不受个人主观意愿的影响，即使个体对于风险的认知可能存在差异，风险的实际存在及其潜在后果也是独立于人们的看法的。③潜在损失性。虽然风险本身具有不确定性，但风险的出现往往伴随着不同程度的损失或损害的可能性，这种损失可以体现在多个方面，包括但不限于财务损失、物理损害、声誉损失或其他负面后果。

在当代中国，风险的概念得到了进一步的发展和深化。在《风险管理 术语》国家标准（GB/T 23694—2024）当中，风险被定义为："不确定性对目标的影响。"在《习近平关于防范风险挑战、应对突发事件论述摘编》一书中，习近平总书记强调了"增强忧患意识、防范风险挑战要一以贯之"的重要性。他指出，"前进的道路不可能一帆风顺，越是前景光明，越是要增强忧患意识，做到居安思危，全面认识和有力应对一些重大风险挑战。要聚焦重点，抓纲带目，着力防范各类风险挑战内外联动、累积叠加，不断提高国家安全能力"。

习近平总书记的这些论述，不仅为风险概念的理解提供了新的视角，也为风险管理的实践提供了指导思想。他强调："增强忧患意识，做到居安思危，是我们治党治国必须始终坚持的一个重大原则。"同时，习近平总书记还提出了关于防范化解重大风险的具体措施，包括健全制度体系、发扬斗争精神、强化政治责任、不断提高驾驭各种风险挑战的能力和水平。

基于以上论述，本章将风险定义为由于不确定性的存在而可能导致损失或不利结果的可能性。

2. 风险管理的含义与发展

有了风险，自然要进行风险管理，以降低风险带来的潜在损失，风险管理的研究思潮兴起于20世纪30年代的大萧条时期，这场起源于1929年10月华尔街股市崩盘的经济危机被认为是20世纪最严重的全球经济衰退之一，它始于1929年，并持续至20世纪30年代末期，在某些地区甚至延续到了20世纪40年代初期。在这场大萧条中，面对经济衰退的冲击，企业和个人开始积极探索各种风险管理方法，以期减少损失并保护自身的利益。因此，风险管理的思想开始在全球范围内受到广泛关注。

风险管理逐渐走向专门化与系统化研究的转折点是1963年梅尔和赫奇斯合著的《企业的风险管理》以及1964年威廉姆斯和汉斯撰写的《风险管理与保险》这两本书的出版，它们标志着风险管理理论正式登上历史舞台。在《风险管理与保险》一书中，威廉姆斯和汉斯将风险管理定义为一种系统化的管理方法，旨在通过识别、评估和控制风险，以最小的成本将风险的潜在损失或损害降至最低水平。虽然此时风险管理理论已经引起了广泛的关注和探讨，但当时的相关研究仍处于早期阶段，较为碎片化，缺乏系统的理论框架。

随着20世纪80年代的到来，伴随着科学技术的快速发展和社会经济的巨大变化，人类社会在多个领域取得了显著成就，但同时也面临日益增多的风险和挑战，生态环境急剧恶化、经济危机和金融风险频发、化学污染、核威胁、各种电磁辐射危害等问题凸显了现代社会的多重风险。与此同时，随着资本市场的不断扩大，企业和组织越来越重视风险管理，特别是在内部环境和外部环境中的风险管理，因此，在这一时期，风险管理理论得到了极大发展，形成了更为系统化的理论框架和实践指南。

进入21世纪后，随着全球化进程的加速，各种新型风险不断涌现，风险管理进入全面风险管理的发展阶段。2017 年,COSO 发布了企业风险管理整合框架,将"风险管理"定义为"组织在创造、保持和实现价值的过程中,结合战略制定和执行,赖以进行管理风险的文化、能力和实践",强调了风险管理与组织战略之间的紧密联系以及风险管理对于实现组织目标的重要性。

在我国,党和国家对于风险管理工作的开展也十分重视,习近平总书记在主持中共中央政治局第十九次集体学习时的讲话中指出:"要健全风险防范化解机制,坚持从源头上防范化解重大安全风险,真正把问题解决在萌芽之时、成灾之前。"为了更好地定义和解读风险管理过程,《风险管理 术语》(GB/T 23694—2024),以风险的定义(即不确定性对目标的影响)为基础,将风险管理定义为"指导和控制组织在风险方面的协调活动",为风险管理的有关研究提供了参考。同时,中央文献出版社于 2020 年出版的著作《习近平关于防范风险挑战、应对突发事件论述摘编》,系统性地收录了习近平总书记在 2012 年 11 月 15 日至 2020 年 7 月 17 日的讲话、报告、谈话、演讲、指示和批示等 180 余篇重要文献,且许多论述为首次对外公布。研读《习近平关于防范风险挑战、应对突发事件论述摘编》,对于全面把握习近平总书记有关风险管理与突发事件应对的思想精髓至关重要。对这一著作的深入理解不仅能够丰富我们有关风险管理领域的理论框架,而且为实践操作提供了方向性指导,确保在风险识别、评估、控制以及监控等各环节中深入贯彻并有效执行其核心理念,进而优化整体风险管理机制,提升这一体系的运作效能。

3. 突发公共事件风险管理的内涵与重要性

习近平总书记曾在主持中共中央政治局第十九次集体学习时强调:"应急管理是国家治理体系和治理能力的重要组成部分,承担防范化解重大安全风险、及时应对处置各类灾害事故的重要职责,担负保护人民群众生命财产安全和维护社会稳定的重要使命。"而突发公共事件风险管理,正是应急管理的关键内容,对于国家治理体系的完善和治理能力的提升至关重要。

在当下,突发公共事件的发生已经成为现代社会不可避免的一部分,其对人类社会造成的影响是深远且多维的。其包括自然灾害如地震、洪水、飓风等,以及人为因素引发的事故,如工业泄漏、交通事故以及恐怖袭击等在内的突发公共事件,往往具有不可预测性和突发性,能够在极短的时间内对社会秩序和公民福祉产生巨大冲击,带来不可估量的损失。并且,随着科技的飞速发展和全球化进程的加速,社会系统的复杂性增强,人类社会变得更加互联互通,这在给我们带来生活的便利和进步的同时,也在一定程度上导致了突发公共事件发生频率的增加和影响范围的扩大。例如,在当下,全球性的传染病疫情、跨国的恐怖袭击、大规模的自然灾害等,都可能迅速跨越国界,对全球社会造成影响。此外,随着信息传播的加速,人们对于事件的感知和反应也变得更加迅速,这要求社会必须具备更高的应对能力,因此,突发公共事件的风险管理就显得尤为重要。

突发公共事件风险管理即对突发公共事件进行风险管理的过程,是指对可能发生的、对公众健康、安全或社会秩序构成威胁的突发事件进行识别、评估、控制和缓解的过程。有效的风险管理策略和措施不仅能够帮助政府与社会各界提前识别潜在风险,制订预防措施,提高应急响应能力和恢复速度,从而最大限度地减小突发公共事件所造成的负面影响,同时也能通过系统性的研究和实践,增强整个社会对于此类事件的抵御能力,保护民众的生命财产安全,维护社会稳定和发展。

3.2.2 国内突发公共事件风险管理经验

1. 古代传统突发公共事件风险管理经验

在我国古代,饥荒一类的自然灾害就时有发生,《史记·货殖列传》中记载,"六岁穰,六岁旱,十二岁大饥",《前汉书·武帝本纪》中也写道,"四月,关东旱,郡国四十余饥,人相食",描述了古代饥荒发生时的惨烈景象,甚至有食人这种惨绝人寰的现象出现,而在天灾之下,百姓苦不堪言、流离失所。这种社会不稳定因素对于维持统治阶级的统治来说十分不利,因此催生了一种中国古代政府特有的"政府行为"——荒政,即统治阶级针对灾荒所采取的救灾措施和政策,以保持社会的稳定性,巩固自身统治。具体来说,荒政的历史演变反映了中国古代社会对突发灾害响应机制的逐步完善,而这也是我国古代传统突发公共事件风险管理的重要经验。虽然荒政的起源可追溯至远古时期的神话传说,但其思想萌芽与初步形态的真正形成则见于春秋战国时期,这一时期出现了探索灾荒规律的思想萌芽,并由养民实践催生了荒政的初步发展。秦汉时期,随着中央集权的加强,荒政开始制度化,出现了一系列的政策和措施,如减免赋税、开仓放粮等。而后唐宋时期,荒政体系更加完善,救灾措施更加多样化,包括设立义仓、实行灾情勘报制度等,形成了灾前预防到灾后重建的一系列完整措施。到了清朝,荒政达到了顶峰,不仅在制度上更加完备,而且在实施上也更加有效,清朝的荒政体系集历代之大成,并将其发展到较高的水平。

此外,古人强烈的忧患意识及其"治未病"的风险管理思想,也构成了我们今天风险管理经验的重要组成部分。古人强调要"居安思危,思则有备,有备无患",体现了他们对于未来不确定性的敏锐洞察和对潜在危机的高度警觉。东汉时期的荀悦在《申鉴·杂言》中提到:"进忠有三术:一曰防;二曰救;三曰戒。先其未然谓之防,发而止之之谓之救,行而责之谓之戒。防为上,救次之,戒为下。"这不仅表明了预防措施的重要性,也揭示了古代智者对于风险管理的深刻理解,即通过预防来降低风险发生的可能性,其价值高于事后的补救和惩戒,表现了"防患于未然"的重要性,体现了古人清晰的风险管理意识。通过深入研究和理解这些古老的智慧,我们可以更好地应对现代社会中的风险与挑战。

2. 中华人民共和国成立以来突发公共事件风险管理经验

在中华人民共和国成立初期,国家重点关注事关国家安全和公共安全的自然灾害,通过成立水利部、农业部、卫生部等专职部门分管不同类型的灾害应对和疫病防治,奠定了风险应对管理的基本职能体系和制度基础。这一阶段以政府组织单中心自上而下的管制和命令的政治动员为主,形成了政府本位、单项应对、部门负责的风险灾害应对模式,政府通过行政命令和政治动员的方式调动资源进行风险管理。后来随着改革开放的不断推进,风险管理的措施也与时俱进,1980—1981年的"南涝北旱"自然灾害后,我国开始综合政府多部门以及社会力量、市场力量、国际组织等多元主体共同参与风险管理,与此同时,地方政府也开始不断积极探索建立地方性的风险管理体系。

进入21世纪后,我国加强了与世界的联系,吸取国外应急经验,从制度设计层面突出风险管理的必要性。2003年的"非典"(严重急性呼吸综合征,即"非典型肺炎")疫情事件处理暴露了我国公共卫生风险管理体系存在的问题,促使国家层面开始重视突发公共事件风险管理的体系建设。因此于 2006 年 1 月 8 日发布并实施了应急预案,并在此基础上,于 2007 年出台了《中华人民共和国突发事件应对法》,为突发公共事件风险管理体系建设奠定了法律基础;同时,各省、市、县纷纷建立了应急管理机构,形成了从中央到地方较为完整的应急管理体系。在此之后,2011—2013 年,我国陆续出台了《风险管理 风险评估技术》《风险管理 术语》等一系列风险管理的国家标准,推动了风险管理的标准化和专业化进程。2018 年,应急管理部成立,它集成了原国家安全生产监督管理总局、公安部、民政部等多个部门的相关职能,实现了应急管理工作的统一指挥和协调。

　　除此之外,在各种会议和文件当中,也可以看出党和国家对于风险管理的重视。党的十八大、十九大、二十大等重要会议分别对"加快形成源头治理、动态管理、应急处置相结合的社会管理机制""防范化解重大风险""维护国家安全和社会稳定"进行强调;《中央企业全面风险管理指引》作为一项政策性文件对中央企业的风险管理实践提供了规范性指导,凸显了企业层面风险管理工作的重要性。该指引强调了全面风险管理对于保障国有资产价值、促进企业可持续发展的关键作用,从而确立了风险管理在企业治理结构中的重要地位。《中共中央关于全面推进依法治国若干重大问题的决定》提到了"依法治国,是坚持和发展中国特色社会主义的本质要求和重要保障,是实现国家治理体系和治理能力现代化的必然要求,事关我们党执政兴国,事关人民幸福安康,事关党和国家长治久安",表明了依法治国是管理社会风险、保障国家长治久安的重要手段。《中共中央 国务院关于推进防灾减灾救灾体制机制改革的意见》明确了要坚持以人民为中心的发展思想,坚持以防为主、防抗救相结合,努力实现从注重灾后救助向注重灾前预防转变,从应对单一灾种向综合减灾转变,全面提升全社会抵御自然灾害的综合防范能力,体现了在防灾减灾救灾工作中风险管理的重要性和综合性。

　　我国突发公共事件风险管理发展历程和重要节点见表 3-3。

表 3-3　我国突发公共事件风险管理发展历程和重要节点

时　间	事　件
新中国成立之前	统治阶级为了维持其统治地位而实行的荒政;从官方到民间对于风险的忧患和预防意识
新中国成立至改革开放之前	以政府为中心的传统风险管理方式
改革开放阶段	风险管理体系的不断建设,不再是传统的政府动员方式,多主体参与其中
2003 年	"非典"事件爆发,给全国上下带来了巨大损失,国家层面开始重视突发公共事件风险管理
2006 年	发布并实施了《国家突发公共事件总体应急预案》,"一案三制"框架逐渐形成;颁发了中央企业全面风险管理指引
2007 年	《中华人民共和国突发事件应对法》出台,为突发公共事件风险管理奠定法律基础
2011 年	《风险管理 风险评估技术》(GB/T 27921—2011)
2012 年	党的十八大召开,强调了"加快形成源头治理、动态管理、应急处置相结合的社会管理机制"
2013 年	《风险管理 术语》(GB/T 23694—2013)

续表

时　间	事　件
2014 年	《中共中央关于全面推进依法治国若干重大问题的决定》
2016 年	《中共中央 国务院关于推进防灾减灾救灾体制机制改革的意见》
2017 年	党的十九大召开,突出了"防范化解重大风险"这一议题
2018 年	原国家安全生产监督管理总局退出历史舞台,应急管理部成立,应急管理实现了统一指挥和协调
2022 年	党的二十大强调了"维护国家安全和社会稳定"

3. 我国突发公共事件风险管理学术贡献

徐明和郭磊(2020)利用 CiteSpace 软件对我国公共安全与应急管理领域的研究轨迹进行了深入分析,并据此归纳出国内研究发展的三个显著阶段。首先,在 2003 年之前,由于缺乏全国范围内的重大突发公共事件,如"非典"疫情,该领域的研究尚处于起步阶段,主要集中于对西方国家应急管理经验的学习以及对特定突发事件应对措施的探索。其次,2003 年至 2012 年,随着"非典"疫情及其他一系列突发公共事件的发生,国家对应急管理的全局性重视程度显著提升,研究焦点也相应转向整体应急管理体系的构建及其能力的提升。最后,2013 年以来,随着国家应急管理体系的逐步完善和应急管理部的成立,以及相关政策的持续推进,应急管理制度日趋成熟,研究的重心转向了如何实现更为有效的危机预警和应急响应,即如何通过预防措施来减少潜在风险,实现"防患于未然"。吕孝礼等(2019)的研究也对我国 2012—2016 年危机管理领域的学术进展进行了系统性回顾与评价,该研究指出,在这一时期,中国学者在危机管理领域作出了显著的学术贡献,特别是在《风险分析》《公共管理》《战略管理杂志》以及《应急与危机管理杂志》等国际知名期刊上发表了多篇具有影响力的文章,这些研究成果不仅推动了国内危机管理领域的学术发展,同时也为该领域的国际学术交流作出了贡献。从整体趋势来看,在此期间国内危机管理领域的研究表现出以下特点:学术共同体的构建更加成熟,研究主题更加精细化,研究方法也趋向规范化,然而,该研究也指出了现有研究的不足之处,即对危机及其管理本质和规律的探讨尚显不足,需要进一步深化和完善。这表明,尽管国内危机管理领域的研究已经取得了一定的成就,但仍需在理论深度和实践应用上进行更深入的探索与研究。

3.2.3　国外突发公共事件风险管理经验

1. 日本的突发公共事件风险管理历史与经验

日本的突发公共事件风险管理的记录可以追溯到古代,在当时,日本就通过修建防洪堤坝等一系列手段和措施来应对自然灾害。19 世纪末 20 世纪初,随着工业化进程加快,日本也开始出现更加系统的灾害预防措施。1923 年,关东大地震的发生使日本开始注重城市化过程中的防灾减灾工作。关东大地震是 1923 年 9 月 1 日发生在日本关东地区的一次极其严重的自然灾害,震级在 7.9～8.3 级之间,震中位于相模湾内,距离东京 70～80 千米。这场地震对东京、横滨等关东地区造成了毁灭性的打击,导致约 14.3 万人死亡,其中 90% 的人死于随后引发的火灾,地震还引起了地裂、泥石流、大塌方和海啸等次生灾害,进一步加剧了灾情。灾后,日本政府和社会各界迅速展开了救援与重建工作。东京都政府出台了"帝都复兴计划",推动了东京都市景观的重建和发展。同时,这场灾难也暴露了日本在城市规划和防灾减灾方面的不足,促使日本在防灾法治化管理和综合对策方面取得了进步,也提醒了世界其他地区在城市化进程中加强综合防灾规划的重要性。

1961 年,为了更好地明确风险管理与灾害应对的体系和措施,基于 1959 年伊势湾台风灾害后的经验教训,日本政府颁布了《灾害对策基本法》,通过国家、地方公共团体及其他公共机关建立必要的防灾体制,明确责任所在,并制订防灾计划、灾害预防措施、灾害应急对策、灾害恢复以及有关防灾的财政金融措施等基本原则。《灾害对策基本法》的内容包括防灾组织、防灾计划、灾害预防、应急对策、灾害恢复和财政金融措施等多个方面,根据这部法律,日本设立了中央防灾会议,由首相担任主席,负责促进防灾基本计划的制订及实施,并在灾害发生时,制订有关紧急措施的计划,推动其实施。此外,各地方行政区也设立了相应的防灾会议,负责本地区的防灾计划和应急措施。作为日本灾害管理的根本大法,《灾害对策基本法》自 1961 年开始制定并不断修正,对政府、公共机关以及民众的防灾计划进行责任与义务的指导,突显了"自助、共助、公助"的角色和分工。它对防灾计划体系的建立具有全面的引导支撑作用,包含防灾基本计划的制订、各级行政机关在防灾计划制订过程中的任务与责任,以及每一个层级的防灾计划的差异性与承接性的解释说明。

1995 年日本发生阪神大地震,这次地震对日本关西地区的神户市造成了极为严重的破坏,导致 6 434 人遇难,约 4.4 万人受伤,近 30 万人流离失所,约 10.8 万幢建筑物被毁坏,经济损失高达 1 000 亿美元,占当时日本国民生产总值的 1%～1.5%。地震发生后,日本政府由于本身救灾行动迟缓,且最初拒绝了海外援助而饱受诟病,但灾区内的许多志愿者队伍积极参与救援工作,并在火后重建中发挥了重要作用,日本政府后来对志愿者组织给予了一定程度的支持,并在阪神大地震后对防灾体系进行了全面的审视和改进,因此,1995 年也成为日本民间救援力量组织的元年。在阪神大地震之后,日本政府和兵库县耗资 60 亿日元建立了"人与防灾未来中心",该中心由"防灾未来馆"和"人未来馆"两座建筑构成,目的是汲取地震的教训,让全世界都可以到此参观有关此地震的记录,并通过展览的资料、影像来了解灾后重建、对未来减灾的相关努力,获得减灾的正确知识。此外,日本还通过了一系列法律,如对《灾害对策基本法》进行了进一步修订,以强化灾害对策,包括交通管制、紧急车辆通行权等措施,并制定了《地震防灾对策特别措施法》以加强地震防灾措施。这次地震暴露了日本在防震减灾工作上的不足,如对关西地区可能发生大地震的错误判断、消防能力不足以及缺乏有效的救灾方案等问题,因此阪神大地震成为日本防灾史上的一个重要转折点,促进了日本在灾害预防、应急响应和灾后恢复方面法律与体制的改进。

受到阪神大地震的影响,1998 年日本颁布了《特定非营利活动促进法》以完善对民间非营利机构的管理,促进非营利组织在灾害救援中作用的发挥,通过政府和民间组织的合作推动,日本民众的防灾教育不断得到加强。

进入 21 世纪以后,随着科学技术的不断进步,日本花费数十年投入几千万美元研发了一套先进的地震早期预警系统(Earthquake Early Warning System,EEWS),这套系统旨在通过检测地震初期的 P 波(一种传播速度快但破坏力较小的地震波)来提前几秒到几十秒发出警报,为民众争取宝贵的逃生时间,以减轻地震引发的巨大损害。尽管该系统在技术上十分先进,但在面对高震级地震时,其提供的预警时间仍然不足以抵消地震带来的破坏性影响。2011 年 3 月 11 日,日本东北地区发生了震级高达 9.0 级的大地震,这是人类有史以来记录到的第五强的地震。这次地震引发了巨大的海啸,波及了日本东北部多个地区,包括宫城县、岩手县和福岛县等地,海啸高度在某些地区超过了 10 米,造成了巨大的人员伤亡和财产损失。根据官方统计,地震和海啸共造成超过 19 000 人死亡,成千上万人失踪。同时,这次地震还导致了福岛第一核电站发生严重事故,包括反应堆熔毁和放射性物质外泄,不仅对当地环境和居民健康造成了长期影响,也对全球环境保护造成了威胁,促使日本政府对其现有的风险管理体系和核安全相关的法律与措施进行了反思及改进。

随着多年以来的不断发展与改进,日本政府的风险管理体系已经较为完善,能够为其他国家和地区风险管理体系的发展与建设提供参考。

2. 英国的突发公共事件风险管理历史与经验

英国的风险管理与应急管理体系的发展经历了多个重要的历史阶段,反映了英国政府对于风险管理与国家安全重视程度的不断提升,其最早有关风险管理的法案是其于1920 年颁布的《紧急状态权力法案》(*Emergency Powers Act*),这是响应当时国家可能面临的紧急情况的一项重要立法,该法案旨在特殊情况下,为保护社会社区提供额外的法律支持和权力。1920 年《紧急状态权力法案》的制定,是英国在风险管理和国家安全方面立法的一个重要里程碑,为政府提供了在危急情况下采取必要措施的法律依据。第二次世界大战时期,为了应对德军轰炸所造成的伤亡,英国建立了紧急医院服务计划(EHS),通过政府接管部分医院的方式,更好地救治军人和伤者,后来发展成为紧急医疗服务(EMS)。受到当时世界格局的影响,英国政府于 1948 年制定了《民防法》,该法案将民事应急管理权力下放给地方政府,并以地方警察、消防和卫生单位为管理主体,实行属地管理,并建立起了包括防空洞、警报系统和志愿者队伍在内的广泛的民防体系,以应对随时可能到来的威胁,这部《民防法》是英国风险管理体系的重要基础,英国的整个风险管理立法框架渊源于此法案。

2001 年,英国政府出台了《国内突发事件应急计划》,但由于现有法律体系过于分散,实际执行过程中面临一系列困难,因此,英国于 2004 年出台了《民事紧急状态法》(*Civil Contingencies Act 2004*)以对现有相关法律进行整合,《民事紧急状态法》是英国风险管理法律体系的核心组成部分,涵盖了自然灾害、恐怖袭击、工业事故等各种类型的广泛紧急情况,强调了预防、准备、响应和恢复四个关键阶段,以及系统抗灾力的概念,因此为政府在应对各类紧急情况时提供了法律框架和权力基础。在此之后,为了完善以该法案为核心的风险管理体系,英国政府还陆续颁布了《2004 年消防与搜救服务法》《2005 年国内紧急状态法案执行规章草案》和《2006 年反恐法案》等法律,并发布了《应急管理准备和响应指南》《应急管理恢复指南》《中央政府对突发事件响应的安排:操作手册》等文件,以进一步细化和补充《民事紧急状态法》的内容。

英国依据《民事紧急状态法》构建了一套多级风险管理架构,该架构依据突发事件的地域范围,由不同层级的政府机构及非政府组织提供响应支持。通常情况下,地区性突发事件由当地政府主导处理,辅以非营利救援组织的支援,而对全国产生影响的重大事件,如恐怖袭击等,则由中央政府负责应对。在中央政府层面,首相担任应急管理的最高行政负责人,相关机构包括内阁紧急应变小组(COBR)、国民紧急事务委员会(CCC)、国民紧急事务秘书处(CCS)以及各政府部门。COBR 仅在面临最高级别的紧急状态时启动;CCC 的职能是为 COBR 提供咨询,并监督中央政府的应急响应工作;CCS 则负责为前述机构提供支持,并负责应急响应的日常协调工作;其他政府部门则负责其职权范围内的应急响应,并为应急处置部门提供必要的支援。此外,英国还实施了"金、银、铜"三级应急响应机制,以实现不同部门间的协调统筹。"金级"负责从战略层面制订应急计划,并将其传达给"银级",由涉及应急响应的政府部门代表组成,无固定机构,但指定专人负责,并定期轮换,通过定期会议形式运作。"银级"则根据"金级"的规划,将任务细化并准确下达给"铜级",由事发地相关部门负责人组成,同样指定专人负责,并定期轮换,可直接管理所属应急资源和人员。"铜级"根据"银级"的指示执行具体操作,由现场应急响应人员构成。这一机制确保了从战略规划到现场执行的连贯性和有效性。

3. 美国的突发公共事件风险管理历史与经验

美国的风险管理历史可以追溯至 19 世纪初,当时的地方政府承担着首要的应急管理责任,在面对突发事件时,地方政府通常是第一响应者,而联邦政府则是在地方资源不足以应对危机时提供支援,因此直到 20 世纪 60 年代末 70 年代初,美国的风险管理权力都十分分散。为了提高美国风险管理体系的效率和协调性,1979 年,时任美国总统吉米·卡特(Jimmy Carter)通过行政命令,将多个负责风险管理的联邦部门和机构合并,成立了美国联邦应急管理署(Federal Emergency Management Agency,FEMA),这也标志着美国风险管理开始向更加统一和协调的方向发展。随着 20 世纪 80 年代美苏冷战局势的紧张,FEMA 的工作重心转向了针对核战争的准备,而对自然灾害的管理则相对被忽视。1988 年,《斯塔福德灾难与紧急援助法》的颁布授权了 FEMA 在"自然灾害"期间有系统地向州和地方政府提供应对灾难的援助,并协调国家的应对行动,包括调动联邦基金,这一法案进一步强化了 FEMA 在联邦政府救灾行动中的核心地位,赋予其更大的权限来协调联邦资源以应对灾害。进入 20 世纪 90 年代后,随着苏联解体,世界格局发生巨大变动,也对 FEMA 的工作产生了影响,让其重新开始思考如何处理自然灾害问题,此时 FEMA 的工作重点逐渐从灾后处理转向了灾前减灾,即通过预先规划和准备减轻灾害带来的损失,在这一时期,风险管理已经成为联邦政府日常工作的重要组成部分。

随着 1993 年纽约世贸中心爆炸案、1995 年俄克拉何马城联邦大楼爆炸案等国内恐怖袭击事件,以及 2001 年震惊全美乃至全世界的"9·11"恐怖袭击事件的发生,美国政府认识到需要建立一个更为综合的安全体系,因此美国政府在 2002 年通过了《2002 年国土安全法》并创建了美国国土安全部(United States Department of Homeland Security,DHS),旨在加强国家安全和社会安全。DHS 成为继美国国防部、医疗卫生部之后的第三大联邦机构。2003 年,FEMA 与海关与边境保护局(CBP)、移民与海关执法局(ICE)等其他 20 多个联邦机构一同被整合并入 DHS 之中,形成了一个集反恐、维护关键基础设施及交通运输安全、应对紧急情况和自然灾害、执行移民法律和边境安全措施于一体的专门机构,大大提升了管理效率。因此美国建立起了一套以联邦应急计划为核心、总统直接领导、FEMA 等核心机构协同运作的风险管理体系。在这套风险管理体系之下,当美国各州、县或市遭遇超出其处理能力范围的突发公共事件时,将启动联邦应急预案,由 DHS 推荐,经由总统任命一位联邦协调官担任一线现场指挥官,该联邦协调官负责指挥现场应急响应行动,包括但不限于资源调配、应急处理、后勤支持等工作,旨在迅速、有效地应对和解决突发事件。美国的这套风险管理体系通过有效的跨层级合作以及联邦政府的支持和协调,实现对突发公共事件的高效管理,减少损失并加速恢复进程。

2005 年,"卡特里娜"飓风重创美国南部,暴露出了联邦政府在应对大规模自然灾害方面的不足。这次灾难促使美国重新审视其风险管理框架,在 2011 年由当时的总统奥巴马发布了第 8 号总统政策指令,这标志着美国风险管理策略的重大转变。该政策指令确立了一个全面的风险管理框架,包括五个关键领域——预防、保护、减灾、响应和恢复,每个领域都有相应的指导文件,如《国家预防框架》《国家保护框架》《国家减灾框架》《国家响应框架》和《国家恢复框架》。这一系列改革不仅加强了联邦政府层面的应急响应能力,还促进了跨部门和跨级别的合作。

随着美国风险管理体系的不断更新和完善,为了确保有足够的高素质人才服务于这一体系,美国采取了一系列措施来构建一个全面的风险管理人才培养体系,特别是在"9·11"恐怖袭击事件之后,从联邦政府到州、县、市政府,各级政府均加强了对应急管理的关注,并设立了专门的应急管理部门或实施了相关的培训项目,企业也积极响应,普遍设立了应急管理协调员职位,以备不时之需,充分体现了美国对于应急管理工作的重视。此外,在高等教育领域,除了设立专门的应急管理学科外,还出现了众多专注于应急管理培训的机构和学院,除了国家层面的应急管理学院(National Emergency Management Institute,EMI)之外,各州、县、市也都设立了自己的地方应急管理学院,以便通过学习和培训系统地培养应急管理领域的专业人才,使其具备处理复杂紧急情况的能力。根据美国应急管理制度的规定,第三级(州一级)及以上的突发事件必须由相应级别的专业应急管理团队进行指挥。而作为此类团队的核心成员——应急指挥员,需要接受至少 3 年的专业培训,并通过一系列实际应急或模拟演练的考核,以确保其具备应对各种紧急情况所需的专业技能和知识。美国通过多层级的教育和培训体系,不仅提高了应急管理工作人员的专业水平,能够批量地培养高质量的应急管理人员,还增强了整个社会面对突发事件时的响应能力和恢复能力。

如今,美国的风险管理体系已经演化成为一个多维度、综合性的架构,覆盖了自然灾害、恐怖主义威胁、公共卫生危机以及环境污染等多个领域,构建了一个由联邦、州、县、市和社区五个层级构成的严密的风险管理与应急响应网络,为全球其他地区的风险管理体系建设提供了宝贵的参考经验。

案例讨论

齐齐哈尔市第三十四中学校体育馆屋顶坍塌事故

2023 年 7 月 23 日,位于黑龙江省齐齐哈尔市龙沙区的齐齐哈尔市第三十四中学校体育馆屋顶发生坍塌事故,造成 11 人死亡、7 人受伤,直接经济损失 1 254.1 万元。该事件经过如下:2023 年 7 月 23 日 13 时,第三十四中学校两名教练带领 17 名女子排球队队员,在体育馆进行排球训练。14 时 52 分许,体育馆屋顶发生整体坍塌。14 时 54 分,附近居民向 110 进行报警。14 时 55 分先后通报 119、120 救援。

事故发生后,齐齐哈尔市政府立即启动应急响应,调动消防救援、医疗急救、公安、应急、住建、教育、城管、宣传、龙沙区等救援力量投入现场。市、区两级领导及时赶到现场,立即成立现场救援指挥部,设立现场救援、医疗救治、事故调查等 6 个应急救援组迅速开展现场搜救、转运救治、现场管控等工作。至 7 月 24 日 10 时 46 分,搜救工作结束,15 名被困者全部被搜救出,其中 4 人受伤,11 人遇难。经评估,各级党委、政府和相关部门决策科学合理、现场救援处置得当、信息报送准确及时、善后工作有序有效。

该起事故中,除去 2 名责任人员已因病死亡,建议不予追究责任,有 51 名有关责任人被追责,其中 6 人已被司法机关采取强制措施,5 人被建议移送司法机关处理,33 名公职人员被建议给予党内严重警告、政务撤职、专业技术岗位等级降级等不同处分,另有 7 人被建议给予罚款、吊销安全生产考核合格证书等行政处罚。

资料来源:齐齐哈尔体育馆坍塌事故调查报告公布　51 人被追责[EB/OL].(2024-02-21).http://www.chinapeace.gov.cn/chinapeace/c100007/2024-02/21/content_12714189.shtml.

思考:在齐齐哈尔市第三十四中学校体育馆屋顶坍塌事故中,应急管理部门在事故发生后采取了哪些应急响应措施? 这些措施如何体现了应急管理的原则和策略?

即 测 即 练

第 **4** 章

自然灾害风险管理

本章学习目标

1. 了解什么是自然灾害风险,对自然灾害风险有全面、清晰的认知;
2. 了解自然灾害风险管理的概念、意义;
3. 熟悉和掌握自然灾害风险管理发展的各个阶段及各阶段发展特征;
4. 掌握自然灾害风险管理的流程与方法。

引导案例

跨前一步,全力以赴

2024 年 9 月 10 日晚间,2024 年第 13 号台风"贝碧嘉"被中央气象台认定在西北太平洋洋面生成,随后趋向中国东海海面,强度逐渐增加。

9 月 15 日 10 时前后,"贝碧嘉"进入中国 24 小时警戒线,中心附近最大风力 12 级。

9 月 16 日凌晨 3 点至上午 7 点,"贝碧嘉"以每小时 25 千米的速度穿过舟山嵊泗列岛,并向西北偏西方向移动。台风过境期间,中心风力达 14 级,舟山海面掀起 4~5 米大浪,并伴有大暴雨。

9 月 16 日 7 点 30 分前后,"贝碧嘉"(强台风级)的中心在上海浦东临港新城登陆,登陆时中心附近最大风力 14 级(42 米/秒),中心最低气压为 955 百帕。"贝碧嘉"也超越 4906 台风"Gloria",成为 1949 年以来登陆上海的最强台风。

9 月 16 日前,上海东海大桥已提前封闭,洋山港暂停作业。

记者在上海临港集卡综合服务区"司机之家"看到,不少集卡司机在这里躲避风雨。休息室内摆放着床位,餐厅里红烧肉、卤鸡腿、韭菜炒鸡蛋等菜品供应丰富,无人超市 24 小时售卖火腿肠、毛巾、洗发水等物品。今年 45 岁的集卡司机张克伟说:"台风天,有这个避风港很暖心。"

"司机之家"连日来抓紧调集物资、改造空间,将床位从 30 多张增加到了 80 多张,停车场能停放的车辆也从 680 辆增加到近 800 辆。

在上海市普陀区曹杨新村街道,社区"长者食堂"照常开放,持续为辖区内需要帮助的老年人提供送餐服务。

国家电网上海电力公司数据显示,179 个抢修驻点、306 支专业抢修队伍 24 小时待命。上海市绿化和市容管理局的数据显示,截至 16 日中午 12 时,上海 1 214 支次绿化防汛应急队伍参与抢险,已处理行道树倒伏 2 500 余株、断枝 2 000 余枝;另有 13 万余人次环卫应急保障人员在岗值守,清扫路段 6 700 余条次。

记者从上海市徐汇区了解到,为了确保市场供应不断档,区商务委积极组织区域内菜市场管理公司、超市卖场企业做好与主要批发市场的批零对接,增加产品储备的种类和数量,协调各市场开展货源储备。据统计,中秋节期间,上海市徐汇辖区内菜市场每日预储备蔬菜 129.7 吨、肉类 32.9 吨、水产 8.1 吨。

自 9 月 11 日起,上海市气象局与上海市防汛指挥部、水利部太湖流域管理局开展十余次联合会商,分析流域降水情况,并通过"防汛直通车""应急直通车"等机制与防汛、交通、公安等部门实时通报最新气象预报预警和实况信息,提示做好防御措施。同时,利用智慧气象系统持续为数十家城市运行管理单位提供"零时差"气象服务信息。

资料来源:董雪,有之炘,杨有宗.跨前一步,全力以赴——上海抗击"贝碧嘉"保障城市安全运行见闻[EB/OL].(2024-09-16).https://baijiahao.baidu.com/s?id=1810356445370951984&wfr=spider&for=pc.

4.1　自然灾害风险管理概述

4.1.1　自然灾害风险

1. 自然灾害风险的定义

自然灾害风险,作为一个复杂而多维的概念,指的是由自然界不可抗力因素,如地壳运动、水文异常、极端气候等所触发的灾害事件,对人类社会结构、经济活动及自然生态系统所造成的潜在或实际损害与威胁。

2. 自然灾害风险的组成

自然灾害风险,包括但不限于地震、洪水、台风(飓风)、干旱、火灾等极端自然现象,它们不仅直接威胁到人类生命安全,还严重破坏基础设施,阻碍经济发展,并可能引发连锁反应,对生态平衡造成长期负面影响。

自然灾害风险的核心在于其五重特性:①存在的普遍性。只要有自然界存在,只要自然界中有人类活动,就不可避免地会发生人类改造自然的系列风险。②成因的复杂性。自然灾害的多样性及社会系统的结构差异决定了自然灾害风险的复杂性。③影响的不可预期性。自然灾害风险多源自自然条件的变化,自然灾害风险链条中的风险因素与地理地质构造、气候环境条件等自然物质因素有关,这些物质因素外生于人类社会,极难受到人类行为的控制,风险发生的时间、发展的程度以及最后的结果均表现出较强的随机性和不可预知性。④动态变化性。自然灾害风险不是一成不变的。⑤后果的非利性。自然灾害风险会给个人或社会带来严重的影响,集中体现在经济损失和人员伤亡方面。

3. 自然灾害风险评估方法

1) 风险评估方法

为了科学、系统地管理自然灾害风险,风险评估成为不可或缺的一环。这一过程融合了定量分析与定性判断的方法论,通过对历史数据的深入分析、专家经验的整合以及现代科技手段的应用,如大数据分析、人工智能算法等,实现对自然灾害风险的精准识别、量化评估及动态监测。

2) 自然灾害风险评估

以地震风险管理为例,现代科技手段的运用极大地提升了预测的准确性和时效性。通过综合历史地震记录、地质勘探数据、地壳应力监测等多源信息,科学家能够构建精细的地震活动模型,分析特定区域的震源特性,包括地震发生的频率、强度分布及空间规律。同时,引入概率统计方法和复杂系统模拟技术,如逻辑回归分析用于识别地震发生的潜在诱因,蒙特卡罗模拟则用于模拟不同情景下的地震影响,从而预测地震发生的可能性和可能导致的损失规模。

而在洪水风险管理领域,则侧重于水文过程的精确模拟与实时监测。利用先进的水文模型,结合 GIS 技术,研究人员能够对流域内的降雨量、河流水位、土壤湿度等关键参数进行持续的监测与预测,实现洪水风险的早期识别与空间分布的可视化展示。洪水预警系统则进一步融合了实时气象观测数据、卫星遥感图像以及智能算法,通过快速分析处理,及时发布洪水预警信息,为政府决策、应急响应及公众疏散提供宝贵的时间窗口。

台风风险管理则注重于风力和降雨强度的综合评估,通过气象卫星数据与气象预报模型,预测台风路径及其对沿海地区的影响。干旱监测使用土壤湿度、气温及降水量等多个气象要素,应用干旱指数模型评估干旱程度,并通过灌溉调度与水资源管理缓解干旱造成的经济损失。

自然灾害风险的评估与管理需要综合考虑多个变量,建立多层次的风险评估体系。关键性能指标包括灾害响应时间、资源调配效率和社群复原能力。通过构建风险数据库,记录灾害历史、影响及应对措施,提升决策支持系统的科学性。社区参与在灾害管理中扮演着重要角色,公众的意识与行为能够显著降低灾害可能造成的损失。

生态系统的恢复力在自然灾害风险中不可忽视,健康的生态系统能够起到缓冲作用,降低灾害的影响程度。推广可持续发展的环境管理策略,例如植被恢复与土地利用规划,既有助于防范自然灾害风险,又能促进生态平衡。

综合利用多种技术与管理手段,加强对自然灾害的监测、预警和应急响应,不断提高社会对自然灾害风险的整体防范能力,确保公共安全和可持续发展。

4.1.2 自然灾害风险管理的概念、环节及作用

1. 自然灾害风险管理的概念

自然灾害风险管理是指在面对自然灾害时,采取系统的措施,以减小灾害带来的损失和影响,确保社会、经济和生态的可持续发展。

2. 自然灾害风险管理的环节

管理过程包括风险评估、风险控制、灾害响应和恢复重建四个关键环节。

1) 风险评估

风险评估是自然灾害风险管理的基础,主要内容包括对自然灾害的识别、概率分析和影响评估。通过量化潜在的灾害发生概率,评估其对生命、财产和环境的影响,可以了解

风险的特性。例如,地震、洪水、台风等自然灾害的历史数据分析,有助于制订合理的应急预案。

2)风险控制

风险控制涉及采取预防措施,减小风险发生的可能性和影响。主要手段包括构建防护设施(如抗震建筑、堤坝),提升社区防灾意识和应急能力,实施土地利用规划等。在控制措施中,科学的决策支持和政策引导起着至关重要的作用。

3)灾害响应

灾害响应是指在灾害发生时,及时组织救援、疏散和救助,以最大限度减少损失。有效的响应机制依赖于完善的预警系统和快速的应急管理流程。协调政府、社区及志愿者组织的力量,可以增强响应能力,保证信息的快速传递和资源的有效配置。

4)恢复重建

恢复重建是灾后恢复的重要环节,旨在使受灾地区尽快恢复到正常生活和生产状态。恢复措施包括基础设施重建、经济支持和社会心理恢复等。通过引入可持续发展理念,推动灾后重建过程中的生态修复和城市规划,可以有效提升社区的抵御能力,减少未来灾害的风险。

自然灾害风险管理的有效性强调跨部门和跨区域的协调合作。国家、地方政府、社会组织和公众的共同参与,能够提升整体防灾减灾能力,确保在面对自然灾害时,能够以最小的成本和代价实现最大限度的安全保障。科学技术的应用,如大数据、人工智能和 GIS 技术,也为风险管理提供了新的视角与工具,推动灾害预测、监测和评估的精细化与智能化。

自然灾害风险管理的最终目标是建立一个具备韧性和适应能力的社会,以应对不断变化的气候和自然环境,提高人民的生活质量和安全感。

3. 自然灾害风险管理的作用

1)精准风险评估机制的构建

在当今复杂多变的自然环境中,数据驱动的风险识别已成为灾害预防与管理的关键环节。这一过程不仅仅是简单地收集历史灾害数据,而是深度挖掘与分析这些数据背后的规律和趋势。通过跨领域的合作,包括但不限于气象学、地质学、环境科学等,广泛收集并整合各类灾害历史记录,形成了全面而翔实的灾害数据库。随后,利用地理信息系统的先进空间分析技术,这些静态的数据被赋予生命,以可视化的方式呈现出灾害发生的地域特征、空间分布及影响范围。更为重要的是,结合当前气候变化的趋势预测模型,能够预测未来灾害可能发生的场景,这不仅包括已知灾害类型的再现,也涵盖由气候变化引发的新型灾害风险。这样的风险评估框架,不仅科学严谨,而且系统全面,它不仅能帮助我们精准识别出潜在的灾害类型,还能将这些风险细化到具体的地理区域和时间段,为风险管理的策略制定与资源调配提供了强有力的数据支撑和科学依据。

为了应对自然灾害的不确定性和突发性,风险评估机制必须具备高度的动态调整能力。这意味着机制本身要能够紧跟灾害形势的变化,快速响应最新的监测数据和研究成果。通过建立高效的信息收集与传递系统,确保实时、准确地获取来自气象站、地震台、水文站等监测点的第一手资料。同时,借助先进的数据处理与分析技术,对海量信息进行快速筛选、整合与解读,从而实现对风险态势的实时掌握。在此基础上,风险评估模型会根据最新数据自动调整参数,实时更新风险地图,细化预警级别,确保每一份预警信息都能精准指向潜在的风险区域和人群。这样的动态分析与预警机制,不仅大大提高了风险管理的时效性和针对性,还赋予了决策者更加灵活和科学的决策工具。通过提前部署预防措施,最大限度地降低灾害发生的可能性及其可能带来的损失,保障了社会的安全稳定与经济的持续发展。

2)公共安全与经济损失的双重防护

在自然灾害频发的背景下,强化易受灾区域的基础设施建设显得尤为重要。相关工作不满足于传统的修复与重建,而是采取更为前瞻性的策略,对关键基础设施进行全方位的加固改造。例如,针对洪水易发区域,投入大量资源升级防洪堤坝,采用更先进的材料和技术,确保堤坝能够抵御更大规模、更强烈的水流冲击。针对地震等地质灾害,推广抗震建筑的设计与建造标准,通过优化建筑结构、增强承重能力等措施,使建筑物在地震中能够保持稳定,减少倒塌风险。这些基础设施的强化措施,不仅提升了区域的整体防灾能力,也为居民的生命财产安全筑起了一道坚不可摧的物理屏障。

面对自然灾害的突然袭击,一个健全的应急响应体系是迅速恢复社会秩序、减少损失的关键。建立一套全面、高效的应急响应机制,从预警发布到紧急疏散,再到救援物资调配,每一个环节都紧密相连、协同作战。首先,利用现代科技手段,如卫星遥感、大数据分析等,提高灾害预警的准确性和时效性,确保预警信息第一时间传达到每一位居民手中。其次,优化紧急疏散路线,加强公众安全教育,提高居民的自救互救能力,确保在灾害发生时能够迅速、有序地撤离危险区域。最后,建立健全的救援物资调配系统,确保救援物资能够迅速、准确地送达灾区,满足受灾群众的基本生活需求。这样的应急响应体系,不仅提高了人们应对自然灾害的效率和能力,也彰显了社会的人文关怀和应急管理水平。

3)资源配置优化与社会韧性增强

在自然灾害风险管理的实施过程中,要坚持将"以人为本"作为核心理念,尤其注重高风险区域和高危人群的优先保障。同时,风险评估结果明确了工作重点,通过科学分析,能够精准识别出那些最易受灾害影响的区域和人群。为此,需采取一系列针对性措施,如在高风险区域增设现代化、多功能的避难所,这些避难所不仅具备基本的生活保障设施,还融入了先进的科技元素,如智能监控、环境监测等,确保受灾群众在紧急情况下得到安全、舒适的庇护。此外,要加大对这些区域医疗保障的投入,提升医疗救援能力,确保在灾害发生后能够迅速开展救治工作,减少人员伤亡和疾病传播的风险。通过这些措施,努力确保最脆弱的群体在灾害面前得到及时、有效的保护,减轻他们的身心负担,增强他们的安全感。

提升公众的风险意识和自救互救能力,是构建全社会共同参与风险管理格局的重要基石。为此,要积极推动防灾减灾教育活动的普及和深化,通过定期举办讲座、演练、展览等多种形式,向公众普及防灾知识,提高他们识别灾害风险、应对灾害挑战的能力。这些活动不仅要覆盖基本的防灾常识,还要融入最新的科研成果和技术手段,使公众能够紧跟时代步伐,掌握最前沿的防灾技能。同时,也要注重培养公众的责任感和参与意识,鼓励他们积极参与社区防灾减灾工作,形成邻里守望相助、共同抵御灾害的良好风尚。通过这些努力,旨在构建一种全民参与、共同应对的防灾文化,让每个人都成为自己生命安全的守护者,为社会的和谐稳定贡献自己的力量。

4) 驱动科研与技术创新

在灾害风险管理的广阔领域中,技术革新正以前所未有的速度推动着预测、监测与评估能力的飞跃。人们要积极拥抱智能气象监测技术的最新进展,利用高精度传感器、人工智能算法与云计算平台,实现对天气系统的全天候、立体化监测。这些智能系统能够捕捉微小气象变化,提前预警极端天气事件,为灾害防范赢得宝贵时间。同时,遥感技术的深度应用,如同为地球披上了一层精细的感知网,无论是广袤的海洋、茂密的森林还是复杂的城市地貌,都能被精准“透视”,为灾害发生前后的环境变化提供详尽的数据支持。大数据分析则进一步挖掘这些数据背后的规律与趋势,通过复杂模型运算,提升灾害预警的准确性和时效性,使防灾减灾工作更加科学、高效。

面对灾害风险管理中的诸多难题与挑战,唯有不断创新才能突破瓶颈。因此,要积极鼓励科研机构与企业携手合作,聚焦防护材料、应急装备及智能管理系统等关键领域,开展深入研究与探索。在防护材料方面,致力于开发高强度、轻质化、环保的新型材料,以提升基础设施的防灾能力;在应急装备方面,注重智能化、便携化设计,确保救援人员在复杂环境中迅速响应、有效作业;智能管理系统则运用物联网、区块链等先进技术,实现灾害信息的实时共享、资源的最优调配与应急决策的智能化辅助。这些创新解决方案的研发与应用,为减轻灾害影响、保护人民生命财产安全开辟了全新的路径,也为全球灾害风险管理贡献了中国智慧与中国方案。

5) 区域经济社会发展的坚实保障

自然灾害的频发与严重性对经济发展构成了严峻挑战,而有效的自然灾害风险管理则是构建韧性经济体系的关键所在。它不仅能够在灾害发生前通过预警、预防和准备措施,显著降低灾害对经济活动的直接冲击,减少基础设施损毁、生产中断等负面效应,还能在灾后迅速恢复生产,缩短恢复期,保障经济持续、稳定运行。这种风险管理机制不仅保护了现有的经济成果,也为区域经济的长远可持续发展奠定了坚实基础,通过加强环境保护与生态修复,促进绿色经济的转型与发展。自然灾害风险管理还有助于实现经济与环境的双赢,为后代留下一个更加繁荣、可持续的世界。

在全球化的今天,自然灾害的影响早已超越国界,成为全人类共同面临的挑战。因此,加强与国际社会在灾害风险管理领域的合作和交流,显得尤为重要。通过搭建国际合作平台,各国可以共享在灾害预警、监测、评估、救援及重建等方面的宝贵经验和技术成果,促进知识的快速传播与应用。同时,面对全球性灾害,如气候变化引发的极端天气事件,国际合作更是不可或缺。通过共同研发新技术、新设备,优化资源配置,提高全球灾害治理的效率和效果,我们可以更好地应对这些跨国界的挑战。此外,加强国际合作还有助于加强各国在灾害风险管理方面的能力建设,培养更多专业人才,为未来的灾害应对工作提供有力支持。

4.2 自然灾害风险管理的发展历程

4.2.1 国内自然灾害风险管理的发展历程

国内自然灾害风险管理的发展历程,是一首深刻反映国家治理能力现代化进程与社会韧性不断增强的壮丽史诗。从初期的应急响应单一维度,到系统性、智能化管理的全面转型,这一历程不仅仅见证了我国在自然灾害面前的坚韧与智慧,更体现了国家治理体系的不断完善和社会整体抗灾能力的显著提升。

1. 初期应急响应阶段:萌芽与探索(20世纪50年代至70年代末)

在这一时期,自然灾害管理的主要任务聚焦于灾难发生后的紧急救援,以挽救生命为首要目标。面对突如其来的自然灾害,政府迅速调集资源,组织救援力量,全力以赴投入抢险救灾工作。然而,受限于当时的技术水平和认知局限,灾害管理往往处于被动应对的状态,缺乏前瞻性的风险评估与预判体系,导致应对措施往往滞后于灾害的发生。

1978年,随着改革开放的春风拂遍大地,我国自然灾害管理开始步入规范化、制度化的轨道。这一时期的自然灾害管理虽然仍以应急响应为主,但社会对于自然灾害的认知与管理意识逐渐觉醒,为后续的系统性风险管理奠定了基础。

这一阶段自然灾害管理规范化、制度化的表现主要包括以下几个方面。

(1)灾害等级制度:根据灾害的严重程度,将灾害分为不同的等级,并采取相应的救灾措施。例如,对于一般性的灾害,政府会组织救援队伍进行救援;对于严重的灾害,政府会动用军队进行救援。

(2)灾害报告制度:政府要求各地及时上报灾害情况,以便及时采取救援措施。同时,政府也会对灾害进行评估,确定灾害的损失程度和影响范围,以便制订相应的救援计划。

(3)救灾物资储备和发放:政府设立了自然灾害救助物资储备库,确保在灾害发生时迅速提供必要的物资。

(4)灾后重建:政府组织灾后重建工作,帮助受灾地区恢复生产和生活。

2. 系统性风险管理阶段:构建与完善(20世纪80年代至20世纪末)

进入20世纪80年代,随着改革开放的深入和社会经济的快速发展,国内自然灾害风险管理逐步向更加全面、系统的方向迈进。这一时期,国家开始重视灾害管理的预防、应急响应与灾后恢复重建三个环节的有机结合,致力于构建一个综合应对框架。

1997年《中华人民共和国防洪法》(以下简称《防洪法》)与1998年《中华人民共和国防震减灾法》(以下简称《防震减灾法》)的相继出台,标志着灾害管理正式纳入国家法律体系,为灾害管理提供了坚实的法律保障。

《防洪法》是中国为了防治洪水、防御和减轻洪涝灾害、保护人民生命财产安全、保障社会主义现代化建设顺利进行而制定的重要法律。该法明确了防洪工作的基本原则,包括全面规划、统筹兼顾、预防为主、综合治理,并强调局部利益服从全局利益。它规定了防洪工程设施的建设应纳入国民经济和社会发展计划,并按照政府投入与受益者合理分担的原则筹集防洪费用。此外,该法还规定了水资源的开发、利用和保护应服从防洪总体安排,江河、湖泊的治理及防洪工程设施建设应符合流域综合规划。防洪工作实行流域或区域统一规划、分级实施,以及流域管理与行政区域管理相结合的制度。任何单位和个人都有保护防洪工程设施和依法参加防汛抗洪的义务。各级人民政府需加强对防洪工作的统一领导,依靠科技进步,有计划地进行江河、湖泊治理,加强防洪工程设施建设,提高防洪能力,并在洪涝灾害后做好恢复与救济工作。《防洪法》为中国的防洪减灾工作提供了法律基础和行动指南。

《防震减灾法》设立的核心目的是加强地震监测和研究,预防和减轻地震灾害,保护人民生命和财产安全。该法明确了国家在地震灾害防御工作中的管理体制和职责,规定了地震监测预报、地震灾害预防、地震应急救援和灾后重建等方面的基本制度与措施。《防震减灾法》强调了科学规划和公众参与的重要性,要求提升全社会的防震减灾意识,通过法律法规和政策框架,确保资源的高效配置和灾害管理措施的实施。这部法律对于提升中国地震灾害管理的法治化、规范化和科学化水平具有重要意义。

这些法律法规不仅明确了各级政府在灾害管理中的职责与权限,还规定了灾害预防、应急响应与灾后恢复重建的具体措施,为灾害管理的系统化、规范化提供了有力的支撑。

1998 年长江特大洪水之后,国家深刻反思灾害管理中的不足与教训,加快了灾害风险评估体系、减灾能力建设与综合规划的步伐。通过加强部门间协调、优化资源配置、完善应急预案等措施,国家构建了一个相对完善的灾害管理体系。同时,国家还积极推动公众教育与意识提升工作,通过普及防灾减灾知识、开展应急演练等方式,增强了社会整体的防灾减灾能力。

3. 智能化管理阶段:创新与突破(21 世纪初至今)

进入 21 世纪,随着信息技术的飞速发展和数字化转型的加速,自然灾害风险管理迎来了智能化时代。这一时期,国家充分利用大数据、云计算、遥感技术等前沿科技手段,推动灾害管理的智能化转型。

2010 年国务院发布《国务院关于进一步加强防震减灾工作的意见》,明确了建立现代风险管理机制的目标,特别是强调了风险预警能力的提升。随后,国家建立了国家级灾害信息共享平台,实现了灾情的实时监测、快速分析与动态评估。这一平台的建立不仅提高了应急响应的效率和准确性,还为灾害管理提供了更加全面、及时的信息支持。

2021 年《"十四五"国家应急体系规划》(以下简称《规划》)中明确了到 2025 年,我国应急管理体系和能力现代化要取得重大进展,形成统一指挥、专常兼备、反应灵敏、上下联动的中国特色应急管理体制,建成统一领导、权责一致、权威高效的国家应急能力体系。这有助于提升自然灾害防御水平,增强全社会防范和应对处置灾害事故的能力。《规划》还强调了防范化解重大风险,织密灾害事故的防控网络。通过优化自然灾害监测站网布局,完善应急卫星观测星座,构建空、天、地、海一体化全域覆盖的灾害事故监测预警网络,提升了多灾种和灾害链综合监测、风险早期感知识别和预警预报能力。

4.2.2 国外自然灾害风险管理的发展历程

自然灾害作为自然界不可抗拒的力量,自古以来便对人类社会构成巨大的挑战。随着工业化、城市化的加速以及全球气候变化的加剧,自然灾害的频率、强度及影响范围均呈现出上升趋势,迫使国际社会重新审视并加强自然灾害风险管理的策略与实践。

1. 萌芽与起步:20 世纪初至第二次世界大战后

自然灾害风险管理的概念在国外可追溯至 20 世纪初,但真正意义上的体系化建设始于一系列重大自然灾害的催化。1906 年的旧金山大地震,不仅造成了巨大的人员伤亡和财产损失,也促使美国政府正视地震灾害的严重性,并着手建立相关的风险管理体系。这一时期,风险管理的重心主要集中在灾后救援与重建上,尚未形成系统性的预防与准备机制。

第二次世界大战后,随着国家安全的日益重要,政府开始将自然灾害应对纳入国家安全战略,促进了风险管理能力的提升。20 世纪 50 年代,美国联邦政府成立了多个专门机构,负责不同领域的灾害应对工作。然而,这些机构之间缺乏协调与整合,导致在应对大型灾害时效率低下。为此,1979 年,FEMA 应运而生,标志着美国自然灾害风险管理进入一个新的阶段。FEMA 的成立不仅整合了原有的应急管理机构,还加强了跨部门协作,提升了灾害应对的综合能力。

2. 理念的形成与传播:20 世纪 70 年代至 90 年代

进入 20 世纪 70 年代,随着全球范围内自然灾害频发,国际社会开始意识到单一应急响应的局限性,全面风险管理的理念逐渐兴起。1972 年,联合国人类环境会议在瑞典斯德哥尔摩召开,会上首次提出了"只有一个地球"的概念,强调自然灾害对人类生活的影响及其对社会可持续发展的威胁。这一理念的提出,为自然灾害风险管理提供了新的视角和思路。

到了 20 世纪 90 年代,随着科技的进步和全球化的深入,国际社会对自然灾害风险管理的重视程度进一步提升。

3. 应对新挑战:21 世纪以来的发展

进入 21 世纪,随着全球气候变化的加剧,自然灾害的种类、频率及强度均发生显著变化,给风险管理带来了新的挑战。2004 年印度洋海啸的惨痛教训,让国际社会深刻认识到建立全球海啸预警系统的重要性。随后,第二次世界减灾大会的召开,进一步推动了全球减少灾害风险框架的构建,强调了预防、准备、响应和恢复四个阶段的综合应对。

2015 年 9 月,联合国通过了《2030 年可持续发展议程》,正式将自然灾害风险管理纳入可持续发展目标体系。这一文件的出台,标志着国际社会对自然灾害风险管理的认识上升到一个新的高度,即从短期应急响应向长期风险管理转变。

在这一背景下,各个国家和地区纷纷根据自身国情采取了多样化的风险管理措施。美国凭借其强大的科技实力,重点发展预测模型和应急反应系统,建立了包括地震监测、气象预警等在内的全面灾害预警体系。日本凭借其丰富的防灾经验,建立了全国性的灾害防护体系,通过时间敏感的信息共享机制、地方应急响应计划及国家防灾基本法的实施,显著提高了抗灾能力。欧盟则通过制定"灾害风险降低政策",强调减灾与适应的综合措施,并通过欧盟灾害保护计划投入资金支持各成员国的减灾项目。这一政策不仅提升了欧盟内部的协同应对能力,也为全球灾害风险管理提供了有益的借鉴。

4. 全面韧性的构建：未来的发展方向

面对日益复杂多变的自然灾害风险,国外自然灾害风险管理正朝着构建全面韧性的方向迈进。全面韧性是指社会、经济、环境等系统在面对自然灾害时能够保持或迅速恢复其功能的能力。这要求我们在风险管理中不仅注重应急响应和灾后恢复,而且重视预防和准备阶段的投入与建设。

未来,国外自然灾害风险管理将更加注重以下几个方面的发展：一是加强科技创新与应用,提高灾害预测、预警和应对的精准度与效率；二是强化跨界合作与信息共享,促进政府、企业、社会组织及公众之间的协同应对；三是完善政策法规体系,为风险管理提供坚实的制度保障；四是提升公众意识与参与度,构建全民参与的灾害风险管理文化。

总之,国外自然灾害风险管理的发展历程是一段从单一应急响应到系统性风险管理,再到全面韧性构建的深刻变革史。这一历程不仅见证了人类在自然灾害面前的坚韧与智慧,也为我们提供了宝贵的经验。

4.3　自然灾害风险管理的流程与方法

4.3.1　自然灾害风险管理的流程

自然灾害风险管理的流程包括风险识别、风险评估、风险控制、风险监测与应急响应四个主要阶段。习近平总书记在中央政治局第十九次集体学习中关于应急管理的重要论述中强调："坚持从源头上防范化解重大安全风险,真正把问题解决在萌芽之时、成灾之前。"应急管理基础在预防,功夫在平时。

1. 风险识别

风险识别作为自然灾害风险管理的首要环节,其全面性和准确性直接影响到后续工作的有效性。此阶段不仅依赖于传统的数据收集方法(如历史灾害记录、气象观测数据等),还积极引入专家咨询,利用专家在特定领域的深厚知识和经验,对潜在风险进行深度剖析。同时,鼓励公众参与,通过问卷调查、社区访谈等形式,收集第一手的地方性知识和感知,确保风险识别的全面性和接地气。GIS 与遥感技术的深度融合,为风险识别提供了强大的技术支持。通过卫星遥感影像分析、地形地貌建模等手段,可以精确绘制出自然灾害风险地图,直观展示高风险区域、脆弱性区域及关键基础设施的分布情况。这些地图不仅有助于决策者直观理解风险分布,还为后续的风险评估与风险控制提供了重要依据。

2. 风险评估

风险评估阶段的核心在于对识别出的风险进行深入的量化、定性分析,以科学的方法预测其发生的可能性和潜在影响。概率模型通过历史数据分析,结合气候趋势预测,评估灾害发生的频率；而情景分析则通过构建一系列可能的灾害场景,模拟灾害发生后的影响路径和后果,为决策者提供多种视角下的风险评估。遵循国际标准如 ISO 31000,风险评估过程中需综合考虑风险的频率、影响程度、暴露性、可恢复性等多个维度,采用多准则决策分析(MCDA)等方法,对风险进行综合评价,并据此划分风险等级。最终形成的风险评估报告,不仅包含风险等级的划分,还详细阐述了风险特征、影响范围、潜在损失及建议的应对措施,为制定风险控制策略提供坚实的数据支撑。

3. 风险控制

风险控制阶段旨在通过一系列措施,降低自然灾害发生的概率或减轻其影响。这些措施包括但不限于结构性措施(如加固堤防、建设避难所)、非结构性措施(如制定防灾减灾法律法规、加强公众防灾教育)以及应急准备措施(如完善预警系统、组织应急演练)。在制订风险控制措施时,需充分考虑成本效益分析,确保措施的经济可行性和社会可接受性。同时,采用优先级排序法,优先实施那些能够带来最大效益或降低最大风险的措施,实现资源的优化配置。

4. 风险监测与应急响应

风险监测与应急响应是自然灾害风险管理中的动态调整和快速响应环节。通过建立覆盖广泛、反应灵敏的动态监测系统,实现对自然灾害的实时监测、预警和评估。该系统应集成多种数据源(如气象观测、卫星遥感、社交媒体等),运用大数据分析技术,快速识别灾害迹象,提前发布预警信息。应急响应计划需详尽且具可操作性,包括明确的预警标准、应急通信协议、人员疏散路线、临时安置方案等。同时,定期组织应急演习,检验应急响应计划的可行性和有效性,提升各参与方的协同作战能力和应急反应速度。

整个自然灾害风险管理流程(图 4-1)中,跨部门合作与公众参与是不可或缺的关键因素。通过建立跨部门协调机制,促进政府各部门、非政府组织、私营部门及社区之间信息共享与协作,共同应对自然灾害挑战。同时,加强公众教育与宣传,提升公众的防灾减灾意识和自救互救能力,构建全社会共同参与的自然灾害风险管理体系。

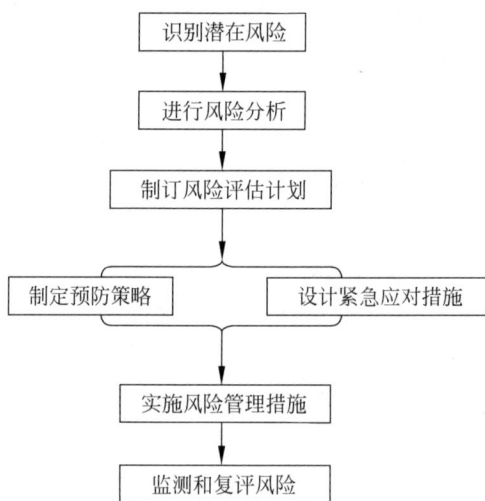

图 4-1 自然灾害风险管理流程

风险量化公式:
$$风险 = 灾难概率 \times 灾难后果$$
风险评估工具与方法对比见表 4-1。

表 4-1　风险评估工具与方法对比

风险评估工具	应用情景	方法名称	参数范围	优点	缺点	数据来源
概率影响图 (Probability-Impact Matrix)	设计阶段、规划策略时	概率与影响矩阵分析	P(概率):0~1	直观,易于沟通	需要专业判断进行定性分析	实地调查、历史数据分析
蒙特卡罗模拟 (Monte Carlo Simulation)	量化风险分析、资源优化和预算评估	仿真	实验次数:1 000~10 000	结果精度高,能模拟复杂系统	计算量大、需要专业软件	投入参数、历史事故数据库
故障树分析 (Fault Tree Analysis,FTA)	识别重大事故的潜在原因	逻辑结构图	故障概率:0.000 1~0.1	系统化、结构化	复杂性高,对专业知识要求高	设备故障统计
弱点分析 (Vulnerability Analysis)	评估自然灾害对建筑物或基础设施的影响	灾害影响评分	影响范围:1~10	能定性评估脆弱性	缺乏定量化指标	历史灾害调查报告
风险矩阵 (Risk Matrix)	决策支持,风险分类,优先排序	$R=P\times I$	R(风险值):1~100	操作简便,易于理解	对于高复杂性问题作用有限	风险数据统计
风险相关性分析 (Risk Correlation Analysis)	风险因素间相互关系的定性分析和定量分析	相关系数计算	r值范围:-1~1	考虑风险因素间相互作用	对数据质量要求高	风险事件历史记录
事件树分析 (Event Tree Analysis,ETA)	评估事件发展可能的结果和概率	逻辑分析	路径概率:动态产生	评估多重事故结果	需要详细事件发展路径	模拟演习结果
灾害模拟 (Disaster Simulation)	灾难应急响应训练和预案设计	高精度模型仿真	变量中介值:动态设定	接近现实条件	成本高、制作时间长	紧急演练数据
灾难风险指数 (Disaster Risk Index,DRI)	宏观评估一地区防灾减灾能力	指数计算	指数值:0~100	综合考量多方面因素	不能提供具体风险管理策略	国家发展指标统计数据

4.3.2 自然灾害风险管理的方法

自然灾害风险管理是一个复杂而系统的过程,它涵盖了从预防到应对,再到恢复与重建的全方位策略,旨在最大限度地减轻自然灾害对人类社会、经济及环境的冲击。这一过程的核心环节包括但不限于风险评估、预警系统构建、高效应急响应机制的建立,以及灾后恢复与重建策略的实施。

1. 风险评估

风险评估作为自然灾害风险管理的基石,其深度与广度直接决定了后续管理措施的针对性和有效性。这一过程不仅涉及对自然灾害的频率、强度、地理分布等自然属性的分析,还深入考量了社会经济的脆弱性、人口及资产的暴露程度等人文因素。通过综合运用定量(如概率统计、损失估算模型)与定性(如专家判断、情景分析)方法,结合历史数据、气候模型与地理信息系统的强大功能,能够绘制出高精度的风险地图,精准定位高风险区域,为后续的预警、防范及应急响应提供科学依据。

2. 预警系统构建

预警系统作为提升抗灾能力的关键工具,其高效运行依赖于实时数据监测、先进的气候预测模型以及快速的信息传播机制。以洪水预警为例,系统通过集成降雨量监测站、卫星遥感、雷达观测等多源数据,结合流域水文模型,实时分析流域内水文动态,预测洪水发生的可能性、规模及影响范围。一旦达到预警阈值,系统将立即触发预警流程,利用广播、电视、手机短信、社交媒体等多种渠道,确保预警信息能够迅速、广泛地传达至受威胁区域,为居民撤离、物资转移等应急措施争取宝贵时间。

3. 高效应急响应机制的建立

应急响应是灾害发生时保障人民生命财产安全的关键环节。其高效实施依赖于完善的应急预案、高效的指挥体系、充足的资源储备以及紧密的跨部门协作。通过建立应急响应机制,明确各级政府在灾害应对中的职责分工,设立紧急指挥中心,实现信息的快速汇聚与决策的高效传达。同时,加强应急队伍的建设与培训,确保在灾害发生时迅速集结并有效执行救援任务。针对不同类型的自然灾害,制订专门的应急响应措施,如地震后的紧急搜救、医疗救助,台风过后的避难所安置、基础设施抢修等,以最大限度地减少灾害损失。

4. 灾后恢复与重建策略的实施

恢复与重建是灾后恢复工作的核心,旨在通过科学规划与重建,恢复受损的基础设施与生态环境,同时提升社区的整体抗灾能力。在此过程中,采用风险敏感型发展模式至关重要,即在重建规划中充分考虑风险评估结果,确保新建设施具备更高的耐灾性与韧性。同时,注重社区参与与多方合作,鼓励受影响居民积极参与重建规划与决策过程,增强社会凝聚力与自我恢复能力。此外,实施可持续发展策略,推动土地利用规划、建筑标准提升以及生态环境保护等措施的落实,以降低未来灾害风险并促进社区长期稳定发展。

科技应用在自然灾害风险管理的全过程中发挥着不可替代的作用。从灾害监测、预警发布到应急响应、恢复重建,每一个环节都离不开现代科技的支撑。遥感技术、物联网、大数据分析等前沿技术手段的应用,不仅提高了灾害监测的精度与效率,还为数据分析与决策支持提供了强大的工具。构建灾害模拟模型、分析灾害发生机制与影响路径,为制定科学合理的风险管理策略提供了科学依据。同时,加强公众教育与培训,提升居民的风险意识与自救能力,构建强大的社区韧性网络,也是提高整体抗灾能力的有效途径。

脆弱性评价公式:

$$脆弱性 = \frac{暴露值}{总值}$$

人工智能神经网络预测代码如图 4-2 所示。

```python
class DisasterRiskNN:
    def __init__(self, input_size, hidden_layers, output_size):
        # 定义神经网络结构
        self.model = self.build_model(input_size, hidden_layers, output_size)

    def build_model(self, input_size, hidden_layers, output_size):
        # 实现网络结构构建
        layers = []
        for hidden_size in hidden_layers:
            layers.append(nn.Linear(input_size, hidden_size))
            layers.append(nn.ReLU())
            input_size = hidden_size
        layers.append(nn.Linear(input_size, output_size))
        return nn.Sequential(*layers)

    def train_model(self, train_loader, learning_rate, epochs):
        # 定义损失函数和优化器
        criterion = nn.MSELoss()
        optimizer = torch.optim.Adam(self.model.parameters(), lr=learning_rate)

        # 训练过程
        for epoch in range(epochs):
            for inputs, targets in train_loader:
                optimizer.zero_grad()
                outputs = self.model(inputs)
                loss = criterion(outputs, targets)
                loss.backward()
                optimizer.step()
            print(f'Epoch [{epoch+1}/{epochs}], Loss: {loss.item()}')

    def predict(self, X):
        # 使用训练好的模型进行预测
        self.model.eval() # 设置为评估模式
        with torch.no_grad():
            predictions = self.model(X)
        return predictions

# 示例用法（假设 train_loader 是合适的训练数据加载器）
input_size = 10 # 输入层节点数
hidden_layers = [20, 20] # 隐藏层节点数
output_size = 1 # 输出层节点数
learning_rate = 0.001
epochs = 100

model = DisasterRiskNN(input_size, hidden_layers, output_size)
model.train_model(train_loader, learning_rate, epochs)
# 假设 X 是要预测的数据
predictions = model.predict(X)
```

图 4-2　人工智能神经网络预测代码

案例讨论

河南"7·20"特大暴雨灾害

2021 年 7 月 17 日至 23 日,河南省遭遇历史罕见特大暴雨,造成重大人员伤亡和财产损失。全省死亡失踪 398 人,其中郑州市占 95.5%。党中央、国务院高度重视,习近平

总书记作出重要指示,国务院总理多次批示并深入灾区考察。国家防汛抗旱总指挥部、国家防灾减灾救灾委员会启动应急响应,派出工作组指导防汛救灾。河南省委、省政府和地方各级党委政府贯彻落实党中央决策部署,灾区群众得到安置。

为查明问题、总结经验、汲取教训,国务院成立河南郑州"7·20"特大暴雨灾害调查组,由应急管理部牵头,多个部门参与。调查组通过现场勘查、调阅资料、走访座谈等方式,复盘灾害发生和应对过程,调查履职情况及存在的问题,认定灾害性质,总结经验教训,提出改进措施。

调查认定,河南郑州"7·20"特大暴雨灾害是一场因极端暴雨导致的特别重大自然灾害,郑州市委市政府及相关部门存在失职渎职行为,造成重大人员伤亡和财产损失。灾害特点包括:暴雨过程长、范围广、总量大,短历时降雨极强;主要河流洪水超历史,堤防水库险情多发;城区降雨远超排涝能力,居民小区公共设施受淹严重;山丘区洪水峰高流急,造成大量人员伤亡。

郑州市雨情汛情灾情特点突出,暴雨强度和范围突破历史纪录,远超城乡防洪排涝能力。灾害应对处置中,郑州市委市政府虽做大量工作,但存在应对部署不紧不实、应急响应严重滞后、应对措施不精准不得力、关键时刻统一指挥缺失、缺少有效的组织动员、迟报瞒报因灾死亡失踪人数等问题。这些问题集中暴露出郑州市委市政府、有关区县(市)和部门单位领导干部认识准备不足、防范组织不力、应急处置不当等问题。调查组对造成重大人员伤亡和社会关注的事件进行了深入调查,查明了主要原因和问题,认定了事件性质。

资料来源:王慧.习近平谈防灾减灾:从源头上防范 把问题解决在萌芽之时[EB/OL].(2020-05-12)[2024-11-14].http://www.qstheory.cn/zdwz/2020-05/12/c_1125972870.htm.

思考:请根据自然灾害风险管理相关知识分析,在河南"7·20"特大暴雨灾害中应该如何进行风险管理?

即 测 即 练

第 5 章

事故灾难风险管理

本章学习目标

1. 了解事故灾难风险及类型,对事故灾难风险管理有一个全面、清晰的认知;
2. 了解国内外的事故灾难风险管理的发展历程;
3. 熟悉和掌握事故灾难风险管理的流程;
4. 理解事故灾难风险管理的方法;
5. 理解国内事故灾难风险管理的基本框架。

引导案例

上海石化"6·18"爆炸事故调查报告公布:管道老化泄漏致爆炸,20人被追责

2023年3月31日,上海市政府批复同意《上海石油化工股份有限公司"6·18"1#乙二醇装置爆炸事故调查报告》,经调查认定,上海石化公司"6·18"1#乙二醇装置爆炸一般事故是一起生产安全责任事故。2022年6月18日4时24分,上海石油化工股份有限公司(以下简称"上海石化公司")化工部1#乙二醇装置环氧乙烷精制塔区域发生爆炸事故,造成1人死亡、1人受伤,直接经济损失约971.48万元。

调查报告显示,2022年6月17日20时,1#乙二醇装置进行交接班,运行情况正常。运行丙班值班长陈某,精制工段内操(装置控制室操作员)班长李某某、外操(装置控制室外操作员)张某某、田某、张某,氧化工段内操班长严某某、外操朱某、叶某等11人当班。

6月18日3时48分左右,田某在精制塔T-450区域巡检时,听到"砰"的一声异响,发现管道P-4507上的换热器E-453工艺水出口管道弯头处喷出大量热蒸汽(约104摄氏度),立刻通过对讲机报告给李某某;李某某和张某某赶到现场查找泄漏点,现场弥漫热蒸汽,无法靠近确认泄漏点位置。

与此同时,1号控制室内严某某发现DCS(集散控制系统)内环氧乙烷吸收水流量计FRC312显示"低低流量"报警,尾气回收压缩机C320联锁停机,立即向陈某报告,并安排朱某去检查流量计FRC312上游的阀门FV312,安排叶某去查看废气焚烧炉B-1910的运行情况以确认压缩机C320运行情况。

陈某接报后,在确认阀门FV312正常后,通过调取DCS趋势图发现精制塔T-450液位低,怀疑精制塔T-450系统出现问题,于是立即安排严某某降低氧化工段(精制塔

T-450 上游工段)负荷,其通过对讲机从李某某处得知现场无法确定泄漏位置,遂到 2 号控制室外北侧(距离泄漏地点约 30 米位置)查看,发现精制塔 T-450 周围全是热蒸汽,陈某要求现场的 2 名作业人员撤离,同时要求 2 号控制室做好 1#乙二醇装置停车的接料工作,后回到 1 号控制室发出系列指令,继续指挥现场处置。

4 时 24 分 35 秒,精制塔 T-450 区域发生闪爆起火。陈某某点人数,并指令 1 号控制室人员撤离到 2 号抗爆控制室。4 时 28 分 30 秒,精制塔 T-450 发生爆炸(塔釜内环氧乙烷存量约 50 吨),爆炸产生的飞溅物引发卫五北路管廊、金一路管廊、储运部汽油罐 T-134 罐顶部、烯烃部 B 节点管廊管道共 4 处着火。爆炸导致乙二醇装置界区外卫六路西侧管架上的氮气管道(DN80)脱落,在该处车内休息的上海鲁重建筑装饰工程有限公司(以下简称"鲁重公司")驾驶员魏某某撤离过程中被脱落的氮气管道砸伤,经抢救无效死亡。乙二醇装置操作工叶某在撤离过程中受伤。

事故造成 1 人死亡,1 人重伤。魏某某,男,48 岁,2022 年 2 月与鲁重公司签订劳动合同,从事货物运输工作,在事故中死亡。叶某,男,32 岁,上海石化公司化工部外操,从事乙二醇操作工作,在事故中重伤。

事故调查组邀请的专家通过查阅 DCS 数据、视频监控、图纸资料,以及询问相关人员,9 月 12 日出具的《上海石化公司"6·18"1#乙二醇装置爆炸技术鉴定分析报告》,认定导致本次事故的技术原因为:精制塔 T-450 至再吸收塔 T-320 的管道 P-4507 经过换热器 E-453 之后的管道焊缝开放性断裂,塔釜中的高温水经此断口瞬时大量泄漏,短时间塔釜即漏空。塔釜水漏空后,精制塔 T-450 中的环氧乙烷即经此断口泄漏至环境中,与空气混合形成爆炸性混合气体,遇点火源爆炸,随即发生火灾。大火导致精制塔 T-450 中存留的环氧乙烷受热后发生爆炸性反应,造成环氧乙烷精制塔爆炸。

调查报告认为,本次事故是由于环氧乙烷从精制塔 T-450 塔釜工艺水管道断裂处泄漏后遇火源引起。其中,管道的断裂是管道应力变化下的疲劳扩散、焊接缺陷、氯离子引起应力腐蚀共同作用的结果。

资料来源:韩晓余.上海石化"6·18"爆炸事故调查报告公布:管道老化泄漏致爆炸,20 人被追责[EB/OL].(2023-04-21).http://society.sohu.com/a/668957955_362042.

5.1 事故灾难风险管理概述

5.1.1 事故灾难风险

1. 事故灾难风险及其类型

事故灾难风险,作为一种复杂且多变的社会威胁和经济威胁,其根源深植于人类活动的各个环节之中,包括但不限于工业生产、交通运输、建筑施工、公共设施运营以及自然环境的相互作用。这类风险不仅源自人为因素,如操作失误、技术性过错、管理不善或决策失误,还常常与自然因素如极端天气、地质灾害等紧密相连,形成了一种复杂而难以完全预测的风险。事故灾难类事件是突发公共安全事件的一种,主要指人的活动行为引发的使社会安全运行系统受损、居民生命财产安全遭受威胁和损失的各类事件。

重特大事故直接影响安全生产,严重冲击人民群众的安全感。习近平总书记反复强调，"尽最大努力防范各类重大安全事故的发生"，"要把遏制重特大事故作为安全生产整体工作的'牛鼻子'来抓"。学习贯彻习近平总书记重要论述，要深刻认识到重特大事故的严重危害性，把防范和遏制重特大事故的成效，作为检验一个地区经济社会协调发展能力、一个行业领域持续健康发展能力、一个企业科学系统管理能力的重要指标。各地区、各部门、各单位要把防范和遏制重特大事故这个"牛鼻子"作为安全生产工作的关键环节，在考虑全局性工作时有重中之重的意识，在具体安排上有重中之重的硬招，在调动各方面力量上有重中之重的举措，特别是在压责任、抓整治、重服务、强基础等方面持续发力，以防范和遏制重特大事故为牵引，带动安全生产水平整体提升，牢牢守住安全生产这个基本盘。

近年来，突发事故灾难事件频发，已成为发生频率最高的突发公共安全事件。当事故灾难发生时，其后果往往是灾难性的，能够在短时间内对人们的生命造成重大威胁，导致伤亡和失踪事件的发生。同时，其也会对经济造成极大损失，无论是企业设施、居民住宅还是公共基础设施，都可能遭受严重破坏，甚至需要长时间的修复和重建。此外，事故灾难还可能对环境造成长期且深远的影响，如化学泄漏导致的土壤和水源污染，火灾和爆炸引发的空气质量恶化等，这些环境问题不仅影响生态平衡，还可能进一步威胁人类健康。

在社会层面，首先，事故灾难的爆发往往伴随着人员的伤亡与失踪，这不仅直接触动了社会的情感神经，也考验着应急管理体系的响应速度与效率。救援行动需要迅速调集专业救援队伍、医疗资源和物资保障，这些资源的集中调配不仅考验政府的组织协调能力，也要求社会各界迅速行动起来，形成救援合力。然而，即便救援行动高效、有序，灾后恢复与重建工作同样艰巨，包括受损基础设施的修复、受灾群众的生活安置与心理援助等，都需要长期且大量的投入，这对社会整体的心理承受能力和资源调配能力都是极大的考验。其次，事故灾难还极易引发社会恐慌与不安情绪。在信息高度发达的今天，事故现场的图像、视频可能迅速传播，引发公众对安全问题的广泛关注和担忧。这种情绪如果得不到及时有效的疏导和管理，可能会演变为社会性的焦虑与恐慌，影响社会稳定和正常秩序。因此，加强事故灾难的信息公开与透明，及时发布权威信息，引导公众理性看待，是维护社会稳定的重要一环。

在经济层面，事故灾难的经济影响深远且复杂。直接经济损失包括人员伤亡赔偿、财产损失、生产中断等，这些都需要通过政府财政拨款、社会捐赠或商业保险等方式进行补偿。而间接经济损失则更为隐蔽且难以量化，如企业信誉受损、市场信心下降、消费者需求减少等，这些都会对企业经营和市场环境造成长期不利影响。对于依赖特定行业或区域经济发展的地区而言，事故灾难的打击尤为沉重。例如，化工园区发生爆炸事故，不仅会导致该区域内企业停产整顿，还可能引发产业链上下游企业的连锁反应，影响整个行业的供应链稳定。同时，事故灾难还可能破坏当地的生态环境，影响农业、渔业等自然资源的可持续利用，进一步加剧经济困境。

有效防范和应对事故灾难风险对于保障人民生命财产安全、维护社会稳定和促进经济发展具有重要意义。这需要我们在日常生产、生活中严格遵守安全法规和标准规范，加大安全管理和监督力度；同时还需要加强科技创新和研发工作，提高安全生产的技术水平和装备水平；此外，还需要建立完善的应急预案和救援体系，确保在事故灾难发生时迅速、有效地进行救援和恢复工作。通过这些措施的实施,我们可以有效降低事故灾难风险的发生概率和危害程度,为社会的和谐稳定和经济的持续健康发展提供有力保障。《突发事件分类与编码》(GB/T 35561—2017)中对事故灾难类型进行划分,见表 5-1。

表 5-1　事故灾难类型

序　号	事故灾难类型	序　号	事故灾难类型
1	煤矿事故	11	民用航空事故
2	金属、非金属矿山事故	12	特种设备事故
3	危险化学品事故	13	基础设施和公用设施事故
4	烟花爆竹和民用爆炸物事故	14	环境污染和生态破坏事件
5	建筑施工事故	15	农业机械事故
6	火灾事故	16	踩踏事件
7	道路交通事故	17	核与辐射事故
8	水上交通事故	18	能源供应中断事故
9	铁路交通事故	19	其他事故灾难
10	城市轨道交通事故		

2. 事故灾难风险的分类

1) 基本风险

基本风险,作为安全管理与风险评估中的核心概念之一,深刻反映了生产系统中那些与生俱来的、难以完全消除的潜在威胁。它不仅仅局限于单个设备、特定工艺或环境条件本身所固有的危险性,更是一个复杂系统中各要素相互作用、相互影响所形成的一种综合性风险状态。这些危险源,如老旧设备的性能退化、高压环境下的潜在爆炸风险、复杂工艺流程中的操作失误空间,以及极端气候或自然灾害对生产设施的直接冲击等,均构成了基本风险的重要组成部分。

基本风险作为事故灾难风险的重要组成部分,其特性在于其客观性、不可避免性和稳定性。具体而言,基本风险是客观存在的,不受到任何人的主观判断或管理活动的干预。由于生产系统中危险源本身所固有的危险性,这种风险往往是难以被完全消除或避免的。同时,在一定条件下,基本风险的基本性质和程度会保持相对稳定,不会因为人的主观努力而发生显著的改变。这些特性共同构成了基本风险在生产安全管理中的重要地位,要求我们必须正视其存在,采取有效措施进行管理和控制。

基本风险的大小受多重因素综合影响。首先,危险源的性质是决定性因素,其本身的危险性增大,则可能引发的基本风险也相应增大。其次,生产系统的复杂性也是一个重要考量,系统越复杂,涉及的危险源种类和数量就越多,从而加剧了基本风险的累积。最后,环境因素同样不容忽视,恶劣的气候条件和复杂的地理环境等外部因素都可能对危险源产生不利影响,进而增加基本风险。因此,在评估和控制基本风险时,需要全面考虑这些因素的综合作用。

2) 潜在风险

事故灾难风险中的潜在风险,是那些潜藏于日常运营之下,不易被直观察觉,但一旦触发便可能引发严重事故的危险因素或状态。这些隐患如同暗礁,静静地潜伏在生产活动的各个环节中,其危险性之大不容忽视。

潜在风险深藏于日常生产与生活的细微之处,其隐蔽性令人难以直接察觉,仿佛生产过程中的隐形炸弹,静候时机爆炸。这些隐患一旦触发,便可能引发严重的事故灾难,造成不可估量的损失,包括人员伤亡、财产损失及环境污染,正如古语所云:"千丈之堤,以蝼蚁之穴溃。"潜在风险的发生还具备高度的不确定性,其时间、地点、方式及后果均难以预测,给预防和控制工作带来了极大的挑战。更值得注意的是,潜在风险具有累积性,它们可能悄无声息地逐渐累积,直至达到临界点而爆发,造成灾难性后果。同时,潜在风险的状态和性质也非一成不变,它们会随着生产条件、环境因素及管理措施的变化而相应变化,这要求我们必须时刻保持警惕,灵活应对。

潜在风险的存在与触发受多种因素综合影响。人的因素中,员工的安全意识、技能水平和行为习惯至关重要,忽视安全规定或操作失误都可能加剧风险。物的因素同样不容忽视,设备老化、损坏及维护不当等问题均可能提升风险水平。此外,环境因素如生产环境、作业场所的照明、通风、温度等条件也对潜在风险产生影响。管理因素方面,安全管理制度的完善度、执行力以及管理措施的科学性直接关系到潜在风险的控制效果。最后,技术因素亦不可忽视,落后的生产技术或工艺可能增加风险,而先进的安全技术则能有效降低风险。因此,全面考虑并妥善应对这些影响因素,是有效预防和控制潜在风险的关键。

3) 个体行为风险

个体行为风险,作为安全管理体系中一个至关重要的方面,直接关联到生产活动的安全性与稳定性。这种风险源于人的不正规操作、疏忽大意、技能不足、疲劳作业、心理状态波动或故意违反安全规定等多种因素,其影响广泛且深远。在煤矿等高风险行业中,个体行为风险尤为突出,因为这类行业往往涉及复杂的生产流程、重型机械设备的使用以及恶劣的工作环境,任何微小的失误都可能引发严重的后果。为了更有效地管理和控制这种风险,通常会将个体行为风险细分为不同的等级,如"重大""严重""一般"和"轻微",以便根据不同的风险级别采取相应的预防措施和应急响应措施。

在事故灾难风险中,个体行为风险展现出显著的主观性、可变性和累积性特征。个体行为风险的核心在于人的主观意识、态度及实际行为,这些内在因素使风险具有高度的个性化与难以预测性。同时,人的行为又极易受到外界环境、个人情绪、疲劳程度及注意力集中与否等多种因素的干扰与影响,从而导致个体行为风险表现出极大的可变性。更为严重的是,长期忽视安全规定或持续的不良行为习惯会逐步累积成严重的行为风险,一旦达到临界点,便可能引发严重的事故灾难,造成不可挽回的损失。因此,对于个体行为风险,必须给予高度重视,并采取有效措施进行预防和控制。

员工的安全意识、技能水平、行为习惯以及所处的环境因素共同构成了影响其行为风险的关键因素。安全意识薄弱的员工容易忽视安全规定,技能水平不足则可能无法正确执行工作任务,而长期形成的不良行为习惯更是直接增加了不安全操作的风险。此外,生产环境和作业场所的条件,如照明、通风等,若不符合安全标准,也可能分散员工注意力或导致操作失误,进而加剧个体行为风险。因此,提升员工安全意识、加强技能培训、培养良好的行为习惯以及改善工作环境,是有效降低个体行为风险、保障生产安全的重要措施。

5.1.2　事故灾难风险管理的概念

事故灾难风险管理是指针对可能由人的操作失误、技术性过错或其他因素引发的事故灾难,通过一系列的管理措施来降低其发生的可能性、减轻其影响程度,并有效应对已经发生的事故灾难,以减轻人员伤亡、经济损失和环境污染等后果的过程。

事故灾难风险管理是一个系统性的过程,它首先通过风险识别环节,全面审视并确定可能导致事故灾难的各种风险因素,如人的不安全行为、物的不安全状态及环境的不良因素等。其次,风险评估阶段利用量化分析手段,对这些风险因素可能引发的后果严重性及其发生概率进行评估,进而明确风险等级。基于风险评估结果,风险控制环节将制订并实施一系列针对性的措施,包括工程技术改进、管理制度优化以及应急预案的完善,旨在降低风险等级或彻底消除风险隐患。在应急准备方面,重点在于制订详尽的应急预案,明确应急响应流程、确保应急资源的合理配置以及加强应急队伍的建设与培训,以便在事故灾难发生时迅速、有效地启动应急响应机制。一旦事故灾难发生,应急响应将立即启动,组织各方力量进行抢险救援、人员疏散及环境监测等工作,最大限度地减小事故灾难的影响。最后,在事故灾难得到控制后,恢复与重建工作将紧随其后,包括修复受损设施、恢复正常的生产生活秩序、全面评估事故损失并据此制订改进措施,以期从灾难中恢复并避免类似事件的再次发生。

事故灾难风险管理应当遵循一系列核心原则,其中"预防为主"是首要原则,它强调在事故灾难发生之前,通过实施有效的预防措施来显著降低其发生的概率。同时,"综合治理"原则要求采取多元化的手段,包括法律、行政、经济、科技等多方面的措施,以全面、系统地应对事故灾难风险。此外,"全员参与"原则至关重要,它倡导全社会成员的广泛参与,通过提升公众的风险意识和参与度,共同构建事故灾难风险管理的社会防线。最后,"持续改进"原则鼓励不断总结实践经验,从每一次事件中汲取教训,持续优化和完善管理措施,以提升整体的风险管理水平,确保事故灾难风险得到有效控制。

5.1.3　事故灾难风险管理的作用

1. 预防与减少事故

风险识别与评估是风险管理的首要环节,它采用系统化的方法深入剖析单位运营过程中可能遭遇的潜在危险源与风险因素。通过细致的调研与数据分析,评估这些风险可能引发的后果严重程度及其发生的概率,进而为风险的管理与应对提供科学依据。这一过程不仅帮助组织明确风险的优先级,还指导了后续应对策略的制定,确保资源能够精准投入最关键的风险领域。

在风险评估的基础上,制订并执行有效的预防措施成为降低事故发生率的关键。这些预防措施涵盖多个方面,包括但不限于对生产工艺的持续改进,确保生产流程更加安全高效;加强设备的定期维护与检查,预防因设备故障引发的事故;提升全体员工的安全意识与技能,使每个人都能成为安全生产的守护者。通过这些综合性的预防措施,单位能够构建起一道坚实的防线,有效减少事故隐患,为企业的稳健发展提供有力保障。

2．应急响应与救援

应急预案的制订、应急演练的实施以及救援与恢复工作的迅速开展，共同构成了单位应对突发事件的有效防线。

首先，制订详细且切实可行的应急预案是基础，它明确了在事故发生时，从管理层到一线员工，各相关方的具体职责、应急响应措施以及救援流程，确保在紧急情况下能够迅速、有序地展开行动，有效遏制事态的进一步恶化。

其次，定期组织应急演练是提升应急响应能力的重要手段。通过模拟真实场景下的突发事件，不仅能让员工熟悉应急预案的内容，还能检验预案的可行性和有效性，发现潜在的不足并及时进行修正。同时，应急演练还能增强员工之间的协作能力，确保在真正的危机来临时迅速集结力量，形成合力，共同应对挑战。

最后，在事故发生后，迅速组织救援与恢复工作是减少损失、恢复正常的关键。单位应立即启动应急预案，调集专业救援力量，对受伤人员进行及时救治，同时评估事故对设施和环境的影响，制订科学的修复方案，尽快恢复生产、生活秩序。这一过程不仅体现了单位对员工和社会的责任感，也是提升单位整体应急管理水平的重要契机。

3．保障人员安全与心理健康

事故灾难风险管理不仅是企业安全运营的基石，也是保障员工福祉的关键环节。通过实施全面的风险管理策略，企业能够有效识别并控制潜在的危险源，为员工创造一种更加安全、健康的工作环境。这种环境不仅降低了员工在工作过程中遭受意外伤害的风险，还减小了因长期暴露于有害因素下而引发的职业病概率，从而保障了员工的身体健康和生命安全。

此外，在不幸发生事故的情况下，企业还应积极承担起对员工的关怀责任。为受事故影响的员工提供及时、专业的心理援助和支持，是帮助他们走出心理阴影、恢复正常工作和生活的重要措施。通过心理疏导、情绪安抚以及必要的心理干预，企业能够减轻员工的心理压力和负担，促进他们的心理康复，确保员工队伍的稳定和企业的持续发展。

4．促进经济发展与社会稳定

有效的事故灾难风险管理不仅是企业稳健运营的保障，也是促进经济发展与社会稳定的重要基石。在经济层面，这一管理体系能够显著减少事故所带来的经济损失。一方面，通过预防和控制措施的有效实施，企业能够大幅降低设备损坏、产品损失等直接经济损失，避免生产资源的浪费；另一方面，风险管理还着眼于减少停产、市场信誉损失等间接经济损失，确保企业在面对突发事件时迅速恢复生产，维持市场竞争力，从而保障企业的正常运营和可持续发展。

同时，从社会角度来看，事故灾难的发生往往伴随着恐慌、不满等负面情绪，对社会稳定构成威胁。通过加强事故灾难风险管理，企业能够主动防范和减少这类事件的发生，减轻其对社会的冲击和负面影响。这不仅有助于维护公众的安全感和信任感，还能够促进社会的和谐稳定，为企业的长远发展营造良好的外部环境。因此，事故灾难风险管理不仅是企业自身发展的需要，也是对社会负责、对公众负责的体现。

5．推动法律法规与标准完善

事故灾难风险管理的深入实践，在推动社会安全治理与法治建设方面发挥着不可或缺的作用。

首先,这些实践经验为政府制定和完善相关法律法规提供了宝贵的依据。政府通过收集和分析各类事故灾难的成因、影响及应对措施,能够更准确地把握安全管理的关键环节和薄弱环节,从而制定更加科学、合理、有效的法律法规,以规范企业行为、加大监管力度,确保公共安全和社会稳定。

其次,事故灾难风险管理还促进了行业标准的制定和提升。在每一次事故之后,通过深入剖析事故原因、总结教训,行业内部能够形成对安全风险的新认识和新理解。这些认识和理解不仅推动了行业内部安全管理制度的优化与完善,也为行业标准的制定提供了有力支持。行业标准水平的提升,意味着整个行业在安全管理方面的整体水平得到了提高,为行业的健康发展奠定了坚实的基础。因此,事故灾难风险管理的实践不仅关乎企业自身的发展和安全,也对整个社会的安全治理和法治建设具有重要意义。

5.2 事故灾难风险管理的发展历程

5.2.1 国内事故灾难风险管理的发展历程

1. 初步形成阶段(新中国成立至改革开放前)

1) 背景与特点

新中国成立初期,面对频发的自然灾害与各类事故,党中央和国务院展现出高度的责任感与前瞻性,将灾害管理置于国家发展的重要位置。为了有效应对这些挑战,国家迅速行动起来,组建了一系列专门机构,如中央防疫委员会等,标志着我国初步探索灾害与事故管理和应对机制的开启。

在这一时期,灾害管理的主要特点是由专门部门针对单一灾种进行应对。这种管理模式与当时的社会形态紧密相关,那时的社会结构相对单纯、简单,尚未面临复杂多变的综合性灾害挑战。因此,通过设立专门的机构,如地震减灾部门(中国地震局前身)、气象减灾部门(中国气象局)以及防洪减灾部门(如国家防汛抗旱总指挥部),国家能够集中力量和资源,对特定类型的灾害进行精准预防和有效应对。

这些专门机构的建立,不仅提升了我国对自然灾害的预警和应对能力,还保护了人民的生命财产安全,为国家的稳定与发展奠定了坚实的基础。同时,它们也标志着中国在减灾领域迈出了重要步伐,为后续的灾害管理工作积累了宝贵经验。

2) 主要举措

为有效应对自然灾害的挑战,我国成立了如中央防汛委员会等高层次议事协调机构,这些机构在特定灾害如洪水、暴雨等的预警、应急响应及灾后恢复中发挥着核心作用,体现了国家对灾害管理的高度重视与战略部署。

1950年,《全国公私营厂矿职工伤亡报告办法》发布,进一步从法律层面上明确和规范了职工伤亡事故的调查处理与信息上报。

1956年,国务院颁布《工人职员伤亡事故报告规程》,明确了"企业(指第二条所列各单位,以下同)对于工人职员在生产区域中所发生的和生产有关的伤亡事故(包括急性中毒事故,以下同)必须按照本规程进行调查、登记、统计和报告"。

2．分散协调与临时响应阶段（改革开放初期至 2003 年"非典"事件前）

1）背景与特点

随着改革开放的深入推进，中国社会形态和经济结构经历了深刻变革，日益呈现出多元化和复杂化的特征。这一变化不仅促进了经济的快速增长，也导致了灾害和事故的类型与频率显著增加，对国家的应急管理能力提出了新的更高要求。

然而，面对这一挑战，政府应急力量却在一定程度上显得相对分散。传统的"单灾种"应急模式仍然占据主导地位，即各部门主要关注并应对自己领域内的灾害或事故，如地震局负责地震灾害、气象局负责气象灾害等。这种模式在处理单一灾种时或许有效，但在面对日益增多的综合性、跨领域的突发事件时，就显得力不从心。

更为严峻的是，尽管处置各类突发事件的部门众多，但它们之间往往缺乏有效的沟通与协作机制，导致"各自为政"的现象普遍存在。这种分割式的应急管理模式不仅难以形成合力，还可能因为信息不畅、资源重复配置等问题，降低整体应急效率，甚至错失最佳的救援时机。

因此，加强政府应急力量的整合与协同，构建综合性的应急管理体系，已成为当时亟待解决的问题。这不仅需要各部门打破壁垒，加强信息共享与资源调配，还需要在法律法规、政策制度、技术支撑等方面进行全面升级，以应对日益复杂多变的灾害和事故挑战。

2）主要举措

为了全面提升国家在灾害与突发事件面前的应对能力，我国采取了一系列深谋远虑的举措。首先，成立了如中国国际减灾委员会这样的综合性机构，它们肩负重任，不仅深入研究灾害预防、减轻策略及应对方案，还致力于整合来自四面八方的应急资源，打破部门壁垒，促进跨部门、跨领域的紧密合作，为有效抵御灾害构筑了坚实的基石。为加强和提高应急响应的迅捷性与协同效率，我国精心构建了统一的社会应急联动中心。这一平台如同一根强有力的纽带，将众多政府部门紧密相连，纳入统一的指挥与调度体系内。它利用先进的技术手段，实现信息的快速汇聚、精准分析与广泛传播，确保在灾害或突发事件初露端倪时，各部门能立即行动，步调一致，共同织就一张坚不可摧的应急防护网。

1979 年，"交通肇事罪"和"重大伤亡事故罪"被写进五届全国人大二次会议通过的《中华人民共和国刑法》（以下简称《刑法》），明确了交通、运输、工矿、林场、建筑等企业、事业单位，因违反规章制度，强令工人违章作业而造成重大事故的责任者需承担相应的刑事责任。

20 世纪 80 年代，国务院与最高人民检察院陆续发布了一系列关于职工伤亡事故的重要文件。其中包括《国务院批转关于在工业交通企业加强法制教育严格依法处理职工伤亡事故的报告》等。1989 年，国务院在第 31 次常务会议上，进一步审议并通过《特别重大事故调查程序暂行规定》。该规定针对那些造成特别严重人身伤亡或巨大经济损失，以及性质极其严重、产生重大影响的事故，详细明确了调查处理的程序，并规定相应的处罚措施。

针对自然灾害和安全生产事故，我国相继出台了《防洪法》（1997）、《防震减灾法》（1998）、《中华人民共和国消防法》（以下简称《消防法》）（1998）等法律法规，这些法律为特定灾害或事故领域的应急管理提供了指导和法律保障。

《中华人民共和国安全生产法》(以下简称《安全生产法》)于 2002 年 6 月 29 日通过,自 2002 年 11 月 1 日起施行。该法旨在加强安全生产监督管理,防止和减少生产安全事故,保障人民群众生命和财产安全。

我国在事故灾难风险管理、公共卫生事件应对、社会安全维护以及各行业安全生产等多个领域,均建立了较为完善的法律法规体系。除了《危险化学品安全管理条例》和《煤矿安全监察条例》等专项法规进一步细化了事故灾难风险管理的具体规定外,还针对公共卫生事件制定了如《中华人民共和国动物防疫法》等法律,社会安全方面则有《刑法》中关于公共安全的条款及《中华人民共和国戒严法》等法律保障。自 1990 年以来,各行业积极响应,纷纷出台了针对安全生产的专项法规,如《中华人民共和国铁路法》(以下简称《铁路法》)、《中华人民共和国矿山安全法》(以下简称《矿山安全法》)、《中华人民共和国民用航空法》(以下简称《民用航空法》)、《中华人民共和国煤炭法》(以下简称《煤炭法》)、《中华人民共和国建筑法》(以下简称《建筑法》)及《中华人民共和国道路交通安全法》(以下简称《道路交通安全法》)等,这些特别法不仅规范了各自行业内的安全生产行为,还为本行业的安全事故管理与风险防范构筑了坚实的法律防线。

3. 综合协调应急管理模式形成阶段(2003 年"非典"事件后至 2018 年初)

1) 背景与特点

2003 年"非典"疫情的暴发,如同一场突如其来的风暴,不仅严峻考验了我国的公共卫生体系,也深刻触动了政府与社会各界对应急管理工作的认识与重视。以此为契机,全面加强应急管理工作被提上了国家议程,标志着我国应急管理体系建设进入一个全新的发展阶段。

在这一时期,我国深刻汲取"非典"事件中的经验教训,开始积极探索建立综合性应急管理体制。这一体制的核心在于"国家建立统一领导、综合协调、分类管理、分级负责、属地管理为主"的框架,旨在通过整合各方力量,实现应急管理工作的系统化、规范化和高效化。

统一领导确保了应急响应的权威性和一致性,避免了多头指挥、政出多门的问题;综合协调则促进了不同部门、不同层级之间的沟通与协作,实现了资源共享与优势互补;分类管理针对不同类型的突发事件制定了相应的应急预案和处置流程,提高了应急响应的针对性和有效性;分级负责明确了各级政府在应急管理中的职责和权限,确保了应急工作有序进行;而属地管理为主的原则则强调了地方政府在应急管理中的基础性和关键性作用,鼓励其根据本地实际情况灵活应对。

随着这一综合性应急管理体制的逐步建立和完善,我国应急管理工作的整体水平得到了显著提升,不仅有效应对了后续发生的多次重大自然灾害和公共卫生事件,还为保障国家安全、维护社会稳定、促进经济发展提供了坚实保障。

2) 主要举措

中国国际减灾委员会更名为国家减灾委员会,这一举措不仅彰显了我国对灾害管理与应急响应领域的高度重视,也标志着我国探索建立综合性应急管理体制迈出了坚实的一步。随着改革的深入,我国相继成立了多个议事协调机构和专项应急管理机构,这些机构各司其职,又相互协作,共同构成了覆盖广泛、响应迅速的应急管理体系。这一体系的完善,不仅提升了我国在应对自然灾害、事故灾难等各类突发事件时的综合能力,也为人民群众生命财产安全提供了更加坚实的保障。

同时,解放军和武警部队作为应急管理的中坚力量,其应急管理的组织体系也得到了显著加强。通过优化组织架构、完善指挥体系、加强装备建设等措施,解放军和武警部队在应急救援、抢险救灾等方面展现出了强大的战斗力与保障力,为我国应急管理体系的完善和发展作出了重要贡献。

《中华人民共和国突发事件应对法》于 2007 年 8 月 30 日通过,自 2007 年 11 月 1 日起实施。这是一部规范突发事件应对工作的重要法律,包括预防与应急准备、监测与预警、应急处置与救援、事后恢复与重建等内容,为事故灾难的应对提供了全面的法律框架。

在公共卫生事件应对方面,我国高度重视并制定了以《中华人民共和国传染病防治法》(以下简称《传染病防治法》)为核心的一系列法律法规,这些法律不仅明确了传染病的预防、控制和医疗救治措施,还规定了疫情报告、通报和公布制度,以及应急处理机制。通过建立健全的公共卫生法律体系,我国有效提升了应对突发传染病疫情等公共卫生事件的能力,保障了人民群众的身体健康和生命安全。同时,这些法律法规也为公共卫生事件的预防、控制、救治和应对提供了全面的法律保障与指导。

2007 年,国务院总理签署并公布了《生产安全事故报告和调查处理条例》(以下简称《条例》)。《条例》对以往将企业职工伤亡事故仅限定于生产经营活动中的情况进行了改变,不再排除道路交通、火灾等其他类型的生产安全事故。根据《条例》,生产安全事故被定义为涵盖工矿商贸事故、火灾事故、道路交通事故、水上交通事故、民航飞行事故、铁路交通事故、农业机械事故以及渔业船舶事故这八大类事故。

2014 年,全国人大常委会第十次会议对《安全生产法》进行了修订。此次修订的《安全生产法》首次明确提出要建立事故隐患排查治理制度,着重强调了加强事前预防与隐患排查的重要性。该法要求所有生产经营单位必须建立并实施事故隐患排查治理制度,通过采取技术和管理措施来消除潜在的事故隐患。同时,政府相关部门也被要求建立健全重大事故隐患治理的督办制度,以督促生产经营单位及时消除重大事故隐患。

我国在对事故灾难的风险管理过程中,逐渐形成了由国务院统一领导的组织指挥体系,大部制改革后我国事故灾难风险管理的主要机构及职能见表 5-2。

表 5-2　大部制改革后我国事故灾难风险管理的主要机构及职能

机 构 名 称	主 要 职 能
国家安全生产监督管理总局	对生产单位的安全生产进行监督管理
国家食品药品监督管理总局	对药品、食品安全管理和综合监督
国家林业局	森林火灾预防、病虫害的防治
国家卫生和计划生育委员会	重大疾病的防预,卫生宣传
住房和城乡建设部	建筑物的抗震性、质量等的管理
公安部	维护社会治安,查处违法犯罪活动
水利部	水旱灾的指挥协调
交通运输部	水、陆、空交通安全的监督
民政部	发起救灾工作,公布灾情信息

续表

机 构 名 称	主 要 职 能
外交部	风险中的对外交涉工作
中国气象局	气象勘测、预报,防御气象灾害
中国地震局	地震监测、科研、宣传教育
中央军委	协助政府进行风险处理

4. 应急管理体系重构与提升阶段(2018 年至今)

1)背景与特点

2018 年,我国应急管理体制迎来了历史性的变革与飞跃。在深化党和国家机构改革的宏大背景下,党中央高瞻远瞩,作出了组建应急管理部和国家综合性消防救援队伍的重大决策,这一举措标志着我国应急管理体制进入系统性、整体性的重构阶段。

应急管理部的成立,不仅是对原有应急管理部门和职能的整合与优化,也是对我国应急管理工作理念与模式的深刻革新。它打破了部门壁垒,实现了从分散管理到集中统一指挥的转变,构建起了一个权威高效、协调联动的应急管理体系。同时,国家综合性消防救援队伍的组建,则进一步强化了应急救援的专业性和战斗力,为快速、有效应对各类突发事件提供了坚实保障。

在这一阶段,我国应急管理工作更加注重风险管理、综合减灾和应急准备。通过建立健全风险评估与预警机制,提前识别并防范潜在风险;通过加强综合减灾能力建设,提高全社会抵御自然灾害和事故灾难的能力;通过强化应急准备和演练,确保在突发事件发生时迅速响应、高效处置。

最终,经过这一系列的改革与创新,我国成功构建起了具有中国特色的应急管理体制——统一指挥、专常兼备、反应灵敏、上下联动。这一体制不仅提升了我国应对突发事件的能力和水平,也为维护国家安全、保障人民生命财产安全、促进经济社会持续健康发展提供了有力支撑。

2)主要举措

应急管理部的成立是我国应急管理体制改革的重要里程碑,它整合了多个政府部门在应急管理领域的相关职能,实现了应急资源的集中管理和统一调度,有效避免资源分散、重复建设等问题,提高了应急响应的效率和效果。在此基础上,我国积极推进应急指挥体系建设,不仅基本建成国家应急指挥总部,还构建了四级贯通的应急指挥信息网,实现了从国家到地方、从政府到社会的全方位、多层次应急指挥联动,为应对各类突发事件提供了强有力的指挥保障。

为了进一步提升应急管理的智能化和精细化水平,我国还积极搭建应急资源管理平台,运用大数据、云计算等现代信息技术手段,对应急资源进行动态监测、优化配置和高效利用。这一平台的建立,不仅提高了应急资源的利用效率,还实现了应急管理的精准化和科学化,为决策者提供了更加全面、准确的信息支持。

此外,我国还实施了一系列防灾减灾救灾工程,包括加强气象灾害监测预警、提高地震灾害防御能力、完善防洪抗旱体系等,这些工程的实施显著提高了我国自然灾害的防御能力和应急响应效率。在灾害发生时,能够迅速启动应急预案,调动各方力量,有效减轻灾害损失,保障人民群众的生命财产安全。

《中华人民共和国突发事件应对法》已由第十四届全国人民代表大会常务委员会第十次会议于 2024 年 6 月 28 日修订通过,并自 2024 年 11 月 1 日起施行。立法是为了预防和减少突发事件的发生,控制、减轻和消除突发事件引起的严重社会危害,提高突发事件预防和应对能力,规范突发事件应对活动,保护人民生命财产安全,维护国家安全、公共安全、生态环境安全和社会秩序。相关法律法规见表 5-3。

表 5-3　相关法律法规

类　　别	法　律　法　规
工矿商贸等企业的各类安全事故	《条例》《中华人民共和国矿山安全法实施条例》《煤矿安全监察条例》《国务院关于特大安全事故行政责任追究的规定》《放射性同位素与射线装置安全和防护条例》《建筑法》《建设工程质量管理条例》《消防法》《建设工程安全生产管理条例》《电力监管条例》《特种设备安全监察条例》《中华人民共和国民用核设施安全监督管理条例》《工伤保险条例》《核电厂核事故应急管理条例》《劳动保障监察条例》
交通运输事故	《中华人民共和国道路运输条例》《中华人民共和国渔业船舶检验条例》《中华人民共和国内河交通安全管理条例》《中华人民共和国河道管理条例》《中华人民共和国海上交通事故调查处理条例》《中华人民共和国海上交通安全法》《铁路运输安全保护条例》《危险化学品安全管理条例》《劳动保障监察条例》
公共设施和设备事故	《中华人民共和国计算机信息系统安全保护条例》《劳动保障监察条例》《中华人民共和国电信条例》
环境污染和生态破坏等事件	《中华人民共和国水污染防治法实施细则》《中华人民共和国环境噪声污染防治法》《中华人民共和国环境保护法》《中华人民共和国防治海岸工程建设项目污染损害海洋环境管理条例》《中华人民共和国大气污染防治法》《中华人民共和国水污染防治法》《中华人民共和国固体废物污染环境防治法》《防止拆船污染环境管理条例》《中华人民共和国海洋环境保护法》《淮河流域水污染防治暂行条例》《农业转基因生物安全管理条例》《防止船舶污染海域管理条例》《中华人民共和国放射性污染防治法》

我国事故灾难风险管理体系框架如图 5-1 所示。

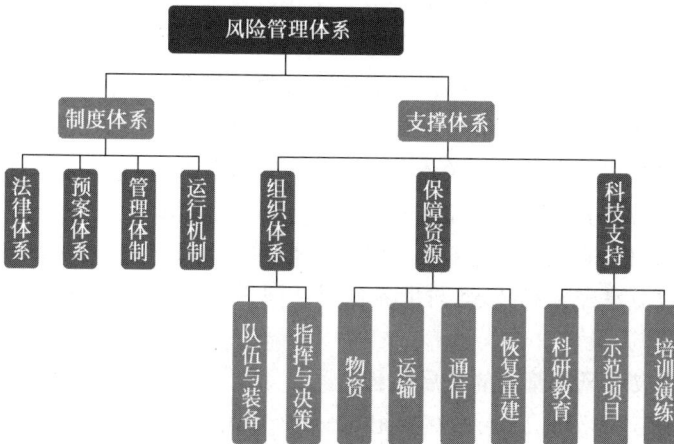

图 5-1　我国事故灾难风险管理体系框架

5.2.2　国外事故灾难风险管理的发展历程

1. 美国事故灾难风险管理的发展历程

1）萌芽与初步探索（19世纪初至20世纪50年代）

从19世纪初到20世纪中叶，美国政府在灾害管理中的角色经历了从模糊到逐步明确的转变。起初，地方政府承担主要救灾责任，但在资源匮乏时寻求州政府援助常遇阻碍。1803年新罕布什尔州大火后，联邦政府首次通过立法提供财政援助，开启了其参与地方救灾的先河。此后至1950年，国会通过一系列个案立法支持灾害恢复。其中，1934年《防洪法》的颁布成为标志性事件，不仅标志着联邦政府正式投资应急管理领域，还催生了如田纳西流域管理局等机构，专门应对洪水等自然灾害，显著提升了国家层面的灾害应对能力。

2）体系构建与职能整合（20世纪50—70年代）

20世纪50—70年代，美国应急管理的职能广泛分散于多个联邦部门和机构之中，这种状况导致了应急响应和管理的效率低下。为了改善这一局面，1974年颁布的《救灾法》确立了总统在灾害宣布中的核心角色，并加强了住房和城市发展部在自然灾害应对及恢复方面的职责。随后，1979年，卡特总统通过行政命令正式成立了FEMA，该机构的建立旨在集中统一协调全国的灾害应急管理工作，标志着美国事故灾难风险管理迈入一个更为高效、协同的新阶段。

3）调整与完善（20世纪80—90年代）

FEMA在成立初期面临内部矛盾和资源分配不均的挑战，同时，20世纪80年代至90年代初期的美国也频繁遭受重大自然灾害的侵袭，如飓风"雨果"和普雷塔地震等。为应对这些挑战，克林顿总统在1992年任命威特为FEMA主任，他引领了FEMA的领导力变革和方针调整。威特将原有的以防核为主的应急管理方针转变为更加全面的综合减灾方针，注重对所有自然及人为灾害的综合管理。同时，FEMA的政策重心也发生了转变，从过去的以灾后恢复为主转向更加注重灾前的预防和减损工作，通过实施一系列旨在增强社区抗灾能力的项目和计划，有效提升了美国的灾害应对能力。

4）成熟与专业化（20世纪90年代至今）

美国应急管理领域在多个方面取得了显著进展。首先，在学科建设与发展方面，从1995年开始，应急管理专业在美国大学获得了井喷式发展，截至2007年，47个州的266所大学开设应急管理、国土安全等相关本科、专科专业或专业证书班。其次，政策法规体系不断完善，为风险管理和应急响应工作提供了坚实的法律基础，同时政府灵活调整政策以适应国内外形势变化，确保应急管理工作的有效性和时效性。此外，美国还积极加强国际合作与交流，通过分享经验和技术，与世界各国共同提升应对灾害的能力，为全球应急管理事业贡献智慧和力量。

2. 英国事故灾难风险管理的发展历程

1）初步形成与水务部门主导（20世纪30—60年代）

在这一阶段，英国的洪水管理体系初步构建成型，其形成深受农业发展需求与特定地理条件的双重驱动。该体系以水务部门为核心，主要采取结构性措施作为防御洪水灾害的主导策略,初步建立了一套侧重于工程性防御的体系。这包括制定严格的建筑技术规范、不断优化建筑方法,以及积极建设公共减灾工程,以应对洪水挑战。

2) 体系完善与风险管理理念引入(20 世纪中后期至 21 世纪初)

随着时间的推移,英国洪水管理策略经历了深刻的转变。逐渐意识到单一的结构性措施在应对洪水等自然灾害方面的局限性后,英国开始积极引入风险管理理念。这一转变促使洪水管理体系从传统的"洪水灾害防御体系"向更为综合的"洪水灾害管理体系"发展,并最终演化为现今的"洪水风险管理体系"。在这一体系中,非结构性措施如规划、教育等非工程和非技术层面的手段日益受到重视,与结构性措施相辅相成,共同提升了英国的减灾能力和洪水风险管理水平。

3) 法律框架与制度建设(21 世纪初至今)

2004 年,英国颁布的《国内紧急状态法》标志着其在危机管理法治化进程中的重大突破,该法案清晰界定了各级地方政府在风险评估与应急规划中的法定责任和义务。此后,英国政府持续推动应急管理法律体系的完善,相继出台了包括《国内紧急状态法案执行规章草案》及《反恐法案》在内的多项相关法规与政策,这些举措共同构建了一个全面、细致的应急管理法律框架,为有效应对各类紧急事件提供了坚实的法律保障。

英国构建了一个高效的应急管理体制,其核心为内阁紧急应变小组,该小组在重大公共紧急事件发生时负责中央层面的协调与指挥工作,确保资源迅速调配与决策高效执行。同时,地方政府在日常应对普通及地区性紧急事件中扮演主角,但当事件超出其处理能力时,会及时上报中央政府并请求支援,这种分级响应机制确保了应急管理的灵活性与全面性。

英国将风险评估置于风险管理的核心地位,各级政府和部门均制订了详尽的风险评估流程与应急计划,以全面应对潜在灾害与事故。伦敦等城市更是构建了如《伦敦风险登记簿》及《社区风险登记簿》等完善的风险评估体系,不仅系统列出并评估未来可能遭遇的主要风险,还积极向公众普及应急知识,提供应对措施,从而增强了社会的整体风险防范与应对能力。

4) 国际合作与交流

英国不仅致力于国内应急管理体系的建设,还积极参与国际应急管理合作与交流,通过与其他国家的紧密合作,分享应急管理经验和技术,共同提升全球应对灾害的能力。同时,英国也借此机会不断吸收和借鉴国际上的先进做法与成功案例,以进一步优化和完善自身的事故灾难风险管理体系,确保在面对各种灾害时作出更加迅速、有效的响应。

3. 德国事故灾难风险管理的发展历程

1) 风险政策的理论探索与初步实践(第一次世界大战后至第二次世界大战后)

第一次世界大战后,德国经济遭遇重创,在此背景下,德国学者率先从理论上探索风险政策,旨在通过控制、分散、补偿、转嫁等多种手段有效应对经济行为中的风险,这些开创性研究为风险管理学科的发展奠定了基石。第二次世界大战后,随着美国风险管理理论的引进,德国逐步从风险政策研究过渡到风险管理实践,尽管初期主要集中于探索与尝试阶段,但标志着风险管理在德国的应用进入一个新纪元。

2）风险管理体系的建立与完善（20世纪90年代至21世纪初）

面对1998年埃舍德高铁事故、1999年"洛塔尔"飓风等国内灾害及2001年美国"9·11"恐怖袭击事件的国际警示，德国政府深刻认识到加强风险管理的紧迫性。2001年，德国颁布了《公民保护新战略》，旨在全面提升突发事件应对能力。随后，2005年德国联邦公民保护与灾难救助局（BBK）承担起关键职责，通过《全德风险统计册》首次统一收集全国风险信息。2006年，BBK进一步推进风险分析的科学化，引入基于概率与损害规模的风险评估方法及计算机地理信息系统，显著提升了风险管理的精准度和效率。

3）法律框架与制度建设的加强（21世纪初至今）

2009年，德国在风险管理领域迈出了重要步伐，通过修订《公民保护和灾难救助法》，确立了联邦与州合作进行全国范围风险分析的法定框架。同年，联邦政府成立了由内政部领导的"联邦风险分析与公民保护"指导委员会，汇聚了所有相关联邦部门，以实现风险管理的统一指挥与协调。该委员会下设的工作组，依托于BBK，具体执行风险分析任务，并定期向联邦议院提交分析成果，这一系列立法与制度为德国构建高效、协同的风险管理体系奠定了坚实基础。

4. 日本事故灾难风险管理的发展历程

1）初步构建阶段（20世纪80年代之前）

在这个阶段，日本的事故灾难风险管理主要侧重于自然灾害的应对。由于日本位于环太平洋火山地震带，自然灾害频发，特别是地震、台风等灾害给日本带来了巨大的损失。因此，日本政府着手建立初步的灾害应对机制，但此时的管理体制还不够完善，以事后救援为主。

2）危机管理体制初步构建阶段（20世纪80年代至90年代中期）

20世纪80年代至90年代中期，日本在泡沫经济巅峰与"町田爆炸—奥尻海啸—阪神地震"三连击的倒逼下，首次把"危机管理"写入法律。20世纪80年代仍沿用户省分立的"纵向救助"模式，1992年设内阁危机管理室并赋予首相直接请求自卫队权，1995年阪神巨灾150天内通过《灾害对策基本法》大修，建立"非常灾害对策本部"与跨省厅演练，形成首相官邸主导的雏形，但机构、预算与信息标准尚未整合，暴露出"法规先行、指挥滞后"的缺口，为后期内阁府危机管理监改革奠定法理基础。

3）综合性国家危机管理体制建设阶段（20世纪90年代中期以来）

1995年阪神大地震暴露了日本在灾害应对上的短板，如通信中断与救援迟缓等问题。为应对挑战，2001年日本政府设立了内阁府，作为危机管理的核心机构，旨在增强跨部门合作与执行力。而2011年东日本大地震及其引发的核事故，更是成为日本危机管理体制深化改革的催化剂，推动了体系的进一步完善与强化。

日本政府通过不断完善法律体系，形成了以《灾害对策基本法》为核心的法律框架，涵盖地震防灾、受灾者生活重建等多个方面；同时，优化管理体系，构建了国家与地方两级联动的责任分工体系，确保危机应对的高效有序。在技术创新方面，政府加大投入，运用GIS、GPS等先进技术提升危机预测与应对能力，并建立了内阁情报集约中心等机构。此外，日本还积极极构建官民协作体系，加强与社会各界的互动合作，共同提升危机应对能力，形成了多元协作的应急管理模式。

5.3　事故灾难风险管理的流程与方法

5.3.1　事故灾难风险管理的流程

1. 风险识别

风险管理是一个系统性过程,其核心在于明确管理对象与范围,以便精准地识别并应对可能威胁组织目标实现或导致事故灾难发生的风险因素。这一过程始于对管理对象的全面审视,明确界定哪些领域、活动或资产需要纳入风险管理的范畴,进而深入探索可能引发不利后果的风险源和潜在风险点。

为了有效实施风险管理,信息收集是不可或缺的一环。通过现场勘查,直接观察并记录可能存在的安全隐患和潜在风险;利用数据分析技术,对历史数据、实时数据以及外部环境数据进行深入挖掘,发现风险发生的规律与趋势;同时,借助专家咨询,汲取行业内外专业人士的经验与见解,以更全面、专业的视角评估风险。这些多元化的信息收集手段相互补充,共同构建了一个全面、深入的风险认知框架。

在此基础上,编制风险清单成为风险管理的重要步骤。风险清单不仅是对已识别风险点的系统性梳理,也是对风险影响程度的初步评估。它详细列出了每一项风险的具体内容、可能引发的后果、影响范围以及初步判定的风险等级,为后续的风险评估、风险应对及监控提供了坚实的基础。通过风险清单的编制,组织能够清晰地看到自身面临的风险全貌,为制定针对性的风险管理策略提供有力支持。

2. 风险分析与评估

在风险管理的进程中,风险分析是至关重要的一环。它要求对已识别的风险进行深入剖析,不仅评估其发生的可能性与频率,即风险事件在特定条件下出现的概率及其反复出现的程度,还需考量这些风险一旦成为现实可能带来的具体后果,包括直接损失、间接影响以及长远的连锁反应。此外,风险分析还需明确风险影响的范围,即风险事件波及的组织内部部门、外部利益相关者以及更广泛的社会经济环境。

紧接着,风险评估阶段则基于风险分析的结果,运用定量或定性的方法,对风险进行综合评价。这一过程旨在确定风险的优先级和重要性,以便组织合理分配资源,优先处理那些对组织目标实现构成最大威胁的风险。定量评价可能涉及概率与损失的乘积计算,以得出风险的经济价值或损失期望值;而定性评价则更多依赖于专家判断和经验法则,对风险进行相对排序。

为了确保风险评估的客观性和一致性,制定风险准则显得尤为重要。这些准则应紧密围绕组织的价值观、战略目标和现有资源状况,明确风险评价的标准、方法和可接受的风险水平。通过制定风险准则,组织能够建立起一套科学、系统的风险评价体系,为风险管理的后续环节提供明确的方向和指导。

3. 风险预警与预防

为了有效防范和减少事故灾难的发生,建立健全的预警机制是风险管理的关键一环。通过综合运用监测技术和预测模型,组织能够实时掌握风险因素的动态变化,及时发现并预警潜在的风险隐患。这一过程不仅要求建立高效的信息收集与分析系统,还需要培养一支专业的风险监测团队,确保预警信息的准确性和时效性。

在预警机制的基础上,制订并实施针对性的预防措施是风险管理的核心任务。这些措施旨在消除或减少风险因素,防止其转化为实际的事故灾难。例如,加强安全教育培训,提升员工的安全意识和应急能力;完善安全管理制度,明确各级责任,确保安全管理的规范化和制度化;提高设备设施的安全性能,通过技术改造和升级,减少因设备故障引发事故的风险。

同时,为了确保预防措施的有效性和持续性,组织应定期进行风险评估和复查。这一步骤不仅是对预防措施实施效果的检验,也是对风险管理策略本身的调整和优化。通过不断的评估与复查,组织能够及时发现并解决存在的问题,确保风险管理体系的健全和有效运行。

4. 应急准备

事故灾难是突发事件的一种类型,编制事故灾难类应急预案之前必须进行风险评估和应急资源调查。事故灾难类风险涵盖很多方面,包括各种工业企业的诸多安全事故、交通运输的事故、公共设施安全方面引发的事故、设备设施安全事故、核污染事故、辐射造成的事故、环境污染事件和生态破坏事件等。

应急预案的编制是一个系统性、综合性的过程,它直接关系到单位在突发事件中的应对能力和效率。

首先,为确保预案的针对性和实用性,必须成立由单位主要负责人亲自挂帅的应急预案编制工作组,该工作组应紧密结合本单位的部门职能分工,明确各成员的职责和任务,并制订详细的工作计划,以确保预案编制工作的有序进行。

在预案编制初期,资料收集是至关重要的一环。工作组需广泛收集相关法律法规、标准规范、历史事故案例以及本单位的具体实际情况等资料,这些资料将为后续的危险源识别、风险分析等工作提供坚实的数据支持。

随后,危险源与风险分析成为编制工作的核心。工作组需在全面排查危险因素和事故隐患的基础上,准确识别并确定本单位的危险源,进而深入分析这些危险源可能引发的事故类型、后果以及可能产生的次生灾害,形成详尽的风险分析报告。这份报告不仅是应急预案编制的重要依据,也是单位提升安全管理水平、防范事故发生的重要参考。

在明确风险的基础上,工作组还需对本单位的应急能力进行全面评估。这包括对现有的应急装备、应急队伍等进行评估,以了解其应对突发事件的能力和不足。同时,结合本单位的实际情况,加强应急能力的建设和提升,确保在突发事件发生时迅速、有效地进行应对。

接下来,便是应急预案的编制工作。针对可能发生的各种事故类型,工作组需严格按照国家有关规定和要求编制应急预案。在编制过程中,注重全体人员的参与和培训至关重要,通过培训和演练使所有相关人员都能熟练掌握危险源的危险性、应急处置方案与技能。此外,预案还应充分利用社会应急资源,与地方政府、上级主管单位以及相关部门的预案相衔接,形成上下联动、左右协调的应急响应机制。

预案编制完成后需经过严格的评审和发布程序。本单位主要负责人应组织有关部门和人员进行内部评审,以确保预案的科学性和可操作性;同时,邀请上级主管部门或地方政府负责安全管理的部门进行外部评审,以获取更专业的指导和建议。评审通过后按规定报有关部门备案并由生产经营单位主要负责人签署、发布使预案正式生效。

最后,同样重要的是应急演练。定期组织应急演练是检验预案有效性、提升应急队伍反应速度和处置能力的重要途径。演练结束后需及时进行总结评估,针对发现的问题和不足进行整改与完善,不断优化应急预案和应急响应机制,以确保单位在突发事件中迅速、准确地作出响应,最大限度地减小损失和影响。

5. 应急响应

在事故灾难突发之际,迅速而有效地启动应急预案是减少损失、保障安全的关键步骤。一旦事故发生,单位应立即按照既定程序启动应急预案,这标志着应急响应机制的全面激活。随后,应急队伍需在第一时间迅速集结,根据预案的部署和事故的实际情况,有序地开展救援行动。

在应急处置过程中,首要任务是确保人员安全。根据事故的性质和规模,采取相应的应急处置措施至关重要。这可能包括:紧急疏散现场人员至安全区域,以避免进一步伤害;采取措施控制事态发展,防止事故扩大或引发次生灾害;迅速组织专业救援力量对伤员进行搜救和治疗,尽最大努力挽救生命、减轻伤痛。

此外,协调各方资源也是应急处置工作的重要环节。单位需积极与地方政府、上级主管单位、医疗机构、消防部门等相关机构进行沟通协调,确保救援物资、设备、人员等资源的及时调配和有效利用。通过整合各方力量和资源,形成强大的救援合力,为应急处置工作的顺利进行提供有力保障。

综上所述,启动应急预案并迅速组织应急队伍进行救援是应对事故灾难的首要任务。在应急处置过程中,需根据事故性质采取针对性措施,同时加强资源协调与整合,确保救援工作有序、高效进行。

6. 后期评估与总结

在事故灾难发生后,深入而全面的事故调查是不可或缺的一环。这一过程旨在彻底查明事故的起因、性质、影响范围及责任归属,为后续的风险管理和应急改进提供坚实依据。通过收集现场证据、分析数据、访谈相关人员等手段,事故调查团队将构建一个完整的事故图景,确保每一个细节都被充分揭示。

紧接着,对事故灾难的应急处置过程进行全面评估同样至关重要。这一环节不仅关注救援行动的成效,还深入分析应急响应的及时性、准确性以及资源的调配与利用情况。通过总结经验教训,可以识别出在应急处置过程中存在的不足之处,为后续的优化提供方向。

在评估与总结的基础上,编制详尽的评估报告成为必要步骤。该报告应客观、全面地反映事故调查的结果和应急处置的评估情况,并提出具体的改进措施和建议。这些措施和建议旨在消除类似事故再次发生的隐患,提升单位的风险管理水平和应急响应能力。同时,评估报告也为今后的风险管理工作提供了宝贵的参考,帮助单位更好地预防和应对潜在的安全风险。

7. 持续改进

在事故灾难风险管理的持续改进阶段,单位需根据评估结果和各方反馈意见,不断优化和完善风险管理体系及应急预案。这一过程旨在构建一个更加健全、高效的风险防控网络，以更好地应对未来可能发生的各类风险挑战。同时，加强风险管理人员的培训和教育成为提升整体风险管理能力的重要途径，通过系统化的学习和实践，风险管理人员能够掌握更先进的风险管理理念和方法，提高风险识别、评估、监控和应对的能力。

此外，加强与其他地区、部门及企业的交流与合作也是提升事故灾难风险管理水平的关键。通过共享经验、交流信息、协同应对，可以形成更加广泛的合作网络，共同应对跨地区、跨部门的风险挑战。这种合作模式不仅有助于提升各单位的风险管理能力，还能促进整体社会风险防控水平的提升，为构建安全、稳定的社会环境贡献力量。

5.3.2 事故灾难风险管理的方法

事故灾难风险管理是一个综合性的过程，旨在最大限度地减小事故灾难的发生概率、减轻其影响，并确保在事故发生时迅速、有效地进行应对和恢复。以下是一些主要的方法。

1. 风险评估与管理

在应对潜在的事故灾难时，一个系统性的风险评估与管理流程至关重要。首先，进行全面的风险评估，这一步骤涵盖了对可能导致不良后果的各种风险因素的细致识别，无论是源自人为操作不当、恶劣环境条件的挑战，还是技术缺陷与故障的潜在威胁。随后，通过深入分析这些风险因素，评估其发生的概率以及一旦发生可能带来的损失程度或影响范围，这一过程有助于我们更清晰地理解风险的本质与严重性。

紧接着，进入风险评估阶段，依据风险分析的具体结果，对识别出的风险进行科学合理的排序和分级，旨在明确哪些风险构成了最大的威胁，需优先予以关注和管理。这一过程不仅有助于资源的优化配置，也确保了风险管理工作的针对性和有效性。

基于风险评估的结果，风险管理策略的制定与实施随之而来。针对那些被评估为高风险的因素，组织需量身定制一套全面而具体的风险管理策略，这些策略可能包括但不限于加强员工培训以提升安全意识与操作技能、改善工作环境以减少外部因素的干扰、引入先进技术手段以增强系统的稳定性和可靠性等。在实施过程中，通过综合运用工程、管理和技术等多种手段，力求从源头上减少或彻底消除风险因素，从而有效预防和控制事故灾难的发生，保障人员安全、维护生产运营的稳定与可持续发展。

2. 预防与控制

事故灾难不是经常发生的事件，但是要以常态化的心态来应对，注重日常管理，倡导"抓常、抓早、抓前"，以提高预防和应对水平。为了确保工作场所的安全与稳定，必须采取一系列预防措施与控制措施相结合的综合性策略。

首先，在预防措施方面，关键在于建立和完善一套科学严谨的安全生产规章制度体系，这不仅明确了各级人员在安全生产中的责任与义务，还为企业内部营造了一个重视安全、遵守规章的良好氛围。同时，通过定期举办安全教育和培训活动，不断提升员工的安全意识与自我保护能力，确保每位员工都能熟练掌握安全操作规程，有效预防人为因素导致的安全事故。

此外，安全检查作为预防工作的重要环节，必须得到持续而有效的执行。通过定期开展全面的安全检查,能够及时发现并消除潜在的安全隐患,将事故风险扼杀在萌芽状态。

而在控制措施方面,实时监控与应急准备同样不可或缺。利用先进的监控设备和技术手段,对生产过程中的重点区域和关键环节进行 24 小时不间断的实时监控,能够迅速捕捉异常状况,为及时采取干预措施提供有力支持。同时,制订详尽可行的应急预案,明确应急响应的每一个步骤、责任人及所需资源,确保在事故真正发生时,迅速、有序地启动应急机制,最大限度地减小事故造成的损失与影响。

这种预防措施与控制措施相结合的管理模式,为企业安全生产提供了坚实的保障。

3. 应急响应与救援

在应对突发的事故灾难时,一个高效、有序的应急响应机制至关重要。一旦事故不幸发生,首要任务是立即启动预先制订好的应急预案,确保所有相关人员迅速按照既定程序行动起来,有效控制事态发展。同时,信息的及时、准确报告也是应急响应的关键环节,必须确保向上级部门及相关机构传达事故情况,以便获取必要的支持与协助,共同应对挑战。

在紧急救援阶段,救援队伍需迅速集结,以高度的责任感和专业技能,对受伤人员进行及时、有效的救治,同时全力以赴营救被困人员,尽最大努力减少人员伤亡。此外,救援工作还应包括对环境与设备的初步评估和处理,防止次生灾害的发生。

4. 持续改进与反馈

在事故处理与后续管理的关键阶段,总结与评估以及持续改进是两个不可或缺的环节。

首先,通过全面而深入的事故调查,揭开事故的真相,明确导致事故发生的根本原因,这不仅是对受害者及其家属负责,也是为了防止类似悲剧重演。在调查过程中,我们秉持客观、公正的原则,确保调查结果的准确性和权威性。

紧接着,对应急响应和救援行动的效果进行细致评估,这一步骤对于总结经验、提炼教训至关重要。分析在应对事故过程中哪些措施有效,哪些环节存在不足,从而为未来的应急管理提供宝贵的参考。每一次事故都是对应急体系的一次考验,通过评估发现潜在的问题和薄弱环节,为持续改进指明方向。

基于评估结果,要在以下两个方面实现持续改进。

一方面,不断完善安全生产制度和应急预案,确保其更加科学、合理、实用,根据事故的实际情况和评估结果,对制度进行修订和完善,使其更加符合企业的实际情况和安全生产的需求。同时,注重应急预案的更新和演练,确保在真正面对事故时迅速、准确地启动应急响应机制。

另一方面,要加强员工培训,提高应急响应和救援能力。要认识到员工是应急管理的主体和关键力量,只有员工具备了足够的应急知识和技能,才能在事故发生时迅速、有效地采取行动。因此,要定期组织员工参加应急培训和演练活动,提升他们的应急意识和实际操作能力。同时,要注重培养员工的团队协作精神和应急沟通能力,确保在应急响应过程中形成合力、共同应对挑战。

5. 技术应用与创新管理

在深化事故灾难风险管理的进程中,技术应用与创新管理成为推动变革和提升效能的双轮驱动。

首先,积极拥抱科技前沿,致力于引入大数据、人工智能等先进技术,这些技术如同强大的引擎,可以为风险管理注入了前所未有的活力和效率。通过大数据分析,能够更加精准地识别风险模式、预测风险趋势,为决策提供科学依据;而人工智能的融入,则让风险预警、应急响应等环节实现自动化与智能化,大大提升管理的精准度和时效性。

其次,创新是引领发展的第一动力,因此在管理层面要积极推动理念与实践的双重创新。要树立起创新管理理念,鼓励每一位员工都成为创新的源泉,勇于打破常规、挑战自我,不断提出新颖的管理方法和改进建议。这些创新想法如同涓涓细流,汇聚成推动风险管理不断向前发展的磅礴力量。将这些创新理念付诸实践,不断优化风险管理的流程和措施,通过试点先行、逐步推广的方式,确保创新成果真正落地生根、开花结果。

综上所述,技术应用与创新管理相辅相成、相互促进,共同构成了提升事故灾难风险管理水平的重要路径。未来,要继续深化这一进程,不断探索新的技术应用领域和创新管理模式,为构建更加安全、稳定、可持续的生产环境贡献智慧与力量。

6. 事后恢复与重建

在灾难得到初步控制后,迅速启动的全方位恢复与重建工作显得尤为关键。

首先,组建由多领域专家组成的团队,对灾难造成的损害进行详尽而全面的评估,涵盖人员伤亡、财产损失、基础设施损毁等各个方面,确保数据的准确性和完整性。基于这一评估结果,紧接着制订一套详尽的恢复与重建规划,该规划不仅明确了恢复工作的具体目标、任务分配、时间进度表,还详细列出了所需的资金预算,为后续的重建工作提供了清晰的蓝图和有力的指导。

在恢复与重建的过程中,基础设施的恢复被置于优先地位。交通、通信、供水、供电等关键基础设施的迅速修复,对于保障灾区民众的基本生活需求、恢复社会秩序具有至关重要的作用。同时,加强防灾减灾设施的建设,旨在提升灾区对未来灾害的抵御能力,构建更加安全、可靠的生存环境。

住房与公共服务设施的重建同样不容忽视。优先解决受灾群众的住房问题,确保他们在安全、舒适的环境中开始新的生活。此外,学校、医院等公共服务设施的重建,也是恢复灾区教育、医疗等公共服务功能的关键步骤,对于保障民众的基本权益、促进社会和谐稳定具有重要意义。

产业恢复与发展方面,对受损产业进行科学评估和修复,支持受灾企业尽快恢复生产、减少经济损失。同时,利用灾后重建的契机,推动产业结构调整和升级,鼓励绿色、低碳、环保产业的发展,促进地区经济的可持续发展。

最后,生态环境修复也是恢复与重建工作的重要组成部分。对受损的生态环境进行积极修复和保护,恢复自然生态系统的功能和稳定性,是维护生态平衡、保障人类生存环境的重要举措。同时,加强防灾减灾教育和宣传,提高公众的环境保护意识和参与度,形成全社会共同参与生态环境保护的良好氛围。通过这些努力,我们旨在打造一个更加安全、宜居、繁荣的灾后新家园。

5.4　中国事故灾难风险管理的制度与框架

5.4.1　中国事故灾难风险管理的法律制度

中国事故灾难风险管理的法律制度呈现出两个基本特征：①重点集中在传统的生产安全事故领域；②侧重以罚示警。从立法进程来看，中国的事故灾难风险管理立法主要经历了三个重要阶段。

1. 以人员伤亡管理为重心的安全事故立法阶段

新中国成立初期，生产安全事故方面的法律法规主要集中在对人员伤亡事故的调查、登记、统计和报告。1950 年，《全国公私营厂矿职工伤亡报告办法》发布，该办法首次从法律上明确了企业职工伤亡事故的受理部门为劳动部门。1950 年，劳动部还发布了《重伤、死亡事故调查报告表》和《因工死亡人数日报表》，进一步规范了职工伤亡事故的调查处理和信息上报流程。1956 年，国务院颁布《工人职员伤亡事故报告规程》，国务院规定了企业必须对工人职员在生产区域中发生的与生产有关的伤亡事故(包括急性中毒事故)进行调查、登记、统计和报告。其所涵盖的企业类型包括：国营、地方国营、合作社营和公私合营的工业、交通运输业、建筑业、伐木业企业，地质和水利系统的工程单位、机械农场和农业机器站。这些规定和办法为我国企业职工伤亡事故的调查处理与统计分析建立了初步的法律框架，对控制和减少伤亡事故起到了积极作用。

新中国成立初期建立的安全事故法律体系在"文化大革命"中遭受严重冲击，许多安全生产法律法规被撤销或改得面目全非，导致无法有效执行。至"文化大革命"结束，安全立法工作才得以恢复。1979 年，国务院重申了《工人职员伤亡事故报告规程》的重要性，并将"交通肇事罪"和"重大伤亡事故罪"纳入《刑法》，强化了对职工伤亡事故责任的法律约束。

20 世纪 80 年代，生产安全事故方面的法律法规进一步规范。国务院和最高人民检察院颁布了一系列涉及职工伤亡事故的文件，如《国务院批转关于在工业交通企业加强法制教育严格依法处理职工伤亡事故的报告》。1989 年，《特别重大事故调查程序暂行规定》的通过，为特别重大事故的调查处理提供了明确的法律依据，并规定了相关的罚则。这些文件和规定的出台，使企业职工伤亡事故的调查处理更加规范化和制度化，有效警示和控制了职工伤亡事件的发生。

2. 以行业分类为基础的安全事故立法阶段

随着"依法治国"方略的确立，中国的安全生产法治建设进入一个新的发展阶段。各行业相继制定了一系列针对安全生产的特别法，如 1990 年的《铁路法》、1992 年的《矿山安全法》、1995 年的《民用航空法》、1996 年的《煤炭法》、1997 年的《建筑法》、2003 年的《道路交通安全法》等。这些法律为各自行业内的安全生产管理提供了详细的规定，为生产安全事故的管理和风险预防提供了坚实的法律基础。

这一阶段，承担安全生产管理工作的国家机构也作出了调整：第一，1998 年职能转移。原先由劳动部承担的安全生产综合管理、职业安全监察、矿山安全监察等职能转交给国家经济贸易委员会。国家经济贸易委员会成立了安全生产监督管理总局，负责全国安全生产的综合管理工作,并行使国家监督职权,同时接管了事故调查处理的职能。第二,2001年新机构成立。国家安全生产监督管理局(国家煤矿安全监察局)成立,标志着我国安全生产管理体制的改革取得了重大进展。第三,新体制和新机构的运行,使企业职工伤亡事故的调查处理职能从国家经济贸易委员会转移到了安全生产监管部门,标志着中国生产安全事故管理工作开始由专业的安全生产监管部门承担。

3. 生产安全事故综合法律体系建设阶段

与经济社会的发展相伴随,安全生产领域的新情况和新问题层出不穷,安全生产所面临的形势日益严峻,同时社会各界对于安全生产事故报告和处理的关注度也越来越高,各级政府特别是地方政府在安全生产工作中被赋予越来越重要的职责。这些力量共同推动中国的安全生产管理工作进入一个系统立法阶段。首先,作为中国安全生产保障基本法的《安全生产法》于2002年颁布,建立起了相对完善的生产安全事故管理体系。其次,2007年国务院总理签署公布了《生产安全事故报告和调查处理条件》,改变了以往将企业职工伤亡事故仅仅局限于企业职工在生产经营活动中的伤亡事故而并不包括道路交通、火灾等其他生产安全事故的不合理情况,而把生产安全事故定义为包含工矿商贸事故、火灾事故、道路交通事故、水上交通事故、民航飞行事故、铁路交通事故、农业机械事故、渔业船舶事故八大类事故。因此,这些分类事故的法律文件都被纳入生产安全事故的法律体系中。由此,中国的生产安全事故管理已基本形成以《安全生产法》和《条例》为基础、各分类事故法律文件为配套的法律体系。

2014年,全国人大常委会第十次会议修订了《安全生产法》,新修订的《安全生产法》第一次明确提出了建立事故隐患排查治理制度,开始强调加强事前预防、强化隐患排查,要求生产经营单位必须建立事故隐患排查治理制度,采取技术、管理措施消除事故隐患,要求政府有关部门建立健全重大事故隐患治理督办制度,督促生产经营单位消除重大事故隐患。对未建立隐患排查治理制度、未采取有效措施消除事故隐患的行为,设定了严格的行政处罚。这一突破,标志着中国的生产安全事故管理进入风险管理的新阶段。

5.4.2 中国事故灾难风险管理的基本框架

中国的事故灾难风险管理基本格局之下,逐步形成了以事故灾难风险防范管理法律法规体系、事故灾难风险防范规制体系和事故灾难风险防范责任体系为主要内容的基本框架。

1. 事故灾难风险防范管理法律法规体系

中国的事故灾难风险防范管理法律法规体系由法律、行政法规和法定安全生产标准构成,具体分为三大类:第一类是基本法。《安全生产法》作为基本法,调整基本安全生产关系,解决各行业的共性问题,促进事故灾难风险防范。第二类是专门法。针对特定行业或领域的安全生产关系,如《矿山安全法》《道路交通安全法》《消防法》等,对特定领域的事故灾难风险防范管理起到约束和规范作用。第三类是其他含有安全生产内容的法律。其包括相关行业法律、专业法律以及与安全生产监督执法相关的法律,例如《煤炭法》《中华人民共和国职业病防治法》等。

随着经济社会的发展,安全生产领域面临新的挑战,公众对安全生产事故的关注度提升,各级政府在安全生产中的职责日益重要。这些因素推动中国安全生产管理进入系统立法阶段:2002 年,《安全生产法》颁布,建立了相对完善的生产安全事故管理体系;2007 年,《条例》公布,将生产安全事故定义扩展至八大类,包括工矿商贸事故、火灾事故、道路交通事故等,纳入生产安全事故的法律体系;2014 年,全国人大常委会修正了《安全生产法》,标志着中国生产安全事故管理进入风险管理的新阶段。这些法律法规的颁布与修正强化了安全生产的法律框架,提升了安全生产管理的系统性和科学性,对减少生产安全事故、保护人民生命财产安全具有重要意义。

2. "立法、行政、司法"三位一体的事故灾难风险防范规制体系

从整体上看,中国的事故灾难风险防范规制体系包括立法性规制、行政性规制和司法性规制。

(1)立法性规制。立法性规制是指立法机关通过行使立法权,制定基本法律,如《安全生产法》和《矿山安全法》,为事故灾难风险防范提供整体的法律框架。全国人民代表大会及其常务委员会负责制定这些法律,确立行政规制的基本规范,为规制者提供具体的规制规则。

(2)行政性规制。行政性规制涉及行政机关通过颁发法规和规章、实施生产准入许可、制裁违法行为等手段,对生产经营单位的活动进行规制。其具体包括制定和颁行行政法规、地方性法规、行政规章与安全生产标准,规定安全生产规制措施和政策,提供指导原则和实施准则。行政机关还负责实施行政许可、颁布禁令、行政奖励,约束和监督生产经营单位遵守法规、政策与标准,裁决纠纷,制裁违法行为,保护从业人员和公众的生命财产安全。

(3)司法性规制。司法性规制主要指司法机关通过法律解释和违法惩戒等方式,实现对事故灾难风险管理的规制。最高人民法院参与法律解释,直接参与规制性立法;人民法院行使审判权,惩治违反事故灾难风险防范法律的行为。司法性规制的功能包括:通过刑事追诉程序惩戒安全生产违法犯罪行为,维持社会、经济秩序;通过审判行政案件进行司法审查,监督行政机关的规制行为;维护合法规制行为,解决行政监管纠纷,排除监管过程中的障碍。

这三个层面共同构成了中国事故灾难风险防范规制体系,确保了安全生产管理的全面性和有效性。

3. 以人员伤亡管理为重心的事故灾难风险防范责任体系

新中国已建立了综合监管与专项监管相结合的事故灾难风险防范责任体系,各监管部门根据职责分工履行职能。根据《安全生产法》,综合监管的责任主体是:国务院负责安全生产监督管理的部门,对全国范围的事故灾难风险防范工作实施综合监督管理。县级以上地方各级人民政府负责安全生产监督管理的部门,对所在行政区域内的事故灾难风险防范工作实施综合监督管理。同时,国务院有关部门和县级以上地方各级人民政府有关部门在各自的职责范围内对有关事故灾难风险防范工作进行专项监督管理。

综合监管是指安全生产综合监管部门对事故灾难风险防范工作进行的整体监管活动,其职责范围包括:第一,对未单独设置监管部门的行业(如工矿、商贸等领域)进行直接监管。第二,对辖区范围内的事故灾难风险防范工作进行全面的规划、部署、组织和实施。第三,对负责专项监管的有关部门进行指导、协调和监督。综合监管部门在事故灾难风险防范监管机构中扮演着决定性和方向性的角色。

专项监管是指政府有关部门依照法律、法规和政府授权,对特定行业领域的事故灾难风险防范工作实施的监督管理。专项监管的主体包括:卫生部门、人力资源和社会保障部门、建设部门、农业部门、公安部门、交管部门、质量技术监督检验检疫部门等。

专项监管机构的职责主要包括:在本级人民政府领导下,研究部署事故灾难风险防范监管的专项执法工作,实施专项监督管理;实施法定的安全生产行政许可;对有关行业或领域的生产经营单位安全生产条件和安全管理情况进行监督检查;受理和查处举报的有关行业或领域的事故隐患与安全生产违法行为。专项监管职责主要来源于法律、法规、规章和政府的授权,解决特定行业领域的特殊性、专业性问题。

📝案例讨论

2021 年 6 月 13 日 6 时 42 分许,位于湖北省十堰市张湾区艳湖社区的集贸市场发生重大燃气爆炸事故,造成 26 人死亡、138 人受伤,其中重伤 37 人,直接经济损失约5 395.41 万元。事故调查组认定,湖北省十堰市张湾区艳湖社区集贸市场"6·13"重大燃气爆炸事故是一起重大生产安全责任事故。

湖北十堰艳湖社区集贸市场燃气爆炸事故的直接原因是天然气中压钢管严重锈蚀而破裂,导致天然气泄漏并在建筑物下方的河道密闭空间内聚集,随后遇餐饮商户排油烟管道排出的火星引发爆炸。间接原因则包括涉事建筑物在产权划转时未揭示下方燃气管道的存在,管道运营方十堰东风中燃公司长期忽视对管道的巡查、维护,甚至在事发后伪造巡线记录以逃避责任。此外,尽管在爆炸前一小时已有管道泄漏的报警,但抢修人员未能彻底排除隐患便草率宣布处置结束,导致公安、消防人员撤离,最终酿成惨剧。

事故发生后,十堰市立即成立了由市委书记、市长亲自挂帅的现场应急救援指挥部,统筹协调多个工作小组迅速展开救援行动。湖北省委、省政府及应急管理部等上级部门也迅速响应,调派力量进行支援。救援现场,超过 2 000 名来自消防、武警、公安、医疗等部门的救援人员,携带大型救援设备、生命探测仪及警犬等,全力搜救被困人员。市卫生健康委紧急调动 9 家医疗机构和 35 辆救护车,国家及省级医疗专家组也亲临现场指导,共同为伤员提供及时、有效的医疗救治。

在湖北十堰艳湖社区集贸市场燃气爆炸事故中,伤亡人员的亲属被迅速安置在 8 家酒店,并得到了妥善的照顾。同时,国务院安全生产委员会对该事故实行挂牌督办,湖北省应急管理厅发布了详尽的事故调查报告,确认其为一起重大生产安全责任事故,并对11 名事故责任人采取了法律措施。为防范类似事故再次发生,十堰市立即启动了全市范围内的安全生产大检查,对周边房屋进行了全面的安全鉴定和隐患排查。

资料来源:湖北省十堰市张湾区艳湖社区集贸市场"6·13"重大燃气爆炸事故调查报告[EB/OL].(2021-09-30). http://yjt. hubei. gov. cn/yjgl/aqsc/sgdc/202109/t20210930_3792103. shtml.

思考:在湖北十堰艳湖社区集贸市场燃气爆炸事故中,哪些关键环节的缺失或不足导致了风险管理的失败,进而引发了这起重大的生产安全责任事故?如何改进?

即 测 即 练

第 6 章

突发公共卫生事件风险管理

本章学习目标

1. 理解突发公共卫生事件的概念与特点；
2. 掌握突发公共卫生事件的分类与分级；
3. 认识突发公共卫生事件风险管理的重要性；
4. 学习突发公共卫生事件风险管理的原则与流程；
5. 了解突发公共卫生事件风险评估的方法与技术；
6. 掌握突发公共卫生事件的应对策略与措施；
7. 提升突发公共卫生事件风险管理的综合能力；
8. 了解我国突发公共卫生事件风险管理的经验与教训。

引导案例

世卫组织总干事宣布猴痘疫情构成国际关注的突发公共卫生事件

2024 年 8 月 14 日，世界卫生组织总干事谭德塞博士宣布，刚果民主共和国及非洲多国猴痘病例激增构成国际关注的突发公共卫生事件。这一决定基于《国际卫生条例》突发事件委员会的建议，该委员会审查了相关数据并认为疫情有可能进一步蔓延。

谭德塞博士表示，猴痘新进化枝的出现、在刚果民主共和国的快速传播以及邻国病例的增多令人担忧，需要采取协调一致的国际行动。世界卫生组织非洲区域主任马希迪索·穆蒂博士强调，他们正在与政府密切合作，通过协调一致的国际行动支持各国结束疫情。

委员会主席迪米·奥戈伊纳教授指出，非洲部分地区猴痘病例的激增及新的性传播病毒株对全球构成紧急情况，需要采取果断行动防止历史重演。

猴痘由正痘病毒引起，首次在人类中发现于 1970 年的刚果民主共和国，并在中非和西非国家流行。2022 年，因猴痘通过性接触在全球迅速传播，多国疫情被宣布为国际关注的突发公共卫生事件，后于 2023 年 5 月宣布结束。然而，刚果民主共和国的猴痘病例数量持续增长，且 2024 年报告的病例数已超过 2023 年总数。

一种新的病毒株（1b 进化枝）在刚果民主共和国出现并迅速蔓延，主要通过性网络传播，并在邻国发现，这是宣布构成国际关注的突发公共卫生事件的主要原因之一。过去一个月里,布隆迪、肯尼亚、卢旺达和乌干达等邻国报告了多例实验室确诊的 1b 进化枝病例。

世界卫生组织正在与各国和疫苗生产商合作,促进公平获得疫苗、治疗方法、诊断工具等,并预计需要 1 500 万美元的紧急资金来支持相关活动。世界卫生组织已从突发事件应急基金中拨出部分资金,并呼吁捐助方为猴痘应对工作的全部需求提供资金。

资料来源:世界卫生组织.世卫组织总干事宣布猴痘疫情构成国际关注的突发公共卫生事件[EB/OL].(2024-08-14)[2024-11-16]. https://www. who. int/zh/news/item/14-08-2024-who-director-general-declares-mpox-outbreak-a-public-health-emergency-of-international-concern#.

6.1 突发公共卫生事件风险管理概述

6.1.1 突发公共卫生事件

1. 突发公共卫生事件的概念和特点

1) 突发公共卫生事件的概念

突发公共卫生事件,作为一种紧急且对公众健康与生命安全构成重大威胁的突发事件,要求立即启动应急响应机制以减轻其负面影响。这类事件不仅直接关乎民众安危,还深刻影响着经济稳定运行与社会和谐秩序,是现代社会不可忽视的重大挑战,需通过专项对策方能恢复常态。

在中国法律框架下,《突发公共卫生事件应急条例》(经 2003 年 5 月 9 日国务院令第376 号公布,并依据 2011 年 1 月 8 日《国务院关于废止和修改部分行政法规的决定》修订)明确定义了突发公共卫生事件是指那些"突然发生,造成或者可能造成社会公众健康严重损害的重大传染病疫情、群体性不明原因疾病、重大食物和职业中毒以及其他严重影响公众健康的事件"。突发公共卫生事件具有突发性、公共属性和严重的危害性。突发公共卫生事件的范围,涵盖了突发且可能或已经导致公众健康遭受严重损害的各类情况,如重大传染病疫情、群体性不明原因疾病、重大食物和职业中毒事件等。

根据《国际卫生条例(2005)》的广泛认知与实践,突发公共卫生事件被普遍视为那些骤然发生、对公众健康构成显著或潜在严重危害的事件类别。这些事件往往具备突发性、公共影响广泛以及危害程度严重等特征,可能包括但不限于重大传染病暴发、群体性未知病因疾病、重大食品安全和职业中毒事故等。特别地,《国际卫生条例(2005)》引入了"国际关注的突发公共卫生事件"(PHEIC)的概念,并设立了相应的判定标准与应对策略,强调只有当事件达到公共卫生影响重大、性质异常、存在跨国传播风险或可能触发旅行与贸易限制时,方会被认定为 PHEIC,从而触发全球协作的应急响应机制。

2) 突发公共卫生事件的特点

(1) 突发性和意外性。突发公共卫生事件往往在短时间内迅速发生,出乎人们的意料,难以预测。同时,事件的发生往往伴随着不确定性,即使有一定的预警机制,也可能因为各种因素导致预警未能及时触发或未能引起足够的重视。

(2) 成因的多样性。突发公共卫生事件的成因多种多样,包括但不限于生物因素(如病毒、细菌等病原体的传播)、化学因素(如有毒化品的泄漏或污染)、物理因素(如核辐射、自然灾害等)以及社会心理因素(如恐慌情绪的传播)等。

(3) 分布的差异性。其包括时间分布差异和空间分布差异。不同的季节和气候条件可能导致不同类型的传染病发病率的变化。例如,某些呼吸道传染病在冬季更为常见,而肠道传染病则可能在夏季高发。传染病的区域分布可能因地理、气候、人口流动等因素而异。此外,城乡之间、不同国家和地区之间的传染病发病率也可能存在显著差异。

(4) 传播的广泛性。在全球化背景下,突发公共卫生事件很容易通过现代交通工具和人员流动实现跨国传播。一旦某种疾病在某个地区暴发,很可能迅速扩散到其他地区甚至全球范围。

(5) 危害的复杂性。突发公共卫生事件不仅可能危害到人员健康,还会对社会造成影响。突发公共卫生事件直接威胁公众的健康和生命安全,可能导致大量人员伤亡和残疾。事件还可能引发社会恐慌、破坏社会稳定、影响经济发展和政治稳定。例如,大规模的传染病暴发可能导致医疗资源紧张、社会秩序混乱和经济活动受阻等。

(6) 治理的综合性。突发公共卫生事件的治理需要多个部门和领域协同合作,包括卫生、医疗、交通、公安、教育等多个方面;同时,还需要政府、社会组织和公众的共同参与与努力。治理过程中需要综合运用技术、法律、经济等多种手段和方法。

(7) 新发事件不断产生。随着全球化和自然环境的变化,新的传染病和公共卫生问题可能会不断涌现。近年来全球范围内多次出现的猴痘疫情就是一个典型的例子。

2. 突发公共卫生事件的案例

(1) 猴痘疫情全球蔓延:自 2022 年起,特别是下半年至 2023 年,猴痘疫情成为全球关注的焦点。疫情最初在非洲地区暴发,随后迅速跨越国界,波及欧洲、北美、南美及亚洲多国。据相关权威数据,截至 2023 年底,全球累计报告的猴痘病例已攀升至数十万例,主要影响与感染者有紧密接触的人群,如伴侣、家庭成员等。尽管猴痘对全球经济的影响相对有限,但其引发的公众恐慌促使各国加大了公共卫生宣传与防控力度。

(2) 2014 年西非埃博拉疫情:截至 2014 年底,西非地区暴发的埃博拉疫情共记录了 17 290 例确诊、疑似及可能感染病例,其中 6 128 人不幸丧生。这场疫情不仅重创了西非的旅游业与农业,造成巨大经济损失,还暴露了当地公共卫生体系在应对此类危机时的脆弱性。

(3) 三鹿奶粉三聚氰胺污染事件:2009 年年初,卫生部公开通报了三鹿牌婴幼儿配方奶粉因三聚氰胺污染引发的重大食品安全事故。至 2008 年底,全国范围内已有超过 2 240 万人接受了筛查,共报告 29.6 万名患儿,其中 5 万多人住院治疗,不幸有 6 名儿童因此丧生。

(4) 松花江重大环境污染事件:2005 年 11 月,中石油吉化双苯厂的一起爆炸事故引发了松花江流域的严重环境污染,约 100 吨苯类污染物进入水体,形成的硝基苯污染带横跨吉林、黑龙江两省,并在我国境内持续 42 天后进入俄罗斯。污染高峰期,硝基苯浓度超标高达 40 倍,污染带绵延 80 千米,持续影响约 40 小时,导致哈尔滨市不得不实施为期 4 天的紧急停水措施。此次事件虽未直接造成大规模人员伤亡,但因其对饮用水安全、生态环境及公众健康的深远影响,其社会经济损失远超一般安全事故。

(5) "毒鼠强"南京特大投毒案:2002 年 9 月,南京市江宁区汤山镇中学及周边地区发生了一起震惊全国的特大投毒案。众多学生在食用含有"毒鼠强"的油条、烧饼等早点后出现中毒症状,随后中毒事件迅速扩散至周边,累计超过300人受害,最终造成42人不幸死亡。此案件迅速被南京市公安局侦破,确认为一起使用剧毒鼠药"毒鼠强"的恶意投毒事件。

3. 突发公共卫生事件的分类

根据我国《突发公共卫生事件应急条例》中对突发公共卫生事件的定义,按照事件的成因和性质,突发公共卫生事件主要分为以下几种。

1) 重大传染病疫情

这类事件指的是某种传染病在短时间内发生、波及范围广,出现大量的病人或死亡病例,其发病率远远超过常年的发病率水平。例如,上海甲型肝炎暴发、青海鼠疫疫情等。

2) 群体性不明原因疾病

其指在短时间内,某个相对集中的区域内,同时或者相继出现具有共同临床表现的病人,且病例不断增加,范围不断扩大,又暂时不能明确诊断的疾病。如传染性非典型肺炎疫情初期。

3) 重大食物中毒和职业中毒

其指由于食品污染和职业危害的原因,而人数众多或者伤亡较重的中毒事件。例如,南京市汤山镇特大投毒案、保定市白沟镇苯中毒事件等。

4) 新发传染性疾病

这类疾病可能包括全球首次发现的传染病,或者一个国家或地区新发生的、新变异的或新传入的传染病。它们对人类健康构成的潜在危害十分严重,处理的难度及复杂程度也较大。

5) 群体性预防接种反应和群体性药物反应

其指由于预防接种或群体性预防性服药引起的反应,可能涉及大量人群,并可能引发严重后果。

6) 重大环境污染事故、核事故和放射事故

这类事件包括化学品泄漏、核污染辐射等,对公众健康造成严重影响。例如,重庆江北区氯气储气罐泄漏事件、山西忻州钴-60放射源丢失事件等。

7) 生物、化学、核辐射恐怖事件

恐怖组织或恐怖分子通过实际使用或威胁使用放射性物质、化学毒剂或生物战剂,引起有毒有害物质或致病性微生物释放,导致人员伤亡或公众心理恐慌。如日本东京地铁沙林毒气事件。

8) 自然灾害导致的人员伤亡和疾病流行

自然灾害如水灾、旱灾、地震、火灾等,可能导致设施破坏、经济严重损失、人员伤亡,并可能引发疾病流行。如唐山地震引发的疾病流行。

4. 突发公共卫生事件的分级与界定标准

根据突发公共卫生事件的性质、危害程度、涉及范围,将其划分为特别重大(Ⅰ级)、重大(Ⅱ级)、较大(Ⅲ级)和一般(Ⅳ级)四级。

有下列情形之一的为特别重大突发公共卫生事件(Ⅰ级)。

（1）肺鼠疫、肺炭疽在大、中城市发生并有扩散趋势，或肺鼠疫、肺炭疽疫情波及2个以上的省份，并有进一步扩散趋势。

（2）发生传染性非典型肺炎、人感染高致病性禽流感病例，并有扩散趋势。

（3）涉及多个省份的群体性不明原因疾病，并有扩散趋势。

（4）发生新传染病或我国尚未发现的传染病发生或传入，并有扩散趋势，或发现我国已消灭的传染病重新流行。

（5）发生烈性病菌株、毒株、致病因子等丢失事件。

（6）周边以及与我国通航的国家和地区发生特大传染病疫情，并出现输入性病例，严重危及我国公共卫生安全的事件。

（7）国务院卫生行政部门认定的其他特别重大突发公共卫生事件。

有下列情形之一的为重大突发公共卫生事件（Ⅱ级）。

（1）在一个县（市）行政区域内，一个平均潜伏期内（6天）发生5例以上肺鼠疫、肺炭疽病例，或者相关联的疫情波及2个以上的县（市）。

（2）发生传染性非典型肺炎、人感染高致病性禽流感疑似病例。

（3）腺鼠疫发生流行，在一个市（地）行政区域内，一个平均潜伏期内多点连续发病20例以上，或流行范围波及2个以上市（地）。

（4）霍乱在一个市（地）行政区域内流行，1周内发病30例以上，或波及2个以上市（地），有扩散趋势。

（5）乙类、丙类传染病波及2个以上县（市），1周内发病水平超过前5年同期平均发病水平2倍。

（6）我国尚未发现的传染病发生或传入，尚未造成扩散。

（7）发生群体性不明原因疾病，扩散到县（市）以外的地区。

（8）发生重大医源性感染事件。

（9）预防接种或群体预防性服药出现人员死亡。

（10）一次食物中毒人数超过100人并出现死亡病例，或出现10例以上死亡病例。

（11）一次发生急性职业中毒50人以上，或死亡5人以上。

（12）境内外隐匿运输、邮寄烈性生物病原体、生物毒素造成我境内人员感染或死亡的。

（13）省级以上人民政府卫生行政部门认定的其他重大突发公共卫生事件。

有下列情形之一的为较大突发公共卫生事件（Ⅲ级）。

（1）发生肺鼠疫、肺炭疽病例，一个平均潜伏期内病例数未超过5例，流行范围在一个县（市）行政区域以内。

（2）腺鼠疫发生流行，在一个县（市）行政区域内，一个平均潜伏期内连续发病10例以上，或波及2个以上县（市）。

（3）霍乱在一个县（市）行政区域内发生，1周内发病10～29例，或波及2个以上县（市），或市（地）级以上城市的市区首次发生。

（4）一周内在一个县（市）行政区域内，乙、丙类传染病发病水平超过前5年同期平均发病水平1倍。

(5) 在一个县(市)行政区域内发现群体性不明原因疾病。

(6) 一次食物中毒人数超过 100 人,或出现死亡病例。

(7) 预防接种或群体预防性服药出现群体心因性反应或不良反应。

(8) 一次发生急性职业中毒 10～49 人,或死亡 4 人以下。

(9) 市(地)级以上人民政府卫生行政部门认定的其他较大突发公共卫生事件。

有下列情形之一的为一般突发公共卫生事件(Ⅳ级)。

(1) 腺鼠疫在一个县(市)行政区域内发生,一个平均潜伏期内病例数未超过 10 例。

(2) 霍乱在一个县(市)行政区域内发生,1 周内发病 9 例以下。

(3) 一次食物中毒人数 30～99 人,未出现死亡病例。

(4) 一次发生急性职业中毒 9 人以下,未出现死亡病例。

(5) 县级以上人民政府卫生行政部门认定的其他一般突发公共卫生事件。

6.1.2　突发公共卫生事件风险管理的概念和主要内容、原则及作用

1. 突发公共卫生事件风险管理的概念和主要内容

1) 突发公共卫生事件风险管理的概念

2020 年,习近平总书记在《求是》杂志第 18 期发表了一篇题为《构建起强大的公共卫生体系,为维护人民健康提供有力保障》的重要文章。文章指出,人民的安全是国家安全的根本所在。习近平总书记强调要强化底线思维,增强忧患意识,时刻保持对卫生健康领域可能出现的重大风险的警惕。只有成功构建起一个强大的公共卫生体系,全面健全预警与响应机制,不断提升防控与救治能力,如同编织一张紧密的防护网,筑起一道坚实的隔离墙,才能真正有效地保障人民的健康。

突发公共卫生事件的风险管理,旨在事件突发之际,能够迅速集结力量,奔赴现场,实施及时有效的救治行动,以最大限度地降低伤亡人数与损失,确保公众的生命安全不受威胁。从宏观层面来看,应急管理涵盖了应急管理体系的构建、运行机制的优化以及应急管理的指导原则等核心要素;而微观层面则聚焦于资源的高效调配、应急预案的精细管理、持续的教育培训与演练以及人员疏散与安置等具体执行层面。

2) 突发公共卫生事件风险管理的主要内容

(1) 构建跨部门协同防控网络,全面提升公共卫生应急能力。在当前全球公共卫生安全面临诸多挑战的背景下,构建并持续优化一个高效、协同的跨部门公共卫生事件风险防控体系显得尤为重要。为此,我国正积极推进一系列创新举措,旨在深化部门间的信息共享与行动协同,以应对未来可能发生的各种公共卫生危机。例如,聚焦于构建和完善跨部门公共卫生事件风险协同防控体系,通过政策引导和技术支持,加速搭建一个集信息收集、分析、决策于一体的高效指挥决策平台。为了提升公共卫生风险评估的科学性和准确性,计划在市县层面先实施风险评估试点项目。通过这些试点,积累宝贵经验,探索适合我国国情的风险评估模式和方法。随后,将以此为契机,逐步将风险评估体系推广至更广泛的区域,形成覆盖全国的公共卫生风险评估网络,为科学决策提供有力支撑。通过开展全国性调查,全面评估针对鼠疫、炭疽、人感染高致病性禽流感等 13 种突发急性传染病的实验室检测能力,确保在疫情初期就快速、准确地进行识别和报告。

（2）强化优先动物疫病防控，构建全方位安全屏障。为有效应对中长期规划所确立的口蹄疫、禽流感、布鲁氏菌病等优先防控动物疫病，我国正全面铺开一系列精准高效的防控工作策略，旨在确保这些关键动物疫病的免疫覆盖率不仅达到还要超越95％的国家标准，同时使免疫抗体合格率始终位于国家标准之上，为畜牧业健康发展筑起坚固防线。例如，针对优先防控病种，采取系统性、科学化的免疫策略，确保疫苗接种工作的全面覆盖与高质量执行。通过加强疫苗研发、优化接种程序、提升基层兽医服务能力等措施，确保每一头畜禽都得到及时、有效的免疫保护。同时，建立健全免疫效果评估机制，定期监测免疫抗体水平，确保免疫效果持续有效。为了快速响应疫情变化，系统性地实施了疫情风险监测与流行病学调查工作。依托先进的监测技术和大数据分析平台，对动物疫病进行全天候、全方位的监控，及时发现并报告疫情苗头。同时，加强病原学检测能力，对检测呈阳性的畜禽实施及时的规范处理，防止疫情扩散。为了确保疫情信息的及时、准确传递，不断优化疫情报告网络体系，强化疫情举报的核实与追踪工作。通过建立多级联动的疫情报告机制，实现疫情信息的快速上报、汇总与分析，为科学决策提供有力支持。同时，加强与其他国家和地区的疫情信息共享及合作，共同应对全球动物疫病挑战。

（3）构建全方位市场与海外安全风险预警机制。在全球化背景下，确保生活必需品市场的稳定与安全，以及有效管理海外投资风险与安全挑战，成为维护国家经济平稳运行与公民海外安全的重要议题。为此，需要构建一个涵盖国内市场与海外安全风险的全方位预警机制。例如，为提升生活必需品市场的韧性与稳定性，特别是应对重大节假日期间可能出现的供需波动，应持续优化并加强市场预警信息风险监测体系。这包括利用大数据、云计算等现代信息技术，对市场价格、库存量、消费需求等关键指标进行实时监测与分析，及时发现并预警潜在的市场风险。同时，针对农产品市场，要进一步优化产销自动对接信息平台，通过精准的信息匹配与高效的物流调配，有效缓解农产品销售难题，保障农民收益与消费者需求。鉴于农产品市场易受季节、天气等多种因素影响，需进一步强化对农产品市场的监测预警与信息引导能力。不仅要完善信息采集网络，确保数据的全面性与准确性，还要通过科学的分析模型，对农产品市场趋势进行预测与判断。同时，加强与市场主体的沟通与合作，及时发布市场信息与指导建议，引导农民合理调整种植结构，促进农产品市场平稳、健康发展。在全球化进程中，企业"走出去"步伐加快，但面临的海外安全风险也日益复杂多样。为此，必须严格执行海外安全风险预警与信息通报制度，确保风险提示的时效性与准确性。通过建立高效的海外安全信息收集与分析机制，全面通报海外安全形势及突发事件状况，为企业决策提供有力支持。同时，构建海外企业项目外源性风险管理评价体系，帮助企业系统评估外部风险，制定科学合理的风险管理策略。

（4）构建全方位进出口商品与边境安全监控体系。为了有效应对进出口商品中潜在的安全风险，制订了严格的安全风险监控计划。该计划特别针对涉及进出口的食品与化妆品项目，实施了精细化的抽样监控措施。通过科学的抽样方法和高精度的检测技术，能够及时发现并识别新出现的安全隐患，如添加剂超标、微生物污染等，从而迅速采取措施，防止问题产品流入市场，保障消费者的合法权益。同时，密切关注境外网站信息，利用现代信息技术手段，广泛收集和分析进出口食品安全风险信息。这些信息包括但不限于境外食品安全事件报道、产品召回通知、消费者投诉反馈等,这些都提供了宝贵的预警和参考依据。通过对这些信息的整合与分析,能够更加准确地把握进出口食品安全的整体态势,为制定和调整监管政策提供有力支持。此外,高度重视出入境传染病及核生化因子的风险监测工作。在边境口岸设置专业的监测站点,配备先进的检测设备和专业人员,对出入境人员、货物及交通工具进行严格的检查与监测。一旦发现可疑情况,立即启动应急预案,迅速采取隔离、消毒等防控措施,防止疫情或有害因子传播扩散,确保国家安全和公共卫生安全。

(5) 构建野生动物保护及疫源疫病防控的坚实防线。为了构建一张覆盖广泛、反应迅速的野生动物保护网,推出了《陆生野生动物疫源疫病监测防控管理办法》,该办法为野生动物疫病的监测、报告、处置等环节提供了明确的指导与规范,确保了监测工作的有序进行。同时,《突发陆生野生动物疫情应急预案》的制定,为应对可能发生的野生动物疫情提供了科学、高效的方案,确保疫情在第一时间得到控制。在国家级监测站网络的建设上,打造一个高效、协同的监测体系。通过推进初检实验室的改造与升级工程,提升了风险监测能力,使监测结果更加准确、及时。这不仅有助于更早地发现潜在的疫情风险,也为后续的防控工作赢得了宝贵的时间。注重不断完善主动风险预警的专项工作方案,力求在野生动物疫病的监测工作中实现由被动应对向主动预警的积极转变。通过加强监测数据的分析与应用,提前识别疫情风险点,制订针对性的防控措施,有效遏制疫情的发生与扩散。

2. 突发公共卫生事件风险管理原则

突发公共卫生事件风险管理原则以《突发公共卫生事件应急条例》等法律法规为依据,增强政府对公共卫生管理的责任性,加强公共卫生领域中的法治建设和做好公共卫生的组织管理工作,遵循预防为主、常备不懈的方针,贯彻统一领导,分级负责;预防为主,关口前移;信息先行,快速反应;社会参与,协同合作的原则,具体如下。

1) 统一领导,分级负责

在突发公共卫生事件的应对中,统一领导不仅是确保决策迅速、准确的关键,也是整合各方资源、协调各方行动的基础。通过建立国家级至地方级的应急指挥体系,可以确保从中央到地方、从政府到社会各界的行动步调一致,形成强大的应对合力。分级负责则要求各级政府和相关部门根据事件的严重程度与影响范围,明确各自的职责和任务,确保责任链条无缝衔接,避免职责不清、推诿扯皮的现象发生。同时,属地管理原则强调了地方政府在应对本地突发公共卫生事件中的主体责任,要求地方政府迅速响应、有效处置,保护人民群众的生命安全和身体健康。

2) 预防为主,关口前移

预防为主的方针是突发公共卫生事件风险管理的核心理念。通过构建完善的监测预警系统,利用大数据、人工智能等现代科技手段,对公共卫生风险进行实时监测、分析和预测,可以及时发现并消除潜在的风险因素。同时,加强公共卫生基础设施建设,提高医疗卫生服务水平和应对能力,也是关口前移的重要举措。通过加强源头治理,如改善环境卫生、加强食品安全监管等,可以从根本上减少风险源的产生和扩散,为人民群众营造一个安全、健康的生活环境。

3）信息先行,快速反应

在信息化时代,信息的及时、准确传递对于突发公共卫生事件的应对至关重要。建立健全的信息收集、分析、报告和通报制度,可以确保各级政府和相关部门在第一时间掌握事件的发展动态与趋势,为决策提供科学依据。同时,加强信息公开和透明度建设,及时向社会公众发布权威信息,可以稳定人心、避免恐慌情绪的传播。在事件发生后,迅速启动应急预案,组织专业力量进行处置,可以有效控制事态发展,减小损失和影响。

4）社会参与,协同合作

突发公共卫生事件的应对需要全社会的共同努力和支持。通过广泛宣传和教育,提升公众的卫生意识和自我保护能力,可以形成全社会共同关注、共同参与的良好氛围。同时,加强跨部门、跨地区、跨领域的协调配合,形成政府主导、社会参与、多方协同的应对机制,可以充分发挥各方面的优势和力量,形成强大的应对合力。在应对过程中,要注重发挥社会组织、志愿者等群体的作用,为他们提供必要的支持和保障。

5）依靠科学,依法处置

科学技术是应对突发公共卫生事件的重要支撑。在应对过程中,要充分依靠科学技术手段,如流行病学调查、病原学检测等,为决策提供科学依据。同时,加强科研攻关和技术创新,推动公共卫生领域的技术进步和产业升级。在处置过程中,要严格依照法律法规和规章制度的要求进行规范操作,确保应对行为的合法性和有效性。通过加大法律监督和执法力度,可以维护社会稳定和公正秩序。

6）持续改进,动态调整

突发公共卫生事件的风险管理是一个不断完善和优化的过程。通过总结经验和教训,可以及时发现存在的问题和不足,并采取相应的措施进行改进和完善。同时,根据形势变化和实际需要,及时调整应对策略和措施,确保应对工作的针对性和有效性。通过建立健全的评估机制和反馈机制,可以实现对突发公共卫生事件应对工作的全面监督和评估,为未来的应对工作提供有益的参考和借鉴。

3. 突发公共卫生事件风险管理的作用

突发公共卫生事件风险管理在保障公众健康、维护社会稳定和促进经济发展等方面具有不可替代的作用。通过加强风险管理,我们可以更好地应对突发公共卫生事件带来的挑战,保障人民群众的生命安全和身体健康。

1）保障公众健康与安全

（1）预防与控制疾病传播。突发公共卫生事件风险管理强调"预防为主"的方针,通过构建全面的监测网络,如利用大数据、人工智能等技术手段,实现对疫情等公共卫生事件的早期预警。一旦发现疫情苗头,立即启动应急预案,迅速定位传染源,实施精准隔离措施,有效切断传播途径。同时,加强疫苗接种计划的科学制订与执行,提高人群免疫力,构建免疫屏障。此外,加强健康教育,提升公众自我防护意识和能力,如正确佩戴口罩、勤洗手、保持社交距离等,也是防控疾病传播的关键环节。

（2）提高应急响应能力。建立健全的应急管理体系,包括制订详细的应急预案、组建专业的应急队伍、储备必要的应急物资等。通过定期演练和评估,不断优化应急流程,确保在突发公共卫生事件发生时,迅速启动响应机制,实现信息共享、资源调配和协同作战。

同时,加强与国际社会的合作和交流,共享疫情信息,借鉴国际先进经验,提升全球公共卫生安全水平。

2) 维护社会稳定

(1) 减少社会恐慌。建立权威的信息发布机制,确保突发公共卫生事件相关信息的透明度和准确性。通过官方渠道及时、全面地发布疫情动态、防控措施和科普知识,有效遏制谣言传播,稳定民心。同时,加强媒体素养教育,引导公众理性看待疫情,避免过度恐慌和盲目行为。

(2) 保障基本生活秩序。在突发公共卫生事件期间,政府应加大对基本生活物资和医疗资源的调配力度,确保市场供应稳定。通过实施价格监管、打击哄抬物价等行为,维护市场秩序。同时,加强社区管理和服务,为居民提供必要的生活帮助和心理支持,保障特殊群体的基本生活需求,如老年人、残疾人、儿童等。

3) 促进经济发展

(1) 减轻经济损失。政府应出台一系列扶持政策,帮助受突发公共卫生事件影响严重的行业和企业渡过难关。如提供财政补贴、税收减免、贷款优惠等,减轻企业负担;同时,鼓励企业转型升级,开拓新市场,寻求新的增长点。此外,加强与国际市场的沟通和合作,促进贸易和投资自由化、便利化,共同应对全球经济挑战。

(2) 推动产业升级。突发公共卫生事件往往催生新的产业需求和发展机遇。政府应引导和支持企业加大研发投入,推动技术创新和产业升级。如发展远程医疗、在线教育、智能物流等新兴业态,提高产业数字化、智能化水平;同时,加强公共卫生基础设施建设,提升公共卫生服务水平,为经济社会发展提供有力保障。

4) 提升治理能力

(1) 加强政府监管。突发公共卫生事件风险管理要求政府具备更强的监管能力和执行力。政府应完善相关法律法规体系,明确各部门职责分工和协作机制;加强监管队伍建设,提高监管人员的专业素养和执法水平;建立健全的监管体系和问责机制,确保各项防控措施得到有效落实。

(2) 推动社会共治。突发公共卫生事件是全社会的共同挑战,需要社会各界的广泛参与和共同努力。政府应加强与医疗机构、科研机构、社会组织、企业和公众等各方面的沟通与合作,形成全社会共同应对突发公共卫生事件的强大合力。通过搭建信息共享平台、开展联合攻关、加强宣传教育等方式,提升全社会的公共卫生意识和能力水平。

6.2　突发公共卫生事件风险管理的发展历程

6.2.1　国内突发公共卫生事件风险管理的发展历程

在我国古代虽然没有现代意义上的公共卫生制度,但古人在应对公共卫生事件时,仍采取一系列有效的措施。早在西汉时期,官府就采取"民疾疫者,舍空邸第,为置医药"的措施,即腾出空房子来安置患者,并为其提供医疗救治服务。这种做法被认为是中国设立传染病医院和实行医学隔离的开始。此后,历代官府都沿用了这一做法,并在实践中不断完善。例如,南朝齐设立了"六疾馆",北魏有"别坊",唐代有"患坊",宋代有"病坊"和"安乐坊"，明清时期则有"养济院"等。除了隔离措施外，古代官府还注重医疗救治工作。在应对公共卫生事件时，官府会组织医者前往疫区进行救治，并向患者免费提供药物。例如，南宋绍兴二十六年（公元1156年），都城临安（今杭州）发生瘟疫时，皇帝赵构（宋高宗）便推出了"柴胡制药"，这是一种类似现代中成药"柴胡饮冲剂"的成药，相当有疗效，"活者甚众"。此外，古代医家也积极研究防治疫病的药方，如张仲景的《伤寒杂病论》中就收录了不少防治疫病的药方，这些药方在后世也得到了广泛的应用。古代官府还注重环境卫生工作，通过改善环境卫生来预防和控制疾病的传播。例如，古代人们会定期清理街道、沟渠等地方的垃圾和污水。同时，政府还会组织人员对生活用水进行净化处理，以确保饮用水的安全。此外，古代人们还注重个人卫生和饮食卫生，如勤洗手、不喝生水、不吃腐败变质的食物等，这些措施都有助于预防疾病的传播。

新中国成立后，随着公共卫生事件的不断发生，中国在公共卫生应急管理工作上不断总结经验教训，从无到有逐步构建了公共卫生应急管理体系。如2003年"非典"、甲型H1N1流感、H7N9禽流感事件等严重影响广大居民的身体健康和生命安全。公共卫生事件应急管理是指政府相关部门为预防和处理公共卫生事件而进行的一系列应对活动，主要包括两方面内容：公共卫生事件的预防和准备；对已发生事件的整体控制和医疗援助。随着公共卫生形势的改变和政府应急管理模式的不断改革，中国应急管理工作不断进行调整和优化，公共卫生应急管理系统和模式均发生了重大变化。

1. 公共卫生应急管理体系起步阶段（1949—2002年）

在新中国成立之初，针对公共卫生事件的应急管理领域尚显薄弱，仅初步构建了简化的"防疫站防疫系统"，但因缺乏足够的重视与资金投入，该系统逐渐边缘化。当时的应急管理体系重心更多地放在了安全生产事故应对与自然灾害（如地震、洪水、地质灾害等）的救援上，标志着我国公共卫生应急管理体系正处于萌芽阶段。

在这一初始阶段，公共卫生应急管理由单一的主管部门主导，采取的是一种"事后反应型"管理模式。这种模式侧重于紧急事件发生后的紧急救援与救灾工作，而相对忽视事件前的公共卫生预防设施建设、资源合理配置等关键环节。应急管理工作的核心聚焦于事后处理，卫生部门的应急响应机制高度依赖于政府的临时性动员，呈现出明显的突发性、非持续性和系统构建不足的特点。

公共卫生应急管理仅是政府紧急事务管理体系中的一个环节，尚未构建出涵盖预防、响应、救援至重建的全方位、系统化的公共事件应急管理体系。面对突发事件，政府管理部门往往采取临时性措施，设立现场指挥机构以统筹救援行动，而卫生部门则作为辅助力量被纳入其中，缺乏长期稳定的应急管理体系框架。这种模式下，跨部门的应急管理职责划分模糊，协同合作机制缺失，导致资源调配与行动效率受限。当时应急响应多聚焦于单一灾害事件的应对，缺乏跨领域、综合性的公共卫生应急管理法律与制度支撑，使整体应急管理工作在法律依据上显得薄弱，难以形成有效的合力。同时，公共卫生应急管理领域缺乏统一的管理体制和标准化组织架构，进一步加剧了卫生部门与其他关键职能部门在联动响应时的职责不明问题，影响了应急响应的及时性和有效性。因此，构建完善的公共卫生应急管理体系，明确职责分工，强化跨部门协作与法律法规建设，成为提升国家公共卫生安全水平的重要任务。

2. 现代公共卫生应急管理体系逐渐建立阶段（2003—2008 年）

2003 年,中国遭遇了一场极为严峻的公共卫生危机——"非典"疫情,其高度致病性、强传染性和高致死率特性,促使我国公共卫生应急管理工作迈入加速发展的轨道。"非典"疫情突发之际,我国迅速反应,初步构建起针对突发公共卫生事件的应急预案体系,随后,政府深刻总结经验教训,采取系统化、有序化的方式,推进了"全面且主动"的应急管理体系构建工作。这一过程见证了我国公共卫生应急管理体系从零开始,逐步转变为主动防控、由点及面,最终覆盖全国每一个角落的显著成就。该体系的核心在于"一案三制"的综合性框架,即围绕应急预案的制订与执行,同时强化应急管理体制的建立健全、应急管理机制的高效运行,以及应急管理法制的不断完善。这四大支柱紧密相连、相辅相成,共同构成了我国公共卫生应急管理体系的坚实基础,确保了在面对未来可能的公共卫生挑战时,迅速、有效地作出响应。

在公共卫生领域的应急管理体系构建历程中,一个关键的里程碑设立于 2003 年11 月,国务院办公厅成立了专注于应急预案编制的工作小组。这一举措为后续公共卫生应急机制的建设奠定了坚实的基础。3 年后的 2006 年,国务院依据《传染病防治法》,正式制定并颁布了《国家突发公共卫生事件应急预案》,此举不仅填补了制度空白,也标志着我国公共卫生应急响应体系的框架初具雏形,实现了从无到有的重要跨越。《国家突发公共卫生事件应急预案》作为核心指导文件,其科学性与实操性体现在对公共卫生紧急事件的精细分级管理上。预案依据事件的性质严重性、潜在危害的广泛程度以及事件波及的地域范围,创新性地将其划分为四个等级:最高级别的特别重大公共卫生事件(Ⅰ级)、次高级别的重大公共卫生事件(Ⅱ级)、较大影响的公共卫生事件(Ⅲ级),以及相对影响较小的一般公共卫生事件(Ⅳ级)。这一分级制度的确立,为各级政府及相关部门在应对不同类型、不同规模的公共卫生危机时,提供了明确的响应标准和行动指南,极大地提升了应急管理的效率与效果。

公共卫生应急管理机制是一套系统化、理论化且规范化的管理体系,它贯穿公共卫生事件的预防、筹备、应对直至后续恢复的全过程。此机制作为应对公共卫生危机的核心策略,具备明确的、标准化的操作规则与流程,确保了响应的迅速与高效。我国构建的公共卫生应急管理机制,紧密贴合突发公共卫生事件的发展脉络,涵盖了从监测预警、应急准备、应急处置到善后恢复的全方位环节。这一机制的设计,旨在解决因应急管理体制可能导致的决策延迟问题,通过其完善性推动应急体制与应急法制的不断优化,从而全面提升整个应急管理体系的响应能力、协调效率及恢复力。具体而言,监测预警机制能够提前捕捉风险信号,为预防工作赢得宝贵时间;应急准备机制确保资源、人员及预案的充分就绪,为应对突发事件奠定坚实基础;应急处置机制聚焦于迅速、有效地控制事态发展,减小损失与影响;而善后恢复机制则关注灾后重建与心理干预,助力社会快速恢复常态。这一系列机制的协同作用,共同构成了我国公共卫生应急管理的坚固防线。

依据《国家突发公共卫生事件应急预案》确立的指导方针,我国公共卫生应急管理体制的构建基石在于"统一领导、分级负责"的基本原则。这一原则强调,针对公共卫生事件的特性、波及范围及潜在危害,实施由党中央总揽全局、各级人民政府按层级分担责任的管理体系。在此框架下,各级人民政府肩负起公共卫生事件应急响应的统一领导与指挥职责,同时,各相关部门依据预案设定,在职能范畴内积极参与并执行应急处理工作。实际操作中,属地卫生主管部门会根据突发公共卫生事件的紧迫性与需要,向本级政府提出组建公共卫生事件应急指挥部的建议。一旦成立,该应急指挥部将承担起统一领导与指挥的重任,迅速作出应对决策,并部署相应措施。这一机制确保了决策的高效性与执行的协同性。为常态化地加强公共卫生事件的预防、监测、协调与管理,中央及地方政府依据各自特点,设立了专门的日常管理机构(如应急办等),负责上述职能的履行。此外,还构建了突发公共卫生事件专家咨询委员会,作为专业技术智库,为应急决策提供科学支持与建议,进一步强化了应急管理体系的专业性与科学性。

在"非典"疫情之后的 6 年(2003—2008 年),我国公共卫生应急管理领域的法治化建设取得了显著的进展。这一时期,国家不仅制订了公共卫生应急管理预案,还初步构建并稳固了应急管理体制与机制框架。更重要的是,这些建设成果被迅速转化为一系列法律法规与规章制度,引领公共卫生事件应急管理工作步入法治化的新轨道。具体而言,2003 年,国务院适时颁布了《突发公共卫生事件应急条例》,并于 2011 年进行了重要修订,为应对突发公共卫生事件提供了基本法律遵循。随后,各地积极响应,纷纷出台地方性的《突发公共卫生事件应急条例》实施细则或办法,进一步细化和完善了应急管理体系。2007 年,国家更是发布了《全国卫生部门卫生应急管理工作规范(试行)》,该规范从法律高度明确了公共卫生事件的预防与应急准备要求、应急预案应涵盖的核心内容、预防控制体系的建构原则、突发事件应急报告流程以及应急处理措施等多个维度,为我国公共卫生事件应急管理提供了全面、具体的法律支撑,确保了应急管理工作的每一个环节都有法可依、有章可循。

3. 公共卫生应急管理体系深化完善阶段(2009 年至今)

"一案三制"的公共卫生应急管理体系建立后,我国突发公共卫生应急管理工作获得了本质性的改变和突破,公共卫生应急管理工作得以持续、有序地开展。2013 年,国务院办公厅发布《突发事件应急预案管理办法》,要求进一步修改、补充应急预案;针对公共卫生领域,要求各级政府和相关部门根据实际情况,对应急预案进行及时修订和补充,确保预案的针对性和实用性;提出了应急预案编制、审批、备案、演练、评估等全过程管理要求,以提高预案的科学性和可操作性;鼓励采用情景构建、风险评估等先进方法,提升预案的预见性和应对能力。2017 年,国务院办公厅印发《国家突发事件应急体系建设"十三五"规划》,规划明确提出要加强公共卫生应急管理体系建设,完善突发公共卫生事件监测预警、应急处置、救援救治、恢复重建等全过程管理机制,强调要加强疾病预防控制机构、卫生监督机构、出入境检验检疫机构等技术支撑体系建设,提升公共卫生应急能力和水平。针对突发急性传染病、重大动植物疫情等公共卫生事件,规划要求加强早期预防和及时发现能力建设,通过完善监测网络、提升监测技术水平等手段,提高对公共卫生事件的敏感性和反应速度。规划强调要加强公共卫生环境基础设施建设,改善人居环境,提升公共卫生服务水平。其包括加强医疗废物处理、污水处理等设施建设及推动健康城市、健康乡村等建设。规划鼓励社会各界共同参与公共卫生应急管理,加强宣传教育,提升公众自我防护意识和能力,通过建立社会动员机制、志愿者队伍等方式,形成全社会共同应对公共卫生事件的强大合力。

6.2.2　国外突发公共卫生事件风险管理的发展历程

在突发公共卫生事件风险管理研究领域,美国等西方国家起步较早,其中美国在该领域的研究尤为突出。仅 2010—2019 年 10 年间,关于突发公共卫生事件风险管理的发文量,美国就独占半壁江山。因此,本节在阐述西方国家突发公共卫生事件风险管理发展历程时,以美国为例,通过梳理美国突发公共卫生事件风险管理的发展历程,展现该领域代表性西方国家在该领域研究的发展变化。

在深入探讨 21 世纪初美国立法对于公共卫生领域危机应对的框架时,不得不提及 2000 年美国国会正式颁布的《公共卫生威胁与紧急状态法》(*Public Health Threats and Emergencies Act*,PL 106-505),这一里程碑式的法律不仅标志着美国在面对公共卫生挑战时法律体系的重大进步,也深刻影响了其后数十年间国家对于各类突发公共卫生事件的应对策略与响应机制。《公共卫生威胁与紧急状态法》的出台,正值全球公共卫生安全环境日益复杂多变的时期,该法案以其前瞻性和全面性,对"突发公共卫生事件"这一概念进行了广泛而深入的界定。根据该法案,突发公共卫生事件不再局限于传统意义上的疾病流行或社会动乱所引发的紧急情况,而是扩展到了包括重大传染病疫情、生物恐怖主义攻击在内的更为广泛和复杂的范畴。这一界定,不仅体现了立法者对于新型公共卫生威胁的深刻认识,也预示着国家将采取更加积极主动的态度,来预防和应对这些可能对国家安全和民众健康构成严重威胁的事件。进一步地,美国医疗灾难系统联邦合作伙伴备忘录(Federal Partnership for Medical Countermeasures Against Disasters Memorandum)在此基础上,对突发公共卫生事件的具体应对行动进行了细化与明确。该备忘录将突发公共卫生事件定义为一种特殊情境,即当自然灾害、重大传染病暴发或生物恐怖袭击等外部因素导致国家面临重大或灾难性危机时,需要迅速调动并分配医药资源、提供紧急医疗援助以减轻灾难影响、保护人民生命安全等一系列行动。这一界定不仅强调了突发公共卫生事件的紧急性和严重性,也突出了跨部门、跨领域合作在应对此类事件中的关键作用。

在历经多次突发公共卫生事件的严峻考验后,美国逐步构建了一个基于全面风险管理理念的全域公共卫生体系。该体系显著地展现出三个核心特征:一是强烈的社会性特征,这一特征体现在能够广泛动员社会各界的力量与资源,形成合力,共同参与公共卫生事件的预防、应对与恢复,以实现对公众健康的群体性、系统性干预。二是高度的综合性,它超越了传统上依赖个人自律或市场自我调节的局限,将疾病防控、生态环境保护、食品药品安全等关乎全民健康的重大议题纳入统一的管理框架,实现了多维度、跨领域的综合施策。三是独特的"美国特性"。一方面,它强调社区作为公共卫生服务的基石和前沿阵地,这既是对美国社区自治传统的深刻体现,也展示了自下而上推动都市管理创新的路径。另一方面,这一体系中也蕴含着对政府权力边界的明确界定,通过限定各级政府的干预范围,确保了国家、社会与公民之间形成有效的协同与制衡,共同承担起维护公共卫生安全的责任,从而构建起一个既高效又灵活的公共卫生治理体系。

自 18 世纪末公共卫生理念逐渐渗透至公众意识以来,美国的突发公共卫生事件风险管理历经沧桑,实现了显著的蜕变与飞跃。这一过程见证了管理体系从萌芽到确立,其角色定位日益明确,使命与功能不断丰富与拓展,而管理主体也从单一卫生部门的孤立奋战,逐步演进为"全政府协同、全社会参与"的多元化格局。同时,风险管理的范畴也实现了质的飞跃,从最初仅聚焦于紧迫性疾病的防控,扩展到涵盖职业安全、环境保护、食品药品卫生等多维度的"全域健康"保障议题。具体而言,美国突发公共卫生事件风险管理的转型之旅可清晰地划分为三个标志性阶段。

1. 早期的突发公共卫生事件风险管理意识的觉醒(18 世纪末至 20 世纪 20 年代)

18 世纪末至 19 世纪,美国面临天花、黑死病、黄热病等传染病的严重威胁。这些传染病的肆虐不仅导致了大量人口的死亡,还严重影响了社会的稳定和发展。为应对传染病威胁,美国一些城市开始设立公共卫生机构,如卫生委员会等。这些机构负责监督和执行隔离原则,以控制传染病的传播。1850 年,波士顿政治家莱缪尔·沙塔克(Lemuel Shattuck)在考察了马萨诸塞州的公共卫生安全形势后,提出了城市或州应担负起改善公共卫生条件的责任。这一观点得到了广泛认同,并推动了各州和地方纷纷增设卫生委员会、卫生部等机构。这些机构开展了大量的疫病检查、居住区清洁、城市消毒等工作,为公共卫生体系的建立奠定了基础。同时,联邦政府也开始介入公共卫生领域,通过立法和机构设置来加强公共卫生管理。例如,1870 年成立了海事医务署(后更名为美国公共卫生服务部),负责为生病和残疾的海员提供医疗服务;1872 年,美国公共卫生协会诞生,促进了公共卫生领域的交流与合作。1878 年,联邦政府颁布了《国家隔离检疫法》(*National Quarantine Act*),这是美国第一部公共卫生法律,标志着美国公共卫生法律制度的初步形成。该法将检疫权授予海事医务署,以控制传染病跨境传播。随着公共卫生法律的颁布和实施,美国逐步建立了包括疾病监测、疫情报告、隔离治疗等在内的公共卫生制度。这些制度为后续的公共卫生事件应对提供了重要的法律保障和制度支持。19 世纪末 20 世纪初,随着工业化和城市化进程的加快,公共卫生问题日益复杂。这一时期,美国公共卫生治理逐渐从地方主导转向联邦与地方协同治理,公共卫生体系的雏形开始显现。尽管美国在这一阶段初步建立了公共卫生体系,但仍面临诸多挑战。例如,城市化进程的加速导致了公共卫生问题的复杂化;工业化的发展带来了环境污染和职业病等新的公共卫生问题;传染病疫情频繁发生等。在 20 世纪 20 年代,公共卫生议题一度受到政治角力的影响,但随着 1921 年各州放弃海外检疫权,联邦政府在疾病预防领域的角色进一步强化。

2. 突发公共卫生事件风险管理的转型与发展(20 世纪 30 年代至 20 世纪末)

美国突发公共卫生事件风险管理第二阶段,大致可以定义为从 20 世纪 30 年代到 20 世纪末,这一时期是美国卫生体制初创和现代公共卫生体系建立的重要时期。在 20 世纪 30 年代,美国仍面临霍乱、鼠疫、天花等传统传染病的威胁。这些疾病在人口密集的城市中频繁暴发,给公共卫生带来巨大挑战。同时,随着工业化和城市化的加速发展,新的公共卫生问题逐渐显现,如环境污染、职业病、饮用水安全等。这些问题都对公众健康构成了新的威胁。在这一时期,美国各州和地方政府纷纷建立公共卫生机构,如卫生局、卫生委员会等。这些机构负责疾病的预防、控制和监测工作,为公共卫生事件的应对提供了组织保障。为了加强公共卫生管理,美国政府颁布了一系列法律法规,如《国家检疫法》《食品和药品法》等。这些法律法规为公共卫生事件的应对提供了法律支持。随着公共卫生意识的提升,美国开始加强公共卫生基础设施的建设,如改善饮用水质量、建立垃圾处理系统、推广疫苗接种等。这些措施有效地提高了公共卫生水平。

第二次世界大战期间,美国的资源和政策重点集中在军事和战争相关领域。公共卫生议题被置于次要位置,资源分配更多地倾向于支持战争努力,如医疗资源被优先调配用于前线士兵的救治。冷战期间,美国继续将大量资源投入军事、科技和地缘政治领域,公共卫生议题在政策优先级上被进一步边缘化。冷战的紧张局势使国家安全和军事战略成为主导,公共卫生问题被视为次要的"国内事务"。

20 世纪 80 年代,随着艾滋病等新发传染病的出现,公共卫生问题重新引起社会关注。美国开始反思公共卫生部门边缘化的后果,并逐步推动公共卫生体系的重建和改革。1988 年,美国国家科学院医学研究所发布报告《公共卫生的未来》,强调公共卫生事业需要更广泛的力量参与,包括各级政府、医疗服务提供者、教育工作者和普通公民等。这标志着公共卫生治理从"政府统治"迈向"多元治理"。

美国在这一阶段积累了丰富的公共卫生事件应对经验,包括建立公共卫生机构、完善法律法规、加强基础设施建设等。这些经验为后续的公共卫生体系建设提供了重要参考。尽管取得了一定的成绩,但美国在这一阶段也暴露出了一些问题,如公共卫生资源分配不均、部分地区公共卫生服务不足等。这些问题需要在后续的改革中加以解决。

3. 21 世纪的突发公共卫生事件风险管理阶段(21 世纪初至今)

美国突发公共卫生事件风险管理的第三阶段,可以大致定义为 21 世纪初至今,这一时期美国的突发公共卫生事件风险管理经历了从机制完善到战略整合的转型,逐步形成了一个包含法律框架、多部门协作、国际合作和技术支持的综合体系。

2001 年"9·11"事件和随后的炭疽袭击事件促使美国将公共卫生安全纳入国家安全战略,强调生物恐怖主义的威胁。这一时期,美国开始重视公共卫生事件的应急准备和响应能力,推动联邦、州和地方三级公共卫生系统的协调与整合。2002 年和 2006 年,小布什政府的《国家安全战略报告》将防止传染病大流行和生物恐怖主义作为优先事项。同时,2004 年,美国发布"21 世纪生物防御"总统令,进一步明确了公共卫生事件的应对策略。在国际合作与援助方面,美国推动了如"总统防治艾滋病紧急救援计划"(PEPFAR)和"总统疟疾倡议"(PMI)等项目,旨在通过全球卫生合作提升美国的国家安全。

2010 年,美国发布《国家卫生安全战略》,将公共卫生事件应对与国家安全紧密结合,强调通过全球卫生合作来维护美国利益。该战略明确了应对突发公共卫生事件的三个核心目标:协调政府各部门力量、保护国家免受传染病和生物威胁、提升应急响应能力。这一时期,美国通过《国家卫生安全战略实施计划 2019—2022》等文件,进一步明确了应对 21 世纪健康威胁的策略,包括化学、生物、放射物质和核威胁(CBRN)、大流行性疾病和极端天气等。

2017 年至今,美国卫生部多次宣布公共卫生紧急事件,通过频繁的应急演练,操练各级政府部门的协同能力,确保在大规模疫情暴发时能够有序应对。2022 年,美国进一步完善《国家卫生安全战略》,强调应对未来可能出现的战略环境中的健康威胁,通过增强准备和响应能力来促进国家的健康安全。

然而,尽管美国在公共卫生事件应对方面投入了大量资源,其在实践中的表现也暴露出一些问题,如联邦与地方协调不畅、资源分配不均等。

6.3　突发公共卫生事件风险管理机制

6.3.1　突发公共卫生事件风险管理政策变迁

自 2003 年"非典"疫情暴发以来,我国政府积极响应,持续推出了一系列方针政策、法律法规及应对措施,标志着我国突发公共卫生事件应急管理体系初步构建并持续向成熟迈进。这一过程不仅推动了应急管理体系的建立健全,还促使突发公共卫生事件应急管理政策研究在学术界成为备受瞩目的焦点。我国突发公共卫生事件应急管理发展历程大致分为政策快速填补期(2003—2008 年);政策调整完善期(2009—2014 年);政策战略提升期(2015—2019 年)和政策新飞跃期(2020 年至今)共四个阶段。

1. 政策快速填补期(2003—2008 年)

在 2003 年之前,我国针对突发公共卫生事件的应急管理体系尚处于起步阶段,存在显著的空白地带。彼时,政策框架主要聚焦于传染病的预防与控制,彼此间相对孤立,未能构建起一个综合性的体系。然而,2003 年"非典"疫情的全球肆虐,对我国突发公共卫生事件应急管理能力构成了前所未有的严峻考验。面对这一危机,中央政府迅速行动,密集出台了一系列针对性强、力度大的政策措施,全力投入抗击"非典"的战役中,展现了高效的应急响应能力。值得注意的是,此前我国并未设立专门的突发公共卫生事件应对团队,专业人才匮乏,且缺乏系统性的应急预案与指导原则,这一现状直接加速了相关政策与制度的变革进程。同年,国务院颁布了《突发公共卫生事件应急条例》,该条例不仅首次明确了突发公共卫生事件的定义,还确立了相应的应急处理原则,为构建和完善我国突发公共卫生事件应急管理体系奠定了坚实的法律基础。此后,一系列卫生应急预案与规范性文件的相继出台,以及年度卫生应急工作要点的制定,从立法和实际操作两个层面有效填补了原有领域的空白,初步勾勒出突发公共卫生事件应急管理的政策体系框架,显著提升了公众对该领域的关注度与认知度。

此阶段,政策制定与实施的核心聚焦于"非典"疫情后的紧急救援和医疗救治工作,凸显了强烈的应急导向,体现了政府对于突发公共卫生事件的高度重视与迅速反应能力。鉴于"非典"疫情初期因体系不健全而付出的沉重代价,政府深刻认识到预警监测与信息报告机制的重要性,随即启动了全面而系统的突发公共卫生事件预案编制工作,并加强了对预警监测及信息报告制度的建设,出台了一系列配套的工作规范与指导办法,确保在未来类似事件中更早发现、更快响应、更有效应对。

2. 政策调整完善期(2009—2014 年)

随着我国前期政策实践经验的积累,突发公共卫生事件应急管理已迈入一个全新的发展阶段,并迎来了新的挑战。2009 年甲型 H1N1 流感的全球流行,引起了社会各界的深切关注,促使政府与相关部门深刻反思既有政策的不足,随即推出了一系列优化升级的新政策。此阶段的政策制定,更加侧重于对既有政策的精细打磨与全面完善,展现出更为积极主动的姿态,通过增补与强化,政策体系更加严密、更具操作性。突发公共卫生事件成为检验政策体系成效的试金石。甲型 H1N1 流感与人感染 H7N9 禽流感疫情的相继发生,有力地证明了我国突发公共卫生事件应急管理体系建设所取得的阶段性成果。针对这两类病毒,政府迅速反应,出台了一系列针对性强、科学高效的防控方案,确保了病例的发现、报告、流行病学调查及实验室检测等关键环节有序进行,成功实现了疫情的有效控制。此阶段还加强了对突发公共卫生事件应急管理其他重要环节的政策补充,包括人员管理和培训协作等,以进一步提升应急响应能力与效率。尤为值得一提的是,政府积极推动卫生应急综合示范县的创建与评估工作,这些举措不仅显著提升了各级地方对突发公共卫生事件的认识水平和重视程度,还确保了相关政策措施能够深入基层、惠及大众,体现了政策体系的广泛覆盖与深度渗透。

3. 政策战略提升期(2015—2019 年)

过去 10 多年的持续积累,为当前阶段政策的战略性提升奠定了坚实的基础。2016 年,国务院发布的《"健康中国 2030"规划纲要》明确提出了传染病防控与监测预警机制优化的具体任务和目标,标志着我国公共卫生领域的发展迈向新的高度。同年,"十三五"规划的出台,则详细规划了突发公共卫生事件应急管理体系建设的蓝图。这些具有里程碑意义的规划纲要性文件,将我国突发公共卫生事件应急管理提升至国家战略层面,引领着政策体系全面升级。尽管此阶段发布的政策数量相对较少,但均为高屋建瓴的战略性文件,由国务院及国家卫生和计划生育委员会(后转型为国家卫生健康委员会)主导,明确了突发公共卫生事件应急管理的阶段性发展目标与路径。这些政策不仅细致描绘了应急管理的未来发展图景,还强调了全过程管理的重要性,覆盖了从监测预警到应急响应、风险评估、信息报告直至紧急救援的每一个关键环节,均制订了详尽可行的实施方案。2018 年国家卫生健康委员会与应急管理部的成立,成为强化跨部门协作、优化资源配置、提升应急响应能力的关键举措。这一变革促进了应急管理体系的深度融合,确保了在突发公共卫生事件中迅速调动各方力量,实现高效应对。同时,政策还高度关注应急管理的物质保障基础,提出了一系列旨在完善物资技术储备的具体措施,如优化物资轮储与调用机制、加强物资储备信息化建设、提升应急物资的综合调度与分类分级保障能力等,为应对未来可能的挑战提供了坚实的物质支撑。

4. 政策新飞跃期(2020 年至今)

自 2020 年以来,我国突发公共卫生事件风险管理政策持续推进系统性改革,以法治化、技术化、协同化与国际化为核心方向,构建多维度防控体系。法律层面,《中华人民共和国生物安全法》将生物技术安全、实验室监管等纳入国家战略,填补非传统安全领域法律空白,同时修订的《国家突发公共事件总体应急预案》新增化学泄漏、核辐射等专项预案,建立分级响应与跨区域联动机制。技术赋能方面,依托"全域风险感知平台"整合气象、地质等多源数据,利用 AI 预测自然灾害与工业事故风险,并借助区块链技术实现食品药品全链条溯源,提升风险可追溯性。协同治理上,通过"平战结合"的应急物资储备网络和"产能储备+协议储备"模式优化资源配置,同时将民间救援组织纳入政府培训与资质认证体系,强化社会力量参与。在国际合作领域,我国深度参与全球卫生安全治理,推动《国际化学品管理战略方针》更新,主导跨国污染协同处置演练,并通过标准化建设对接国际应急管理体系,输出抗震、消防等技术认证标准。当前政策仍面临数据共享壁垒、基层执行效能不足及国际规则适配性挑战,未来需聚焦智慧化平台构建、区域性应急能力强化及南南合作模式创新,推动从"被动应对"向"主动防控"的治理范式转型。

6.3.2　突发公共卫生事件风险管理系统

突发公共卫生事件的应急管理是一项错综复杂且至关重要的系统工程,它依赖于一个科学设计、合理布局、紧密协调的运行机制,以确保在紧急情况下迅速、有序且高效地展开应对措施。这一体系,即突发公共卫生事件应急管理体系,是专为应对突发公共卫生威胁而精心构建的组织架构,它不仅涵盖了保障应急管理工作顺畅进行的一系列组织架构与制度安排,还是整个应急管理流程中的基石与中枢。构建应急管理体系时,需遵循以下核心原则:一是统一领导,确保决策与行动的集中性和一致性;二是设立常设管理机构,负责日常监管与应急准备,保证体系持续、有效运作;三是实施属地管理,强化地方责任,快速响应本地突发事件;四是分级管理,既包含行政层级的明确分工,也涉及根据事件严重程度进行的灵活调整,以实现资源的优化配置与高效利用;五是强调协调整体应急工作,促进跨部门、跨领域的紧密合作与信息共享,形成应对突发公共卫生事件的强大合力。

1. 组织系统

1) 应急指挥机构

根据《国家突发公共卫生事件应急预案》的要求,应急指挥体系被构建为两级架构,即全国突发公共卫生事件应急指挥部与省级突发公共卫生事件应急指挥部,以确保高效应对各类突发公共卫生事件。

(1)全国突发公共卫生事件应急指挥部。在国务院的统一指挥下,国家卫生健康委员会依据其法定职责及预案规定,负责全国范围内突发公共卫生事件应急处理工作的组织协调。为应对特别重大的突发公共卫生事件,国家卫生健康委员会将成立全国应急指挥部,该指挥部承担统一领导与指挥的重任,制定并执行重大决策,以有效应对并控制事态发展。

(2)省级突发公共卫生事件应急指挥部。遵循属地管理原则,各省级行政区设立应急指挥部,专门负责协调和指导本行政区域内突发公共卫生事件的应急处理工作,确保地方层面的迅速响应与有效管理。

2) 日常管理机构

为确保应急管理的常态化与高效性,国务院卫生行政部门设立了卫生应急办公室(亦称突发公共卫生事件应急指挥中心),该机构承担全国应急处理的日常管理职责。同时,各省级、市(地)级、县级卫生行政部门也相应指定了负责日常管理的机构,负责各自区域或系统内突发公共卫生事件的协调与管理工作。

3) 专家咨询委员会

为增强决策的科学性与专业性,国务院卫生行政部门及各省级卫生行政部门均成立了突发公共卫生事件专家咨询委员会,该委员会汇聚了各领域的专家学者,为应急管理工作提供技术咨询、政策建议与科学评估。

4) 应急处理专业技术机构

突发公共卫生事件的应急处理工作依赖于一系列专业技术机构的紧密协作,包括但不限于医疗机构、疾病预防控制机构、卫生监督机构以及出入境检验检疫机构等。这些机构在疫情防控、疫情监测、卫生监督及口岸检疫等方面发挥着至关重要的作用,共同构成了应对突发公共卫生事件的技术支撑体系。

2. 监测预警系统

通过持续且不间断的公众健康与公共卫生监测机制,能够敏锐捕捉危机初现的微妙信号或突发事件的前兆,从而迅速且精准地发布突发公共卫生事件的预警报告。这一过程中,制订针对性的防范措施并预先做好应对准备至关重要。科学的监测体系不仅是有效预防和控制突发公共卫生事件的基石,也是高效应急处理工作的先决条件。为此,监控系统的构建涵盖了广泛领域,如全国医院传染病监测网络、疾病报告系统、食源性疾病动态追踪以及全球新发传染病监控等。

1) 突发公共卫生事件的监测体系

国家层面已构建起统一的突发公共卫生事件监测、预警与报告网络框架,各级医疗机构、疾病预防控制机构、卫生监督部门以及出入境检疫机构共同承担起日常监测的重任,确保信息收集的全面性和及时性。

省级人民政府卫生行政部门需严格遵循国家统一标准与要求,同时结合地区实际情况,积极开展重点传染病及突发公共卫生事件的主动监测工作,以增强监测的针对性和有效性。

国务院及地方各级人民政府卫生行政部门需加强对监测工作的监督与管理,确保监测数据的准确性与可靠性,为决策提供坚实依据。

2) 预警机制的建立

各级人民政府卫生行政部门依托医疗机构、疾病预防控制机构及卫生监督机构提供的实时监测数据,结合突发公共卫生事件的发展规律与特点,深入分析其对公众健康的潜在危害及可能的发展趋势,及时发布预警信息,以便社会各界迅速响应并采取措施。

3) 应急信息共享平台的构建

在充分整合现有资源的基础上,我们致力于打造一个高效的医疗救治信息网络,旨在实现卫生行政部门、医疗救治机构与疾病预防控制机构之间的无缝对接和信息共享。这一平台将极大提升应急响应的速度与效率,确保各方在突发事件中迅速协同作战、共同应对挑战。

3. 反应系统

当突发事件发生时,各系统应严格遵循既定预案与法律法规,迅速启动应急响应机制,确保救援行动高效、有序展开。在此过程中,需充分激活并利用现有医疗资源、疾病预防控制中心及卫生监督机构的应急救援能力。同时,根据实际需求,灵活调配或及时组建专业的医疗与卫生防疫应急救援队伍,以强化应急力量。

1) 应急医疗救治体系的构建

遵循"中央引领、地方主体、兼顾全面、平战融合、因地制宜、布局合理"的策略,全国范围内正稳步构建一套覆盖城乡、功能完备、反应迅捷、协调顺畅且可持续发展的医疗紧急救治网络。该体系融合了急救中心、传染病专科医院以及针对化学中毒与核辐射的救治基地,旨在全面满足国家应急医疗需求。

2) 实验室检测网络的完善

面对突发公共卫生事件,为确保快速、准确地识别病原体或生物/化学恐怖威胁,必须构建一套集成化、多层次的实验室应急检测网络。这一网络需具备先进的生物鉴别与诊断技术，能够迅速为应急决策提供科学依据。国家及省级疾病预防控制中心和卫生监督机构指定的专业实验室，将在地方机构的协助下，严格按照技术规范采集样本，并通过省级及国家级应急处理功能网络实验室进行检测，以迅速查明病因。

3）疾病预防控制体系的强化

国家已建立起统一的疾病预防控制体系，并配备了专业的疾病控制队伍。各层级（省、市、县）正加强疾病预防控制机构与基层预防保健组织的建设，明确并强化医疗卫生机构在疾病预防控制方面的职责。同时，完善疫情信息网络，提升疾病预防控制机构的基础设施与实验室装备水平，以增强流行病学调查、现场处置及实验室检测检验的综合能力。

4）卫生执法监督体系的健全

为确保卫生法规的有效执行与监督，国家建立了统一的卫生执法监督体系，并明确了各级卫生行政部门的职责。通过实施资格准入制度和在岗培训制度，不断提升卫生监督人员的专业素养与执法水平，从而构建一支高效、规范、专业的卫生执法监督队伍。

4. 信息发布系统

在突发公共卫生事件的应急管理中，信息的透明度与准确性扮演着举足轻重的角色。鉴于此，构建一个高效、准确的信息发布体系成为应急处理体系不可或缺的一环。为此，国家特别设立了突发公共卫生事件应急决策指挥系统的信息与技术平台，该平台肩负起全面收集、精细处理、深入分析、及时发布及有效传递相关信息的重任。信息的流转与管理遵循分级负责的原则，确保信息的准确性、时效性和针对性，为应急决策提供坚实的信息支撑。

5. 保障系统

确保对突发事件的迅速响应与有效控制，核心在于构建一个坚实有力的保障体系，以达到未雨绸缪、有效预防的目的。我国正致力于构建一个全方位、多层次的突发公共卫生应急管理体系保障系统，该系统涵盖物资储备、经费支持、通信与交通畅通、法律支撑以及面向社会公众的广泛宣传与教育等多个关键领域，旨在全面提升应急响应的效能与社会的整体防范能力。

6.3.3 突发公共卫生事件风险管理的流程与方法

1. 突发公共卫生事件风险管理的流程

突发公共卫生事件风险管理是一个系统性流程，旨在全面收集、精准评估、详细记录突发公共卫生事件的相关信息及其专业知识，进而明确事件的风险等级。此流程起始于明确待评估的风险议题，随后通过风险识别、深入分析及综合评价三大环节来实施评估工作。突发公共卫生事件的风险评估需保持动态性，即随着事件进展与新增信息的涌现，评估工作应及时更新，以确保其时效性和准确性。整个评估过程应详尽记录，同时，需持续追踪评估结果的执行情况与建议的落实情况，并对评估工作的整体效能进行定期评价，以此推动评估结果的有效应用及风险评估能力的持续提升。具体来说，突发公共卫生事件风险管理的流程包括四个步骤。

1）风险确定

风险评估前,要精准界定风险问题,指导团队组建与信息收集。明确问题设定评估优先级,高效利用资源。突发公共卫生事件评估核心在于"特定时空下,危害发生概率及后果"。细化问题包含病原体扩散风险、事件影响等。常用假设场景法,如新流感高效传播挑战医疗体系。评估初期不求全面解答,优先解决关键问题,非紧迫议题后续探讨,确保评估有效且针对性强。

2）风险识别

风险识别基于问题,旨在发现并确认突发公共卫生事件或潜在威胁,详述其核心要素,涉及概率、后果、认知深度及背景信息。收集资料需多渠道:广集事件动态,深掘文献证据,不足时咨询专家。传染病风险评估尤重疫情形势,含防控措施、病原体理解等,并筛选最佳证据。如遇知识缺口,列出疑问邀请专家补充。同时,敏锐捕捉背景因素,如社会、经济、环境等,全面考量以准确评估风险。

3）风险分析

风险分析作为风险评估的核心环节,其深度与广度直接关系到风险管理的有效性。它不仅仅是对风险识别成果的简单延伸,而是一个综合性、系统性的探究过程,旨在全面揭示风险的本质、预测其发展趋势,并评估其可能带来的多维度影响。在可能性分析阶段,风险分析不仅依赖于实时监测数据的准确性与及时性,还充分汲取历史文献中的宝贵经验、专家团队的智慧,也需留意邻近区域是否曾遭遇类似事件,评估其是否有波及本地的可能性,以及区域内是否存在特异性风险因素。通过风险分析,不仅能够更准确地把握风险的本质与趋势,还能够为风险管理提供有力的科学依据。在此基础上,制订更加精准、有效的风险应对措施,以最大限度地降低风险的发生概率与影响程度,保障公共卫生安全与社会稳定。

4）风险控制

在全面审视风险发生的概率、潜在危害程度及必要的管理策略后,将风险评估结果划分为四个等级:特别关注、重点关注、需要关注及一般关注。特别关注级别针对的是那些已对或极可能对评估区域构成即时且重大威胁的事件,其后果尤为严重,因而需即刻进行专项风险评估,实施特别风险管理措施,强化风险控制,并在必要时迅速启动应急机制以应对。重点关注则适用于那些对评估区域构成较高威胁,但尚未达到失控程度的事件。此类事件需进行专题风险评估,并依据评估结果采取适当的风险管理手段,以加强控制,确保风险在可控范围内。需要关注的事件在评估时往往伴随较高的不确定性,需持续监测其发展动态,及时更新评估信息。若事件对评估区域存在潜在威胁,但现有防控体系足以应对,则无须额外特殊措施。对此类事件,应保持关注,根据事态变化适时调整评估。至于一般关注级别的事件,其风险因素对评估区域的影响有限,通常处于基层处置能力之内,且不太可能对其他地区构成威胁。对于这类事件,除非其特性发生显著变化,否则仅需进行常规了解或记录,无须深入追踪或额外评估。

2. 突发公共卫生事件风险评估的方法

突发公共卫生事件风险评估通常采用定量分析、定性分析以及定量与定性相结合的分析方法。在突发公共卫生事件风险评估工作中,常用的分析方法有专家会商法、德尔菲法和风险矩阵法。

1) 专家会商法

专家会商法是一种通过专家集体讨论的形式进行评估的方法,它依据风险评估的基本理论和常用步骤,由参与会商的专家根据所评估的内容及相关证据,结合自身的知识和经验进行充分讨论,提出风险评估的相关意见和建议。这种方法在风险评估领域,特别是突发公共卫生事件风险评估中,具有较高的应用价值。

(1) 专家会商法的特点。

专业性与权威性:该方法依赖于专家的专业知识和经验。参与会商的专家通常是在其领域内具有深厚学术背景和实践经验的权威人士,他们的意见和建议具有很高的专业性与权威性。

集体智慧:专家会商法通过集体讨论的方式,汇聚了多个专家的智慧和观点。这种集体智慧的融合有助于更全面地分析问题,识别潜在的风险和机遇,从而提出更为全面和科学的评估或决策建议。

开放性与互动性:在会商过程中,鼓励专家充分发表自己的观点和意见,并进行深入的交流和讨论。这种开放性和互动性有助于激发新的思维火花,促进不同领域知识的交叉融合,从而形成更具创新性和前瞻性的评估或决策方案。

灵活性与适应性:专家会商法具有较高的灵活性和适应性。它可以根据评估或决策的具体需求,灵活调整专家团队的构成、讨论的内容和方式等。同时,面对复杂多变的问题,专家会商法也能够迅速适应并作出相应的调整。

过程与结果并重:专家会商法不仅关注最终的评估或决策结果,还注重会商过程本身的价值。通过会商过程,可以深入了解专家的思维方式和决策依据,为后续的评估或决策工作提供有益的参考和借鉴。

科学性与客观性:尽管专家意见可能受到个人主观因素的影响,但专家会商法通过集体讨论和相互质疑的方式,有助于减小个人偏见对评估或决策结果的影响。同时,结合科学的方法和工具进行数据分析与风险评估,可以进一步提高评估或决策的科学性和客观性。

(2) 专家会商法的实施步骤。

步骤一:准备阶段。

确定会商的具体目标和需要讨论的议题。这要求明确评估或决策的目的、背景、范围以及期望达成的结果。根据议题的需要,选择合适的专家组成会商团队。专家应具备相关的专业知识和实践经验,能够就议题提供有价值的意见和建议。同时,收集和整理与议题相关的背景资料,包括历史数据、现状分析、已有研究成果等。这些资料应全面、准确,能够为专家提供充分的参考。设计会商的具体方案,包括会商的时间、地点、形式(线上或线下)、议程安排等。同时,明确会商的组织者和记录人员,确保会商过程有序进行。

步骤二:召开阶段。

会商开始时,由主持人进行开场致辞,介绍会商的目的、议题和流程。同时,向专家介绍其他与会人员,营造良好的会议氛围。主持人或指定人员详细阐述议题,并介绍相关的背景资料。这有助于专家快速了解议题,为后续的讨论做好准备。专家根据议题和背景资料发表自己的观点与意见。主持人应引导专家围绕议题进行深入讨论和交流,鼓励不同观点之间的碰撞和融合。同时,在会中要安排专人记录会商过程中的主要观点和意见。记录应准确、全面,以便后续整理和分析。

步骤三:总结与报告阶段。

会商结束后,主持人对会商成果进行总结。总结应概括专家的主要观点和共识性意见,同时指出存在的分歧点和需要进一步探讨的问题。根据会商成果,形成评估报告或决策建议。报告或建议应详细阐述评估过程、主要发现、专家意见以及最终结论或建议。报告应具有科学性、客观性和可操作性。将评估报告或决策建议反馈给相关方,包括专家团队、决策者等。根据反馈意见进行必要的修订和完善,确保报告或建议的准确性和可行性。

步骤四:实施与监控阶段。

对于决策建议,制订详细的实施计划,明确实施步骤、责任分工和时间节点。按照实施计划进行具体操作,并建立监控机制,跟踪实施效果。及时发现并解决问题,确保决策目标的实现。

(3)专家会商法的优缺点。

专家会商法的优点在于它能够有效地集合来自不同领域的专家,这些专家不仅具备深厚的专业知识,还拥有丰富的实践经验。通过他们的集体讨论和交流,能够汇聚多元化的观点和智慧,形成更为全面、深入的评估或决策建议。此外,专家之间的思维碰撞往往能够激发新的创意和见解,为问题的解决提供独特的视角和方案。这种基于专家集体智慧的决策过程,能够大大提高决策的科学性、权威性和可操作性,为组织或机构的发展提供有力的支持。尽管专家具备高度的专业素养,但他们的观点和判断仍可能受到个人经验、偏见或利益冲突的影响,这增加了决策结果的主观性风险。而且,组织专家会商需要投入相当的资源,包括专家的邀请费用、会议的各项开支等,这使成本相对较高,对于资源有限的机构来说可能是一个负担。同时,由于会议时间有限,专家之间的讨论可能不够深入,一些重要的观点或细节可能无法得到充分的探讨和考虑,这可能会影响决策的全面性和准确性。此外,选择合适的专家参与会商也是一个挑战,需要综合考虑专家的专业素养、背景、立场和利益关系,以避免潜在的利益冲突和偏见。专家之间的意见分歧是不可避免的,如何有效管理和解决这些分歧,确保决策过程的顺利进行和决策结果的科学性,也是专家会商法需要面对的一个重要问题。

2)德尔菲法

德尔菲法是在 20 世纪 40 年代由奥拉夫·赫尔姆(Olaf Helmer)和诺曼·达尔基(Norman Dalkey)首创,经过西奥多·J. 戈尔登(Theodore J. Gordon)和兰德公司进一步发展而成的,而"德尔菲"这一名称起源于古希腊有关太阳神阿波罗的神话。这种方法最初被应用于军事技术领域,但后来逐渐发展成为一种普遍的决策和规划模型,广泛应用于各个领域的预测、评价、决策和规划工作中。德尔菲法通过匿名方式向专家发放问卷,收集他们的意见和建议,并对反馈结果进行统计整理和归纳;然后,向专家发送问卷,重复此过程多次,直到专家的意见逐渐趋同,最终得到相对一致的预测或决策结果。这种方法强调专家的独立性和匿名性,以消除个人偏见和权威人士的影响,确保决策结果的客观性和准确性。

（1）德尔菲法的实施步骤。

步骤一：准备阶段。

确定使用德尔菲法的具体目标，如评估某一突发公共卫生事件的风险等级、识别关键风险因素等。明确研究的范围和边界，确保专家讨论的内容聚焦且具体。根据研究需要，选择具有公共卫生、流行病学、医学、应急管理等领域专业知识和丰富实践经验的专家。专家小组的成员应具有广泛的代表性，能够覆盖不同专业领域和视角。设计详细且有针对性的调查问卷，包括开放式问题和封闭式问题，以便收集专家的意见和预测。问卷内容应涵盖突发公共卫生事件的风险识别、风险分析、风险评价等方面。

步骤二：实施调查。

向专家小组发放调查问卷，征询他们对突发公共卫生事件风险的初步判断意见。鼓励专家根据自己的专业知识和经验，提供全面、深入的见解和建议。收集专家的反馈意见，并进行归纳、整理和统计分析。识别出主要的风险因素、风险等级以及专家之间的分歧点。将第一轮调查的结果和统计分析反馈给专家小组，附上必要的解释和说明。请专家参考反馈结果，进一步修改和完善自己的判断意见。重复上述反馈与修改的过程，进行多轮次调查，直到专家的意见趋于一致或达到预定的调查轮次。

步骤三：结果汇总与分析。

对所有专家的最终判断意见进行汇总，形成统一的预测或评估结果。对汇总后的结果进行详细的风险分析，包括风险发生的可能性、后果的严重性、风险等级等。识别出关键风险因素和潜在的风险点，为后续的风险管理提供依据。根据风险分析的结果，制定相应的风险管理策略，包括风险预防、控制、应对和恢复等措施。

步骤四：撰写报告与反馈。

将整个德尔菲法的过程、结果和分析编写成详细的报告。报告应包括研究背景、方法、过程、结果、分析以及建议等内容。将报告反馈给参与调查的专家以及其他相关利益方，以便他们了解研究过程和结果。征求专家的进一步意见和建议，对报告进行必要的修改和完善。

步骤五：应用与评估。

将德尔菲法的研究结果应用于突发公共卫生事件的风险管理中，指导实际的风险预防和控制。对德尔菲法的应用效果进行评估，了解其在风险管理中的有效性和局限性。根据评估结果，不断改进和优化德尔菲法的实施过程与方法，提高其在突发公共卫生事件风险管理中的实用性和准确性。

（2）德尔菲法的优缺点。

德尔菲法的优点如下。

匿名性促进真实意见表达。德尔菲法采用匿名的方式征询专家意见，这有助于专家更自由地表达他们的观点和看法，尤其是那些可能不受欢迎或敏感的意见。在突发公共卫生事件中，有些问题可能涉及政治、经济或社会敏感点，匿名性使专家能够更真实地反映问题，减少或减轻因身份、地位等因素带来的偏见或压力。

观点权重平等，避免主导效应。在德尔菲法中，所有专家的观点都被视为同等重要，没有因为专家地位、资历或声望的不同而给予特殊权重。这避免了在集体讨论中重要人物或权威专家主导讨论方向的问题,使风险评估更加客观和全面。

灵活性和便利性。德尔菲法通过邮寄、电子邮件或在线平台等通信方式收集专家意见,无须专家亲自聚集在一起。这种灵活性在突发公共卫生事件中尤为重要,因为专家可能分布在不同地区,甚至可能因为疫情无法出行。此外,通信方式也节省了时间和成本,提高了效率。

广泛代表性。由于德尔菲法可以邀请来自不同领域、不同背景的专家参与,因此其评估结果具有广泛的代表性。在突发公共卫生事件风险管理中,需要综合考虑医学、公共卫生、社会学、经济学等多个领域的专业知识,德尔菲法能够确保这些不同领域的专家参与风险评估,从而得出更加全面和准确的结论。

逐步趋同的预测结果。德尔菲法通过多轮反馈和修正,使专家的意见逐渐趋同。在突发公共卫生事件风险管理中,这种逐步趋同的过程有助于发现潜在的风险点,并制订更加有效的应对措施。同时,多轮反馈也使专家有机会重新审视和调整自己的意见,提高评估结果的准确性和可靠性。

充分利用专家的经验和学识。德尔菲法充分利用了专家的经验和学识,通过专家的集体智慧来应对复杂的突发公共卫生事件。在风险评估过程中,专家可以根据自己的专业知识和实践经验提出宝贵的意见与建议,为政府决策提供有力的支持。

德尔菲法的缺点如下。

耗时较长,过程复杂。德尔菲法通常需要通过多轮次的专家咨询和反馈,才能达到意见的趋同。这一过程可能相对耗时,特别是在紧急的突发公共卫生事件中,时间成本可能成为一个重要的考量因素。此外,每轮反馈后都需要对专家的意见进行归纳、整理和分析,这也提升了工作的复杂性和难度。

信息交流受限。德尔菲法主要依赖于通信方式(如邮件、在线平台等)进行专家之间的意见交流,这在一定程度上限制了信息的实时性和互动性。与面对面的讨论相比,通信方式可能无法充分传达专家的语气、表情等非语言信息,从而影响对其他专家意见的理解和判断。此外,通信方式也可能导致信息传递的延迟或误解,进而影响风险评估的准确性和及时性。

主观性影响。德尔菲法的结果高度依赖于专家的主观判断和经验。虽然匿名性和平等权重有助于减少某些偏见,但专家的学识、兴趣、心理状态以及个人经验等因素仍可能对评估结果产生影响。在突发公共卫生事件中,这些主观因素可能导致风险评估结果的不稳定或不一致。

权威效应难以完全消除。尽管德尔菲法采用匿名方式征询意见,但在多轮反馈过程中,权威专家的意见仍可能对其他专家产生影响。即使这种影响不是直接的,也可能通过间接的方式(如其他专家对权威专家意见的认同和跟随)体现出来。因此,在突发公共卫生事件风险管理中,需要特别注意权威效应可能带来的问题。

忽视少数意见。在多轮反馈过程中,随着专家意见逐渐趋同,少数持不同意见的专家可能会被忽视或边缘化。这可能导致风险评估结果过于单一或片面,无法反映所有可能的风险因素。为了避免这种情况,需要特别关注少数意见,并对其进行充分的讨论和分析。

依赖专家资源。德尔菲法的成功实施高度依赖于专家的参与和投入。然而,在突发公共卫生事件中,专家资源可能相对有限,且可能面临其他紧急任务的压力。因此,如何确保专家的有效参与和投入成为一个重要的问题。此外,专家资源的分布也可能存在不均衡的情况,这可能导致某些地区或领域在风险评估中缺乏足够的专家支持。

3)风险矩阵法

风险矩阵法是指由有经验的专家对确定的风险因素的发生可能性和后果的严重性,采用定量与定性相结合的分析方法,进行量化评分,将评分结果列入二维矩阵表中进行计算,最终得出风险发生的可能性、后果的严重性,并确定风险等级的方法。其旨在帮助组织或项目团队针对不同风险选择最优策略,以降低风险的发生概率或减小风险的影响。

(1)风险矩阵法的实施步骤。

步骤一:准备阶段。

根据突发公共卫生事件的具体议题和所需的知识范围,确定并邀请相关领域的专家。专家人数应根据论证问题的大小和涉及面的宽窄而定,一般在 10～20 人之间。专家应覆盖评估议题的主要专业领域,如疾病预防控制、卫生行政管理、流行病学等,并具备较高的权威性和代表性。明确突发公共卫生事件的具体议题,如某种传染病的传播风险、食品安全事件的风险等。收集和整理与评估议题相关的数据、资料及信息,包括历史案例、流行病学数据、疫情报告等。

步骤二:风险评估阶段。

组织专家根据一定的标准对风险因素的发生可能性进行量化评分。通常,可以使用五级评分制(如极高、高、中等、低、极低)或具体的数值评分(如 1～5 分)。计算所有专家评分的平均值,作为该风险因素发生可能性的最终得分。同样,组织专家对风险因素的后果严重性进行量化评分。评分标准应与发生可能性的评分标准保持一致。计算所有专家评分的平均值,作为该风险因素后果严重性的最终得分。将风险因素的发生可能性和后果严重性的得分列入二维矩阵表中。矩阵的横坐标表示发生可能性,纵坐标表示后果严重性。根据矩阵表中的得分,确定每个风险因素的风险等级。风险等级可以根据设定的分值范围进行划分,如低风险(2～4 分)、中等风险(5～6 分)、高风险(7～8 分)、极高风险(9～10 分)。

步骤三:风险管理与决策阶段。

对矩阵中各个风险因素的风险等级进行综合分析,识别出关键风险和高风险领域。根据风险评估结果,制订相应的风险管理措施。这些措施可能包括加强监测预警、提高应急响应能力、加强宣传教育、改善卫生条件等。将风险管理措施付诸实施,并建立监控机制,定期对实施效果进行评估和反馈。根据监控结果和实际情况,及时调整和优化风险管理措施,确保风险得到有效控制。

步骤四:总结与报告。

将风险评估的过程、结果和风险管理措施等内容整理成报告,供相关部门和决策者参考。将风险评估报告提交给相关部门和决策者,并收集他们的反馈意见,以便进一步改进和优化风险评估工作。

(2)风险矩阵法的优缺点。

风险矩阵法的优点如下。

系统性与全面性。风险矩阵法通过综合考虑风险的发生可能性和后果严重性,实现了对风险的多维度评估。这种评估方式不仅关注风险发生的频率,还重视其可能带来的后果,从而确保了对风险因素的全面覆盖和深入剖析。

直观性与易理解性。风险矩阵以直观的二维图表形式呈现,使风险等级的划分和分布一目了然。这种图形化的展示方式降低了理解难度,使非专业人士也能快速把握风险的关键信息,为决策提供有力支持。

灵活性与适用性。风险矩阵法的设计具有高度的灵活性,可以根据不同的评估需求和实际情况进行调整。无论是调整评估标准、权重还是风险等级划分,都能轻松实现,以适应不同突发公共卫生事件的特点和变化。该方法不仅适用于突发公共卫生事件的风险管理,还可以广泛应用于其他领域和场景的风险评估。其通用性和可移植性使风险矩阵法成为一种强大的风险管理工具,能够满足不同行业和组织的需求。

科学性与可靠性。风险矩阵法结合了定量分析和定性分析的优势,通过量化评分和专家判断相结合的方式,提高了风险评估的科学性和准确性。定量评分提供了客观的数据支持,而专家判断则补充了主观经验和专业知识,两者相辅相成,共同构成了可靠的风险评估体系。该方法的实施依赖于有经验的专家的参与。专家的专业知识和经验为风险评估提供了宝贵的见解与判断依据。通过专家集体讨论或独立发表意见的方式,可以确保评估结果的客观性和公正性,从而增加评估结果的可信度。

决策支持性。风险矩阵法能够清晰地显示出各个风险的相对优先级。在资源有限的情况下,决策者可以根据风险等级的高低来分配资源,优先应对高风险领域和关键环节。这种优先级排序的方式有助于实现资源的优化配置和高效利用。突发公共卫生事件的发展往往具有不确定性和动态性。风险矩阵法能够根据新的数据和情况进行动态调整,确保风险评估的时效性和准确性。这种灵活性使决策者能够及时掌握风险的变化趋势,并采取相应的应对措施来降低风险的影响。

风险矩阵法的缺点如下。

高概率低破坏与低概率高破坏情况下的模糊性。风险矩阵法通过综合考虑风险的可能性和影响程度来评估风险等级。然而,在某些情况下,可能会出现高概率低破坏(即事件频繁但后果不严重)或低概率高破坏(即事件罕见但后果极其严重)的风险。此时,风险矩阵法可能无法提供一个精确的判定结果,因为这两种情况在矩阵中的位置可能相近,导致风险等级的划分变得模糊。这种模糊性可能使决策者难以准确判断风险的真正严重程度,从而影响决策的有效性。

数值和等级的主观性。风险矩阵法中的数值和等级划分往往依赖于专家的主观判断。虽然专家具有丰富的专业知识和经验,但他们的判断仍可能受到个人偏见、信息不全或认知局限等因素的影响。这种主观性可能导致不同专家对同一风险的评估结果存在差异,进而影响风险管理的整体效果。此外,风险矩阵法中的数值和等级划分标准也可能因不同的组织或机构而异,缺乏统一性和可比性。

对复杂风险因素的简化处理。突发公共卫生事件往往涉及多个复杂的风险因素,这些因素可能存在相互关联和相互作用。然而,风险矩阵法通常要求将复杂的风险因素简化为单一的数值或等级进行评估。这种简化处理可能忽略了风险因素之间的复杂关系,导致评估结果无法全面反映风险的实际情况。因此,在运用风险矩阵法时,需要特别注意对复杂风险因素的全面分析和综合考虑。

缺乏动态调整机制。突发公共卫生事件的发展往往具有不确定性和动态性,风险因素可能随时发生变化。然而,风险矩阵法通常是一种静态的评估方法,缺乏动态调整机制。这意味着一旦确定风险等级和应对措施,就很难根据新出现的信息和变化情况进行及时调整。这种滞后性可能导致风险管理措施无法及时应对新的风险挑战,从而影响风险管理的效果。

对专家资源的依赖。风险矩阵法的实施需要依赖有经验的专家进行风险评估和判断。然而,专家资源往往有限且成本较高。在突发公共卫生事件等紧急情况下,可能难以迅速召集足够数量的专家进行风险评估。此外,专家的专业背景和知识领域也可能存在差异,导致评估结果的不一致性和争议性。

📋 案例讨论

6·19 米易"鹅膏菌"中毒事件

2024 年 6 月,四川省攀枝花市米易县发生了一起村民误食毒蘑菇的严重事件。这起事件涉及一户村民,他们在山上捡拾野生菌时,不慎将有毒的鹅膏菌带回并烹饪食用。

这户村民包括小彭的外公、父母和弟弟四人。在食用蘑菇后,他们陆续出现中毒迹象,并于 2024 年 6 月 20 日凌晨被紧急送往米易县人民医院救治。经过初步洗胃和输液抢救后,四人被送入 ICU(重症监护治疗病房)进行血液透析治疗。然而,由于中毒严重,小彭的外公和弟弟的病情迅速恶化,随后转入攀枝花市中心医院接受进一步治疗。不久,小彭的父母也因病情加重转入该医院。在连续多日的紧急救治中,四人虽一度病情稍微稳定,但仍未脱离生命危险。遗憾的是,2024 年 6 月 25 日,小彭 69 岁的外公因病情严重不幸离世,其余三人仍在医院接受治疗中。

这起事件引起了社会各界的广泛关注。小彭在网上发起筹款求助后,短时间内便收到了大量捐款,总金额超过 40 万元。同时,当地政府和相关部门也迅速展开行动,为患者家庭提供临时救助和低保,并发动全村为他们捐款。此外,当地多部门还加强宣传教育,提醒广大群众采食野生菌的风险,并强调识别有毒蘑菇的重要性。

资料来源:一家 4 口疑误食鹅膏菌中毒 一人身亡[EB/OL].(2024-06-27)[2024-11-16].https://m.gmw.cn/2024-06/27/content_1303775046.htm.

思考: 悲剧发生的原因是什么?如果你是该地相关部门工作人员,你会如何应对以避免这类事件的发生?

即 测 即 练

第 7 章

社会安全事件风险管理

本章学习目标

1. 理解社会安全事件的概念与特点;
2. 掌握社会安全事件的分类;
3. 认识社会安全事件风险管理的重要性及其影响;
4. 学习社会安全事件风险管理的原则;
5. 了解社会安全事件风险评估的方法与技术;
6. 掌握社会安全事件的应对策略与措施;
7. 提升对社会安全事件风险管理实践案例的分析能力;
8. 了解我国在社会安全事件风险管理方面的经验与教训以及未来发展方向。

引导案例

河南省商丘市柘城县震兴武馆火灾事故

2021年6月25日凌晨,一场突如其来的灾难降临在河南省商丘市柘城县远襄镇北街的震兴武馆,一场由蚊香使用不当引发的火灾,瞬间将宁静的夜晚撕裂,造成了18名学员不幸遇难、11人受伤、直接经济损失超过2 000万元的惨痛后果。这场火灾不仅给受害者家庭带来了无法弥补的伤痛,也引起了社会各界的广泛关注与深刻反思。

事故发生在凌晨1点58分左右,这个时间点大多数人正处于熟睡之中,防御能力最弱。火灾的源头是震兴武馆一层南侧房间,一位62岁的老太太在使用蚊香时,不慎引燃了旁边的方便面纸箱和衣物,火势迅速蔓延。由于武馆内部使用了易燃的夹芯彩钢板分隔房间,火势如同脱缰野马,迅速通过这些薄弱点攀升至二楼,形成了强烈的"烟囱效应",使高温有毒烟气在短时间内迅速扩散至整个建筑。

二楼的学员宿舍内,34名学员在睡梦中被惊醒,发现火情时已经身处险境。更为糟糕的是,宿舍窗户安装了防盗网,且缺乏有效的逃生通道,使学员们在火势和浓烟的包围下难以脱困。初期自救的尝试因未能及时报警和组织有序逃生而未能奏效,错过了宝贵的逃生时机。随着火势的加剧,消防部门接到报警后虽然迅速响应,但面对猛烈的火势和复杂的救援环境,救援难度极大。部分学员在绝望中选择了跳楼逃生,而更多人则因吸入有毒烟气窒息,最终酿成了无法挽回的悲剧。

深入剖析事故原因,除了直接因素——蚊香使用不当外,还暴露出了一系列间接问题。震兴武馆的建筑存在严重安全隐患,使用易燃、可燃材料分隔房间,楼梯和门的设计也不符合消防安全要求,无法有效阻挡火势蔓延。武馆负责人安全意识淡薄,未依法办理相关证照,更未进行必要的消防安全检查和演练,导致在火灾发生时无法迅速、有效地组织自救和疏散。此外,政府部门的安全监管也存在明显缺失,未能及时发现并整改武馆存在的安全隐患,为事故的发生埋下了伏笔。

事故发生后,司法机关迅速介入,震兴武馆负责人陈某及其母亲余某某、妻子宋某某等3人因涉嫌重大责任事故罪被公安机关依法采取刑事措施,并移送检察机关进行公诉。同时,对事故负有监管责任的31名公职人员也受到了党纪政务处分或组织处理,其中1名公职人员因涉嫌玩忽职守罪被公安机关依法采取刑事措施,并移送检察机关。这一系列举措不仅是对事故责任人的严厉惩处,也是对社会的一种警示,提醒我们必须高度重视安全生产,加强安全监管,确保人民群众的生命财产安全。

资料来源:河南省柘城县"6·25"重大火灾事故调查报告公布 31 名公职人员被处分[EB/OL].(2021-12-20)[2024-11-16]. http://www.cneb.gov.cn/2021/12/20/ARTI1640009403542935.shtml.

7.1 社会安全事件风险管理概述

7.1.1 社会安全事件

1. 社会安全事件概述

1) 社会安全的定义

社会安全是指:"由特定人员、组织蓄意引发或制造的(或由其他突发事件间接触发的)刑事犯罪、恐怖袭击、群体性事件等突发事件的风险,在公安、应急管理等政府组织和相关的非政府组织所采取的预防、保护、响应等措施下,处于可接受水平的社会状态。"

在中国,古代时期的社会安全紧密与政治安全和军事安全交织在一起。例如,农民起义所引发的社会安定局势向动荡的转变,往往被视为政治与军事安全状况变化的直接反映。而到了现代,社会安全的概念则更多地植根于社会科学领域,并被广泛划分为广义与狭义两个维度。广义上的社会安全,指的是整个社会系统能够维持其良性运作与协调发展的状态,同时有效控制那些可能阻碍这一进程的因素及其影响,使之保持在最小范围。而狭义的社会安全,则聚焦于社会保障体系的建立,或是特指除经济系统与政治系统之外,其他社会领域所享有的安全状态。

2) 社会安全事件的定义

社会安全事件是指由于人为干预或自然因素引发的,直接威胁到民众生命及财产安全,并对国家安全和社会稳定构成挑战的紧急或灾难性状况。这些事件可根据其特性划分为两大类:常规事件与非常规突发事件。常规事件指的是那些在日常生活中频繁出现、具有既定处理流程和管理框架的事件,这类事件通常造成的危害与影响相对较小,且社会已具备相应的应对机制。相反,非常规突发事件则显得更为特殊,它们不常发生,一旦发生,往往需要迅速启动应急响应机制来应对。这类事件往往伴随着更高的危害性和更广泛的社会影响,因此要求社会各界具备高度的警觉性和应急能力。

　　常规社会安全事件主要划分为治安案件与刑事案件两大类别。治安案件涉及侵犯财产、扰乱公共秩序及侵犯公民人身权利等行为,其影响范围一般较为局限,不易引发广泛的社会动荡或重大问题。而刑事案件则涵盖故意伤害、故意杀人、抢劫、抢夺、入室盗窃、非法集资等严重违法活动,这些案件往往对社会安全构成较大威胁,影响深远。非常规突发社会安全事件则涵盖群体性事件、金融突发事件、涉外突发事件、市场稳定受影响的突发事件以及恐怖袭击等多种类型。这些事件通常具有较大的破坏力,能够迅速引发社会恐慌,甚至可能对国家安全、政治稳定、经济秩序及军事安全构成连锁反应,加剧社会的不安全状态。

　　在当前我国的新环境与新形势下,社会安全问题日益凸显,成为影响政治、经济、社会持续稳定与健康发展的重大挑战。特别是近年来,一系列突发社会安全事件的频发,使整体社会安全形势越发严峻。其中,以恐怖袭击、重大刑事犯罪、重大群体性事件等为代表的重特大社会安全事件,更是以其高度的突发性、不确定性,以及承灾载体的脆弱性和风险防范的复杂性等特点,深刻反映了当前社会安全面临的严峻挑战。

　　3) 社会安全事件的特点

　　(1) 突发性与不可预测性。社会安全事件往往在短时间内突然发生,其发生的时间、地点、方式和规模往往难以准确预测。这种突发性要求应急管理部门和人员必须具备高度的警惕性与快速反应能力,以便在事件发生时能够迅速启动应急预案,采取有效措施进行处置。

　　(2) 群体性与复杂性。社会安全事件通常涉及大量的人群,这些人群可能因为共同的利益诉求、情绪共鸣或社会不满而聚集在一起,形成具有一定组织和目的的群体。这种群体性使事件的处理变得更加复杂,因为需要考虑到不同群体的诉求和行动方式,以及他们之间的相互影响和作用。此外,社会安全事件还可能涉及多个领域和层面,如政治、经济、文化等,进一步增加了其复杂性。

　　(3) 危害性与破坏性。社会安全事件往往对人民群众的生命财产安全、国家安全和社会稳定造成严重的危害与破坏。事件可能导致人员伤亡、财产损失、社会秩序混乱等后果,甚至可能引发社会恐慌和动荡。这种危害性和破坏性使社会安全事件的预防与应对工作尤为重要,必须高度重视并采取有效措施加以防范和处置。

　　(4) 扩散性与传播性。社会安全事件一旦发生,很容易在人群中迅速传播和扩散。随着信息时代的到来,网络媒体的普及使事件的传播速度更快、范围更广。这种扩散性和传播性不仅加剧了事件的复杂性与危害性,也给应急管理和舆情应对工作带来了更大的挑战。因此,在应对社会安全事件时,必须加强对信息传播的管理和引导,防止不实信息和谣言的传播与扩散。

　　(5) 互动性与关联性。社会安全事件往往不是孤立的事件,而是与其他社会现象和事件相互关联、相互影响的。这种互动性使事件的处理需要综合考虑各种因素,包括事件的起因、背景、参与主体、社会舆论等。同时,还需要加强与其他部门和地区的协同合作,形成合力共同应对。此外,社会安全事件还可能与其他类型的突发事件交织,如自然灾害、公共卫生事件等,进一步增加了其复杂性和处理难度。

　　(6) 社会心理影响深远。社会安全事件不仅会对物质层面造成损失,还会对人们的心理造成深远的影响。事件发生后,公众可能会产生恐慌、焦虑、愤怒等负面情绪,这些情绪如果得不到及时疏导和缓解,可能会进一步加剧社会的不稳定。因此,在应对社会安全事件时,还需要关注公众的心理需求,加强心理疏导和干预工作,帮助公众恢复正常的心理状态。

2. 社会安全事件的分类

社会安全事件既包括常规事件,如治安案件、刑事案件等,也包括突发事件,如突发群体性事件、恐怖袭击事件等。

1) 恐怖袭击事件

恐怖袭击事件是指由非国家组织或匿藏在暗处的个人或组织,出于政治、宗教、意识形态或其他非正当目的,通过暴力、破坏、恐吓等手段,针对无辜平民或公共设施等进行的袭击活动,以制造社会恐慌、宣泄不满或实现其特定目标。这类事件通常具有高度的破坏性、残忍性和不可预测性,旨在通过制造恐怖氛围来影响政府决策、改变社会现状或达到其他非法目的。恐怖袭击事件往往选择人员密集、影响力大的场所作为目标,如商业中心、交通枢纽、学校、政府机构等,以最大限度地扩大其影响力和破坏力。袭击手段多样,包括但不限于爆炸、枪击、劫持、化学或生物武器攻击等,旨在造成大量人员伤亡、财产损失和社会混乱。

按照袭击手段,恐怖袭击事件可分为爆炸袭击、枪击袭击、劫持与绑架、纵火与破坏、生化袭击和网络恐怖袭击。爆炸袭击通常使用炸弹、汽车炸弹、自杀式炸弹背心等爆炸物,在人群密集或重要设施附近引爆,造成大量人员伤亡和财产损失。枪击袭击,袭击者使用手枪、步枪、冲锋枪等枪械,对特定目标或随机人群进行射击,具有快速、致命的特点。劫持与绑架,包括劫持人质、交通工具(如飞机、船只、汽车)等,以此作为要挟手段,实现其政治或经济目标。纵火与破坏,通过纵火焚烧建筑物、交通工具或关键基础设施,以及破坏电力、交通、通信等设施,制造混乱和恐慌。生化袭击,利用生物毒素、病毒、细菌或化学毒剂进行攻击,这类袭击可能造成大规模人员伤亡和长期的环境污染。网络恐怖袭击,利用互联网和信息技术手段,如黑客攻击、散布虚假恐怖信息等,破坏信息系统、扰乱社会秩序。按照袭击目标,恐怖袭击事件可分为针对平民的袭击、针对政府机构的袭击、针对基础设施的袭击和针对象征性目标的袭击。针对平民的袭击直接针对无辜平民,如商场、学校、医院、公交站等人员密集场所,目的是制造社会恐慌和不安。针对政府机构的袭击目标为政府机构、警察局、法院等,旨在削弱政府权威、挑战政府控制力。针对基础设施的袭击会攻击电力、交通、通信、供水供气等关键基础设施,破坏社会正常运转的基础条件。针对象征性目标的袭击会选择具有象征意义的目标进行袭击,如地标性建筑、纪念碑等,以引起广泛关注和舆论反响。按照袭击动机,恐怖袭击事件可分为政治性恐怖袭击、宗教性恐怖袭击、民族主义恐怖袭击和经济或犯罪性恐怖袭击。政治性恐怖袭击旨在推翻现有政权、建立新政权或实现特定政治诉求的袭击。宗教性恐怖袭击是基于宗教极端思想或教派冲突而实施的袭击,旨在传播宗教教义、扩大宗教影响力或报复异教徒。民族主义恐怖袭击是以民族利益为名,针对其他民族或国家实施的袭击。经济或犯罪性恐怖袭击是出于经济目的或犯罪动机而实施的袭击,如勒索赎金、抢劫银行等。

挫折—攻击理论最早由美国心理学家约翰•多拉德(John Dollard)和尼尔•E.米勒

(Neal E. Miller)等在 1939 年的《挫折与侵犯》一书中提出。该理论假定,人类在遇到挫折时具有作出攻击反应的天赋倾向,即当个体的动机、行为或目标受到阻碍而无法实现时,会产生攻击或侵犯性的反应。某些恐怖组织可能因为对国家的政治制度、外交政策或领土争端等不满,而采取极端手段来表达诉求或实现目标。政治上的挫败感和无力感可能促使部分极端分子选择恐怖袭击作为反抗方式。经济上的贫困、社会地位的低下以及资源分配的不均等都可能增强个体的挫折感。这些挫折感可能转化为对现状的不满和愤怒,进而驱动恐怖袭击的发生。特别是在贫富差距大、社会阶层固化的地区,经济挫折感更容易成为恐怖主义滋生的土壤。文化和宗教差异可能导致不同群体之间的误解、偏见与冲突。当这种冲突无法通过和平方式解决时,部分极端分子可能选择恐怖袭击来报复或示威。宗教极端主义也是恐怖袭击的一个重要根源,它利用宗教信仰来煽动和驱使信徒进行暴力行为。

2) 刑事案件

刑事案件是指涉及犯罪嫌疑人或被告人被指控违反刑事法律,侵犯了社会公共利益或他人合法权益,需要由国家司法机关依法追究其刑事责任的案件。这些案件通常包括各种危害国家安全、公共安全、经济秩序、人身权利、财产权利等犯罪行为,经过立案、侦查、起诉、审判等程序,最终由法院作出有罪或无罪的判决。

刑事案件种类繁多,主要包括危害国家安全罪(如叛逃、间谍、煽动颠覆国家政权等,严重威胁国家安全和稳定)、危害公共安全罪(涵盖放火、爆炸等可能危害公共安全的行为,危及不特定多数人的安全)、破坏社会主义市场经济秩序罪(针对经济领域如伪劣产品、走私等违法行为,破坏市场秩序)、侵犯公民人身权利与民主权利罪(涉及故意杀人、强奸等侵犯个人基本权利的行为)、侵犯财产罪(以非法占有为目的,如抢劫、盗窃等直接损害被害人经济利益)、妨害社会管理秩序罪(扰乱公共秩序、妨害公务等行为,破坏社会正常管理)、贪污贿赂罪(政府官员及国企员工的不当所得,侵蚀公共财产和国家利益)、渎职罪(公务员失职行为,损害公共利益)以及军人违反职责罪(军人服役期间的违法违纪,危及国家安全和军队纪律)。

相对剥夺理论是一种用于解释刑事案件发生根源和条件的重要理论。该理论主要强调个体或群体在与社会其他成员或群体进行比较时,所产生的相对剥夺感如何成为犯罪行为的一个重要驱动力。相对剥夺感是指个体或群体在将自己的经济、社会地位或生活条件与他人或其他群体进行比较时,感到自己处于不利地位或相对贫困的一种心理状态。这种剥夺感是相对的,它不是基于绝对的标准,而是基于比较的结果。

当个体或群体感到自己被相对剥夺时,他们可能会产生心理失衡和不满情绪。这种情绪如果得不到有效的缓解和疏导,就可能转化为犯罪动机,促使他们通过非法手段来改变自己的不利处境。相对剥夺感往往源于社会比较,个体或群体在与其他人或群体进行比较时,如果发现自己的处境较差,就可能产生不公平感和愤怒情绪。这种情绪可能导致他们的价值观发生扭曲,将追求物质财富和地位视为首要目标,甚至不惜采用犯罪手段来实现。在相对剥夺感的作用下,个体或群体可能面临更大的经济压力。为了改善自己的经济状况和生活条件,他们可能更容易产生犯罪动机,如盗窃、抢劫、诈骗等财产性犯罪。社会不平等是相对剥夺感产生的重要背景。当社会中的贫富差距扩大、资源分配不均时,个体或群体之间的比较就会更加频繁和激烈,从而增加相对剥夺感的发生概率。这种不平等的社会环境为刑事案件的发生提供了温床。个体或群体在选择参照群体时往往具有倾向性。他们更倾向于选择与自己地位相近但又稍优于自己的群体作为参照对象。这种选择方式使相对剥夺感更加容易产生和强化。当个体或群体感到自己无法通过合法手段达到参照群体的生活水平时,就可能采取犯罪手段来缩小差距。社会支持系统的缺失也是相对剥夺感导致刑事案件发生的一个重要条件。个体或群体面临困境时,如果得不到有效的社会支持和帮助,就可能感到孤立无援和绝望。这种心理状态可能促使他们采取极端手段来解决问题,包括犯罪行为。

3) 群体性事件

群体性事件是指由某些社会矛盾引发,特定群体或不特定多数人聚合临时形成的偶合群体,以人民内部矛盾的形式,通过没有合法依据的规模性聚集、对社会造成负面影响的群体活动、发生多数人语言行为或肢体行为上的冲突等群体行为的方式,或表达诉求和主张,或直接争取和维护自身利益,或发泄不满、制造影响,因而对社会秩序和社会稳定造成重大负面影响的各种事件。群体性事件的参与者往往有特定的诉求和目的,如表达不满、争取权益、制造社会影响等。这些诉求和目的通常通过群体行为来得以实现,如静坐、游行、示威、集体上访等。群体性事件对社会秩序和社会稳定造成重大负面影响,可能导致交通堵塞、公共设施损坏、人员伤亡等后果。对于群体性事件中的违法行为,法律将予以制裁,如聚众扰乱社会秩序,情节严重,致使工作、生产、营业和教学、科研无法进行,造成严重损失的,对首要分子将依法追究刑事责任。

现行的群体性事件的分类标准较多,本节主要从事件性质和表现形式两个方面对群体性事件进行分类。

按事件性质,群体性事件可分为政治性群体性事件、经济性群体性事件和社会性群体性事件。政治性群体性事件通常涉及政治诉求或政治因素,是由人民内部矛盾引发的,群众认为自身政治、经济、文化等权益受到侵害,通过非法聚集、围堵等方式,向有关机关或单位表达意愿、提出要求等事件及其酝酿、形成过程中的串联、聚集等活动。事件往往与政治体制、政治权力、政治利益等政治因素紧密相关。由于涉及政治领域,事件往往具有较高的敏感性和复杂性。部分政治性群体性事件可能有较强的组织性和策划性。经济性群体性事件是由经济利益受损或分配不公等问题引发的群体性事件。这类事件通常涉及劳资纠纷、征地拆迁、环境污染等经济领域的问题,参与者往往是为了维护自身经济利益而聚集。事件的核心是经济利益受损或分配不公。参与者通常与事件涉及的经济利益有直接关联。经济性群体性事件往往涉及广泛的社会群体,如工人、农民、居民等。社会性群体性事件是由于社会问题或社会矛盾引发的群体性事件,如教育、医疗、住房等民生问题,以及社会不公、道德失范等问题。这类事件往往涉及广泛的社会群体,对社会秩序和稳定造成较大影响。事件涉及社会问题或社会矛盾,与广大群众的切身利益密切相关。事件的诱因和表现形式多种多样,涉及领域广泛。社会性群体性事件往往涉及多个利益群体和复杂的社会关系。

按表现形式,群体性事件可分为暴力型群体性事件和非暴力型群体性事件。暴力型群体性事件是指采用不同形式的强力手段,企图强行实现某些群体的某种要求,或者发泄其强烈的对抗情绪,具有严重破坏性的活动。这类事件往往伴随着对人身、财产或公共设施的损害,以及对社会秩序的严重扰乱。事件具有明显的破坏性,可能导致人员伤亡、财产损失或公共设施损坏。参与者往往通过暴力手段来强行实现自己的诉求或发泄情绪。事件对社会秩序、公共安全以及公民的人身和财产安全构成严重威胁。非暴力型群体性事件是指参与人员采取集会、游行、静坐等形式,表达群体意愿,以实现其提出的目的要求。这类事件通常不涉及暴力手段,而是通过和平的方式来表达诉求或争取权益。事件以和平方式为主,不采用暴力手段。参与者通过集会、游行、静坐等方式来表达自己的诉求或意愿。虽然不直接造成破坏,但事件往往能引起社会关注,对相关部门或单位形成舆论压力。

社会冲突理论是社会学中一个重要的理论流派,它强调社会生活中的冲突性,并认为冲突是社会的常态而非病态。该理论由科塞、达伦多夫等学者提出,作为对结构功能主义理论的反思与对立,它揭示了社会变迁的动力之一。社会冲突理论认为,冲突不仅源于物质资源的分配不均,还涉及非物质性价值观念的差异,以及社会结构中的不平等和权力斗争。通过合理的冲突解决机制,社会冲突可以在一定程度上促进社会整合和发展,成为推动社会进步的重要力量。

社会冲突理论认为,物质资源的分配不均是非常重要的冲突根源。在群体性事件中,这一点尤为明显。随着市场经济的发展,企业改制、劳动力就业、社会资源分配不均、环境污染、收入差距拉大以及拆迁等问题日益凸显,这些问题直接触及不同利益主体的切身利益,导致他们之间的冲突加剧。当这些利益冲突无法通过正常渠道得到有效解决时,就容易引发群体性事件。社会公正缺失和权力失衡也是群体性事件发生的深层次原因。当公众认为社会制度、政策或执行过程中存在不公正时,会积累不满情绪。同时,权力与权利的失衡使部分群体在利益受损时无法得到有效保护,进而采取集体行动来维护自身权益。这种不满情绪和维权行动在特定条件下可能演变为群体性事件。社会冲突理论还指出,群众心理和行为惯性在群体性事件中也发挥着重要作用。在某些情况下,公众可能形成"大闹大解决、小闹小解决、不闹不解决"的心理预期,认为只有通过集体行动才能引起政府或社会的关注并解决问题。这种心理和行为惯性在一定程度上助长了群体性事件的发生。

4）金融突发事件

金融突发事件是指在金融体系中突然发生、具有显著影响且需要迅速应对的事件。这些事件往往打破金融市场的正常运行状态,对金融机构、投资者、经济体系乃至社会整体产生重大冲击。金融突发事件可能源自市场内部的风险累积、外部环境的突变(如自然灾害、政治动荡、政策调整等),或者是由于技术故障、人为错误、欺诈行为等原因引发。

金融突发事件可根据其性质、影响范围及引发原因进行分类。它们既可能是区域性,也可能是系统性的,前者主要影响特定地区,后者则波及整个金融体系。按引发原因划分,包括市场风险、信用风险、流动性风险、操作风险及外部事件等因素触发的各类事件。表现形式上,金融突发事件涵盖金融机构危机、金融市场异常波动、流动性危机以及声誉风险事件等,每种类型均可能对金融稳定和经济安全构成挑战。一个金融突发事件可能同时跨越多个分类维度,且随着金融市场的发展,新类型突发事件不断涌现,因此对其分类与应对需保持高度警觉和灵活性。

金融脆弱性理论是解释金融突发事件产生根源和条件的重要理论框架。该理论强调金融体系本身具有内在的不稳定性,这种不稳定性在金融突发事件中得以显现。金融脆弱性理论认为,金融体系在运行过程中会面临各种不确定性和风险,这些不确定性和风险可能来源于经济周期的波动、金融机构的经营管理不善、市场参与者的行为偏差等多个方面。金融体系的脆弱性使其在面对外部冲击时容易陷入危机状态,进而引发金融突发事件。

金融产品的虚拟性使其价值往往脱离实体经济,容易受到市场信心、预期等心理因素的影响。当市场信心动摇时,金融产品的价格会大幅波动,进而引发金融突发事件。信息不对称是金融市场中普遍存在的现象。金融机构和投资者之间、金融机构与监管机构之间都存在信息不对称问题。这种信息不对称容易导致逆向选择和道德风险问题,增加金融体系的脆弱性。金融自由化在一定程度上促进了金融市场的创新和发展,但同时也带来了更多的不确定性和风险。金融监管如果跟不上金融自由化的步伐,就容易导致金融市场的无序竞争和过度投机行为,进而引发金融突发事件。银行体系在金融体系中占据核心地位,其脆弱性主要表现为高杠杆经营、资产负债结构不匹配等。当银行体系面临外部冲击时,如经济下行、信贷违约等,容易引发连锁反应和系统性风险。经济周期的波动是金融突发事件产生的重要外部条件。当经济处于下行周期时,企业盈利能力下降、信贷违约率上升等因素会增加金融体系的脆弱性。此时,如果外部冲击进一步加剧(如政策调整、国际金融市场动荡等),就容易引发金融突发事件。市场情绪对金融市场的运行具有重要影响。当市场情绪恶化时(如恐慌情绪蔓延、投资者信心不足等),投资者容易采取抛售行为以规避风险。这种行为会进一步加剧市场波动和下跌趋势,从而引发金融突发事件。金融创新是推动金融市场发展的重要动力之一。然而,过度的金融创新往往伴随着复杂性和不透明性的增加。这些复杂的金融产品和衍生品容易引发市场混乱与不确定性增加,进而成为金融突发事件的导火索。监管政策是维护金融市场稳定的重要保障之一。然而,监管政策如果出现失误(如监管过度或监管不足等),就容易导致金融市场的无序竞争和过度投机行为增加。这些行为会进一步加剧金融体系的脆弱性并增加金融突发事件的风险。

5)涉外突发事件

涉外突发事件是指突然发生,已经造成或可能造成重大人员伤亡、财产损失和严重社会危害,具有重大社会影响和国际影响,需要采取紧急响应措施予以应对的涉外事件。这些事件可能发生在境外,涉及我国驻外机构、企业和公民,也可能发生在境内,涉及外国驻我国机构和人员。港澳台地区属于我国领土,但由于历史原因,港澳台地区在涉外突发事件语境下,被行政处置上视为"境外"。

按照地理范围,涉外突发事件可分为境外涉我事件和境内涉外事件。境外涉我事件即发生在境外,但直接涉及我国公民、机构或企业的利益和安全的事件。其包括境外发生的自然灾害(如地震、洪水)、事故灾难(如交通事故、火灾)、公共卫生事件(如传染病疫情、食品安全问题)以及社会安全事件(如恐怖袭击、政治动荡)。这些事件可能对我国在境外的公民、机构或企业造成人员伤亡、财产损失或安全威胁。境内涉外事件即发生在境内,但涉及外国驻我国的机构和人员的事件。其同样包括自然灾害、事故灾难、公共卫生事件和社会安全事件，但事件发生在我国境内，对外国驻我国机构和人员的生命财产安全构成威胁或造成损失。这些事件需要我国政府和相关机构迅速响应，采取有效措施保护外国在华人员和机构的安全。

3．社会安全事件的分级与界定标准

1）恐怖袭击事件

利用生物战剂、化学毒剂进行大规模袭击或攻击生产、贮存、运输生化毒物设施、工具的；

利用核爆炸、核辐射进行袭击或攻击核设施、核材料装运工具的；

利用爆炸手段，袭击党政军首脑机关、警卫现场、城市标志性建筑物、公众聚集场所、国家重要基础设施、主要军事设施、民生设施、航空器的；

劫持航空器、轮船、火车等公共交通工具，造成严重危害后果的；

袭击、劫持警卫对象、国内外重要知名人士及大规模袭击、劫持平民，造成重大影响和危害的；

袭击外国驻华使领馆、国际组织驻华代表机构及其人员寓所等重要、敏感涉外场所的；

大规模攻击国家机关、军队或民用计算机信息系统，构成重大危害的。

2）刑事案件

特别重大刑事案件包括以下几点。

一次造成 10 人以上死亡的杀人、爆炸、纵火、毒气、投放危险物质和邮寄危险物品等案件，或在公共场所造成 6 人以上死亡的案件，或采取绑架、劫持人质等手段，造成恶劣社会影响或可能造成严重后果的案件；

抢劫金融机构或运钞车，盗窃金融机构现金 100 万元以上的案件；

在国内发生的劫持民用运输航空器、客轮和货轮等，或国内民用运输航空器、客轮和货轮等在境外被劫持案件；

抢劫、走私、盗窃军(警)用枪械 10 支以上的案件；

危害性大的放射性材料或数量特大的炸药或雷管被盗、丢失案件；

走私危害性大的放射性材料，走私固体废物达 100 吨以上的案件；

制贩毒品(海洛因、冰毒)20 千克以上案件；

盗窃出卖、泄露及丢失国内秘密资料等可能造成严重后果的案件；

攻击和破坏计算机网络、卫星通信、广播电视传输系统等，并对社会稳定造成特大影响的信息安全案件；

在我国境内发生的涉外、涉港澳台侨重大刑事案件。

重大刑事案件包括以下几点。

一次造成公共场所 3 人以上死亡，或学校内发生的造成人员伤亡、危害严重的杀人、爆炸、纵火、毒气、绑架、劫持人质和投放危险物质案件；

抢劫现金 50 万元以上或财物价值 200 万元以上，盗窃现金 100 万元以上或财物价值 300 万元以上，或抢劫金融机构或运钞车，盗窃金融机构现金 30 万元以上的案件；

有组织团伙性制售假劣药品、医疗器械和有毒有害食品,对人体健康和生命安全造成威胁的案件;

案值数额在2 000万元以上的走私、骗汇、逃汇、洗钱、金融诈骗案、增值税发票及其他票证案,面值在200万元以上的制贩假币案件;

因假劣种子、化肥、农药等农用生产资料造成大面积绝收、减产的坑农案件;

非法猎捕、采集国家重点保护野生动植物和破坏物种资源致使物种或种群面临灭绝危险的重大案件;

重大制贩毒品(海洛因、冰毒)案件;

涉及50人以上,或者偷渡人员较多,且有人员伤亡,在国际上造成一定影响的偷渡案件。

3) 群体性事件

特别重大群体性事件包括以下几点。

一次参与人数5 000人以上,严重影响社会稳定的事件;

冲击、围攻县级以上党政军机关和要害部门,打砸、抢、烧乡镇以上党政军机关的事件;

参与人员对抗性特征突出,已发生大规模的打、砸、抢、烧等违法犯罪行为;

阻断铁路繁忙干线、国道、高速公路和重要交通枢纽、城市交通8小时停运,或阻挠、妨碍国家重点建设工程施工,造成24小时以上停工事件;

造成10人以上死亡或30人以上受伤,严重危害社会稳定的事件;

高校内聚集事件失控,并未经批准走出校门进行大规模游行、集会、绝食、静坐、请愿等行为,引发不同地区连锁反应,严重影响社会稳定;

参与人数500人以上,或造成重大人员伤亡的群体性械斗、冲突事件;

参与人数在10人以上的暴狱事件;

出现全国范围或跨省(区、市),或跨行业的严重影响社会稳定的互动性连锁反应;

其他视情需要作为特别重大群体性事件对待的事件。

重大群体性事件包括以下几点。

参与人数在1 000人以上、5 000人以下,影响较大的非法集会游行示威、上访请愿、聚众闹事、罢工(市、课)等,或人数不多但涉及面广和有可能进京的非法集会与集体上访事件;

造成3人以上、10人以下死亡,或10人以上、30人以下受伤群体性事件;

高校校园网上出现大范围串联、煽动和蛊惑信息,校内聚集规模迅速扩大并出现多校串联聚集趋势,学校正常教育教学秩序受到严重影响甚至瘫痪,或因高校统一招生试题泄密引发的群体性事件;

参与人数200人以上、500人以下,或造成较大人员伤亡的群众性械斗、冲突事件;

涉及境内外宗教组织背景的大型非法宗教活动,或因民族、宗教问题引发的严重影响民族团结的群体性事件;

因土地、矿产、水资源、森林、草原、水域、海域等权属争议和环境污染生态破坏引发的,造成严重后果的群体性事件;

已出现跨省(区、市)或行业影响社会稳定的连锁反应,或造成了较严重的危害和损失,事态仍可能进一步扩大和升级;

其他视情需要作为重大群体性事件对待的事件。

4)金融突发事件

特别重大金融突发事件包括以下几点。

具有全国性影响的金融(含证券、期货)突发事件;

金融行业已出现或将要出现连锁反应,需要各有关部门协同配合处置的金融突发事件;

国际上出现的,已经影响或极有可能影响国内宏观金融稳定的金融突发事件。

重大金融突发事件包括以下两点。

对金融行业造成影响,但未造成全国性影响的金融突发事件;

所涉及省(区、市)监管部门不能单独应对,需进行跨省(区、市)或跨部门协调的金融突发事件。

5)涉外突发事件

特别重大涉外突发事件包括以下几点。

一次造成 30 人以上死亡或 100 人以上伤亡的境外涉我及境内涉外事件;

造成我境外国家利益、机构和人员安全及财产重大损失,造成境内外国驻华外交机构、其他机构和人员安全及重大财产损失,并具有重大政治和社会影响的涉外事件;

有关国家、地区发生特别重大突发事件,需要迅速撤离我驻外机构和人员撤侨的涉外事件。

重大涉外突发事件包括以下几点。

一次事件造成 10 人以上、30 人以下死亡,或 50 人以上、100 人以下伤亡的境外涉我及境内涉外事件;

造成或可能造成我境外国家利益、机构和人员安全及较大财产损失,造成或可能造成外国驻华外交机构、其他机构和人员安全及财产较大损失,并具有较大政治和社会影响的涉外事件;

有关国家、地区发生重大突发事件,需要尽快撤离我驻外部分机构和人员、部分撤侨的涉外事件。

7.1.2　社会安全事件风险管理的概念和主要内容、原则及作用

1. 社会安全事件风险管理的概念和主要内容

1)社会安全事件风险管理的概念

2014 年 4 月 15 日,习近平总书记在中央国家安全委员会第一次全体会议上,创造性提出总体国家安全观,明确坚持以人民安全为宗旨,以政治安全为根本,以经济安全为基础,以军事、文化、社会安全为保障,以促进国际安全为依托,维护各领域国家安全,构建国家安全体系,走中国特色国家安全道路,深刻揭示了社会安全在国家安全体系中的重要地位,以及我们如何坚持和发展具有中国特色的国家安全道路。社会安全是国家安全的重要组成部分。它关乎人民群众的切身利益,涉及社会稳定、公共安全、民生保障等多个方

面。一个稳定而安全的社会环境,是确保国家长治久安、人民安居乐业的基础。因此,在构建国家安全体系时,必须高度重视社会安全保障工作,将其置于重要地位。

习近平总书记高度重视社会治理工作。早在 2016 年,习近平总书记就强调要加强和创新社会治理,完善中国特色社会主义社会治理体系,努力建设更高水平的平安中国,进一步增强人民群众安全感。社会治理与社会安全是密不可分的。社会治理是社会安全的重要保障,通过有效的社会治理,可以预防和化解社会矛盾,减少社会冲突和犯罪行为,从而维护社会的安全和稳定。社会安全是社会治理的重要目标,社会治理的根本目的是维护社会的安全和稳定,而社会安全则是这一目标的直接体现。社会治理与社会安全相互促进,一方面,社会治理的加强可以提升社会安全水平;另一方面,社会安全水平的提升也可以为社会治理提供更好的环境和条件。

社会安全事件风险管理是指对可能引发社会安全事件的各种风险因素进行识别、评估、预防、控制和应对的一系列管理活动。这些活动旨在减少社会安全事件发生的可能性,减轻其对社会稳定、人民生命财产安全以及经济发展造成的负面影响,并确保在事件发生时迅速、有效地进行应对和恢复。

2) 社会安全事件风险管理的主要内容

本书主要研究威胁社会稳定的社会安全事件风险管理,从理论层面上看,其内涵和外延与社会稳定风险评估较为一致;从实践层面上看,社会安全事件风险管理在我国的实践发展,在操作层次上主要体现为社会稳定风险评估。

《中华人民共和国国家安全法》(以下简称《国家安全法》)于 2015 年 7 月 1 日正式实施,首次明确了国家安全风险的定义及要素。该法强调国家安全的多元维度,包括政权稳固、主权完整、统一与领土安全、民众福祉、经济健康等,并设立维护这些方面的长久安全能力。它确立了以人民安全为宗旨、政治安全为根本、经济安全为基础的国家安全观,同时强调军事、文化、社会安全的保障作用及国际合作的重要性。党在国家安全工作中起领导核心作用,要求建立高效、权威的领导体制。

法律详细列举了 19 项主要国家安全风险内容,并通过后续条款对未具体列举的风险进行概括性规定。其具体涵盖经济、金融、恐怖主义、社会矛盾、环境保护、核安全等多个领域,旨在通过制度建设、风险预警、应急响应等措施,全面保障国家各领域安全,构建具有中国特色的国家安全体系。这些风险内容广泛而深入,体现了国家对全面、立体、多维安全需求的深刻认识和积极应对。

2. 社会安全事件风险管理的原则

1) 预防为主、防治结合

预防为主、防治结合是社会安全事件风险管理的核心原则。通过建立健全的风险预警机制、加强风险源头的监管和治理、提高公众的风险防范意识等措施,可以实现对社会安全事件的主动防控。同时,在事件发生后,应迅速启动应急预案,组织力量进行救援和处置,防止事态进一步恶化。

2) 全面参与、协同治理

全面参与、协同治理是实现社会安全事件有效管理的重要保障。政府应发挥主导作用,加强政策制定和监管;企事业单位应履行社会责任,加强风险管理和应急处置能力建设；社会组织应发挥桥梁纽带作用，促进各方沟通协作；公众应提高风险防范意识，积极参与风险防控和应急响应。

　　3）科学评估、依法管理

　　科学评估、依法管理是社会安全事件风险管理的必然要求。通过运用风险评估模型、数据分析等科学方法，可以实现对社会安全风险的精准识别和量化评估。同时，在风险管理过程中，必须严格遵守国家法律法规和规章制度，确保管理活动的合法性和规范性，防止因违法违规行为导致的管理风险和法律风险。

　　4）动态调整、持续改进

　　动态调整、持续改进是社会安全事件风险管理的持续动力。在风险管理过程中，应密切关注社会安全形势的变化和发展趋势，及时调整管理策略和措施以适应新的风险挑战。同时，应建立健全的风险管理评估和反馈机制，不断总结经验教训、完善管理制度和提升管理水平，推动社会安全事件风险管理的持续改进和发展。

　　3. 社会安全事件风险管理的作用

　　社会安全事件风险管理不仅是国家治理体系和治理能力现代化的重要组成部分，也是保障人民安居乐业、促进社会和谐发展的基石。通过科学的风险识别、评估、监测与应对，可以有效降低社会安全事件发生的概率，减轻其造成的损害，进而维护社会的整体安全与稳定。

　　1）预警与预防

　　社会安全事件风险管理通过综合运用多种手段和方法，如数据分析、舆情监测、专家评估等，能够提前识别和发现潜在的社会安全风险。这种预警功能为政府和社会各界提供了宝贵的反应时间，有助于在风险爆发前采取有效措施进行预防和干预。通过建立预警系统，风险管理能够针对识别出的风险点，制订并实施相应的预防措施。这些措施可能包括加强安全监管、提升公众安全意识、优化社会资源配置等，旨在从根本上降低社会安全事件发生的概率。

　　2）应急响应与处置

　　当社会安全事件发生时，风险管理机制能够迅速启动应急预案，组织相关力量进行应急响应。这包括调配救援资源、疏散受威胁人群、控制事态发展等关键步骤，旨在最大限度地减少事件造成的损失和伤害。在应急响应过程中，风险管理机制还负责指导和组织各方力量进行有效处置。这包括采取必要的强制措施控制事态发展、协调各方利益以化解矛盾冲突、提供必要的援助和支持等。通过有效处置，可以迅速恢复社会秩序和稳定。

　　3）损失控制与恢复重建

　　社会安全事件风险管理在事件发生后，能够迅速评估损失情况并采取措施进一步减少损失。这包括保护重要设施和资源、防止次生灾害发生等。同时，通过及时的信息发布和沟通，可以稳定公众情绪，避免恐慌和混乱的蔓延。在事件得到初步控制后，风险管理机制将转向恢复重建工作。这包括制订恢复重建计划、调配资源支持受灾地区、提供心理援助和疏导等。通过恢复重建工作，可以逐步恢复受灾地区的社会秩序和经济发展。

　　4）促进社会稳定与可持续发展

　　社会安全事件风险管理通过预防和应对社会安全事件，有效维护了社会的和谐稳定。

它减少了因冲突、暴恐等事件引发的社会动荡和不安定因素,为经济社会发展提供了良好的环境。在风险管理过程中,注重从源头上解决社会安全问题,推动社会治理体系和治理能力的现代化。这有助于构建更加安全、稳定、和谐的社会环境,为可持续发展提供有力保障。

7.2 社会安全事件风险管理的发展历程

7.2.1 国内社会安全事件风险管理的发展历程

我国古代对社会安全事件并未形成系统性的管理体系,但是在对老百姓的日常管理中能够体现出官府对社会安全事件管理的重视。例如,古代社会通过建造城池来保障人民的安全,这是最早的物理防御措施之一。周朝以后,国家治安体制不断完善,居民在政府的统一编制安排下居住,实行间伍制和坊里制,有利于维护社会稳定和防止犯罪。古代社会实行联保、联防、连坐制度,即同坊的人要相互担保、共同防范犯罪,并实行严格的宵禁制度,以限制居民的非时出入和非时用火,这种制度有助于及时发现和制止犯罪行为,维护社会治安。还有一些朝代规定居民的住宅不得向大街开门,商贸活动只能在特定的市场中进行,并定时进行,这种商业限制有助于减少社会矛盾和冲突。而且,古代还有负责防盗和抓盗贼的巡逻人员,他们夜间防火防盗,保护官府、民宅和店铺的安全。对于破坏社会秩序的行为采取一定的惩罚手段进行制裁,如习惯法或刑法措施。如宋朝在灾荒年间采取宽猛相济的治安管理政策,既安抚民心,又严惩犯罪,体现了法制与人文关怀的结合。

社会安全事件风险管理的实践与演进,其核心聚焦于社会稳定风险评估机制的构建与健全。这一过程深刻彰显了中国政府致力于维护社会稳定、推动经济社会和谐共进的坚定意志与不懈探索,同时也是国家治理效能持续增强的有力证明。中国社会安全事件风险管理的成长轨迹,可以划分为几个关键阶段:先是起步和推广阶段,此阶段标志着风险管理意识的觉醒与初步实践;随后进入制度规范阶段,通过制定和完善相关法律法规及政策框架,为风险管理提供了坚实的制度保障;最终步入落实深化阶段,强调风险管理的精细化操作与持续优化,确保社会稳定风险评估机制的有效运行与不断完善。

1. 起步和推广阶段(2005—2011 年)

自 2005 年起,四川省遂宁市在重大工程项目领域率先迈出了社会稳定风险评估的试点步伐。这一创举不仅标志着中国社会在安全管理领域的一次重要突破,也预示着在快速发展的时代背景下,对于社会稳定与和谐发展的深刻思考和积极实践。遂宁市通过调研、分析以及多方参与的协商机制,逐步构建起一套既符合当地实际、又具有可操作性的社会稳定风险评估体系,为项目决策的科学性、合理性和可持续性提供了有力支撑。

随着试点工作的深入,遂宁市在社会稳定风险评估方面积累的宝贵经验逐渐显现出其独特的价值。这些经验不仅有效预防和化解了多起潜在的社会矛盾与冲突,还为后续同类工作提供了可借鉴的模板。因此,遂宁的实践迅速引起了中央维稳办及社会各界的高度关注与认可。2006 年,遂宁市成功地将这一创新机制系统化、规范化,形成了一套完善的重大事项社会稳定风险评估流程与标准,其成功模式迅速在全国范围内传播开来,成为各地学习、借鉴的典范。

进入 2009 年,全国维护稳定及信访工作的重要性日益凸显。在这一背景下,遂宁市委、市政府受邀参加了第二次全国维稳及信访工作电视电话会议,并自豪地和全国同行分享了其在社会稳定风险评估领域的实践成果与经验。遂宁的分享不仅赢得了与会人员的广泛赞誉,也得到了中央维稳办的充分认可与高度评价。同年,中央政府积极响应,正式发出号召,要求在全国范围内普及和推广社会稳定风险评估工作,标志着这一创新实践正式进入全面推广的新阶段。

2010 年,党的十七届五中全会站在国家发展的战略高度,明确提出了建立健全社会稳定风险评估机制的重大决策。这一战略要求旨在从源头上预防和化解社会矛盾,确保重大工程项目建设与重大政策制定在实施过程中充分考虑社会稳定因素,减少不必要的冲突与摩擦。这一政策导向无疑为社会稳定风险评估工作的进一步深化与发展注入了强大的动力。

自 2011 年起,中央政府以前所未有的力度推进社会稳定风险评估工作的全面实施。通过制订一系列政策措施、加强组织领导和监督考核等方式,确保所有涉及民众切身利益的重大工程项目与政策在决策前都同步进行经济效益和社会稳定风险的双重评估。这一举措不仅提高了决策的科学性和民主性,也有效降低了因决策失误而引发的社会风险与成本。

截至 2011 年末,部分省、市,如四川省、北京市等积极响应中央号召,结合各自实际情况出台了关于开展社会稳定风险评估工作的具体指导意见和实施细则。这些政策文件的出台为社会稳定风险评估工作的全面铺开提供了政策基石和制度保障。同时,各地还纷纷建立健全了相应的组织机构、工作机制和评估体系,确保了社会稳定风险评估工作的顺利开展和有效实施。

2. 制度规范阶段(2012—2014 年)

为了进一步强化社会稳定风险评估工作的规范化、实效性和科学性,确保各项重大决策在维护社会稳定和促进社会和谐方面发挥积极作用,中央及各级地方政府高度重视,并密集出台了一系列配套文件与详尽的指导意见,形成了上下联动、协同推进的良好局面。

2012 年初,中共中央办公厅与国务院办公厅携手发布了《关于建立健全重大决策社会稳定风险评估机制的指导意见(试行)》(以下简称《指导意见》),这一里程碑式的文件不仅为社会稳定风险评估工作提供了明确的制度框架,还深刻阐述了其在新时代背景下所承载的战略意义。《指导意见》将社会稳定风险评估工作置于深入践行科学发展观、坚持人本理念与为民执政的高度,强调要从源头上预见并有效化解社会矛盾,为构建社会主义和谐社会奠定坚实基础。

《指导意见》明确提出了"应评尽评、全面客观、查防并重、统筹兼顾"的四项基本要求,这些基本要求不仅为评估实践提供了清晰的导航,也确保了评估工作的全面性、公正性和有效性。应评尽评要求凡是按规定应当进行社会稳定风险评估的重大决策事项,未经评估不得作出决策。全面客观要求充分发扬民主,深入调查研究,广泛听取意见,全面分析论证,科学客观评估,实事求是反映决策可能引发的各种社会稳定风险及其影响程度。查防并重强调既全面查找决策可能引发的社会稳定风险,又有针对性地采取措施加强解释引导,预防和化解社会矛盾。统筹兼顾强调把评估结果作为决策的重要依据,统筹考虑发展与稳定、整体与局部以及不同利益和各方面的关系,审慎作出决策。

在评估范围与内容方面,《指导意见》明确指出,所有直接关联民众根本利益、影响范围广泛且潜在社会稳定风险的重大决策项目,如重大政策调整、重大工程项目建设、重大改革措施等,均须纳入社会稳定风险评估范畴。评估维度则涵盖决策的合法性、合理性、可行性及可控性四大方面,通过对这些维度的深入分析和综合论证,确保决策过程既符合法律法规要求,又充分反映民意、体现科学性和民主性。

为了确保评估工作的有序进行和评估结果的有效应用,《指导意见》还详细规定了评估流程与责任。评估流程一般包括组织执行、信息收集与意见征集、深入分析与综合论证、风险评估等级界定及评估报告编制等关键步骤。每个步骤都明确了相应的责任主体和具体要求,确保了评估工作的规范性和严谨性。评估报告作为决策制定的核心参考,其结论将直接左右决策走向与实施。同时,《指导意见》还强调了责任追究机制的重要性,对于在评估过程中出现的失职、渎职行为将依法依规严肃处理。

在制度规范的深化阶段,地方政府积极响应中央号召,结合各自区域特点和实际情况制定了针对性的实施方案与操作细则。这些实施方案不仅细化了评估流程、明确了责任分工,还增强了评估工作的灵活性和适应性。同时,地方政府还通过加强培训、宣传和交流等方式不断提高评估人员的专业素养与综合能力水平,为社会稳定风险评估工作的顺利开展提供了有力保障。

3. 落实深化阶段(2015 年至今)

社会稳定风险评估的深化工作不仅体现了国家治理体系和治理能力现代化的重要进展,还标志着中国在应对复杂社会变革和潜在风险挑战时展现出的前瞻性与决断力。随着 2018 年《国务院工作规则》的修订,社会稳定风险评估被正式确立为审议重大事项的先决条件和必经程序,这一举措从根本上提升了风险评估在决策制定流程中的核心地位,确保了每一项重大政策、项目或改革的出台都经过科学、严谨的评估与论证,从而大大降低了因决策失误而引发的社会稳定风险。

在此之后,中央与地方政府紧密协作,围绕社会稳定风险评估机制的不断完善和优化,密集出台了一系列具有里程碑意义的政策文件与指导意见。例如,《中共中央关于全面深化改革若干重大问题的决定》中,对完善重大决策社会稳定风险评估体系提出了明确要求,强调了风险评估在推动全面深化改革进程中的重要作用,为改革决策的科学性、合理性和可行性提供了有力保障。《中共中央关于全面推进依法治国若干重大问题的决定》则更进一步,将公众参与、专家咨询、风险评估等关键环节正式纳入重大行政决策的法定程序之中,不仅增加了决策过程的透明度与公信力,也进一步巩固了社会稳定风险评估的法律地位,为其在法治轨道上的有效运行奠定了坚实基础。

为了确保社会稳定风险评估工作真正落到实处、发挥实效,各级政府还显著加大了对该项工作的监督审查与绩效评估力度。通过建立完善的监督机制,对评估工作的全过程进行动态跟踪与实时反馈,及时发现并纠正存在的问题与不足;通过实施严格的绩效评估,对评估结果的科学性、准确性和实用性进行全面考量,确保评估工作真正为决策提供有价值的参考依据。这一系列监督与评估措施的实施,不仅提高了评估工作的质量与效率,也有效避免了形式主义与官僚主义的滋生、蔓延。

随着制度体系的不断完善与监督机制的持续强化,中国社会安全事件风险管理的整体水平得到了显著提升。各级政府和社会各界对于社会稳定风险评估的重视程度日益提升,越来越多的资源被投入评估工作之中,为评估工作的深入开展提供了有力保障。同时,评估工作的不断深化也促进了社会治理方式的创新与优化,推动了中国社会治理体系的进一步完善与发展。

7.2.2　国外社会安全事件风险管理的发展历程

1. 前公共安全管理时期(萌芽期)

在公共安全管理尚未系统化的早期阶段,西方社会的安全事件风险管理正处于襁褓之中。此阶段的显著标志在于,政府及立法机构面对突发性灾难事件,如火灾、地震等,往往采取的是一种即兴、分散的应对策略,缺乏一套全面且常态化的公共安全管理体系。这些应急响应措施大多依托行政指令或立法干预,专注于个别灾难情境的即时处理与救援工作,而未能构建起跨领域、广覆盖的公共安全预防与应对机制。

以美国为例,1803 年新罕布什尔城遭受重大火灾后,美国政府历史性地通过了一项法案,为灾区提供财政援助,此举标志着美国公共安全管理实践的正式起步。此后一个多世纪,面对自然灾害的频发,美国国会相继颁布了一系列法案,尽管这些法案尚未构建起统一的公共安全管理框架,但它们的频繁出台却在公众意识中逐渐确立了政府作为公共安全守护者的角色与责任。相似地,新西兰在独立前的自治政府阶段,也针对自然灾害与社会动荡采取了公共安全管理举措,显示出对这一领域问题的积极应对态度。而日本在明治维新前后,面对频发的自然灾害,政府频繁发布救援命令,并制定了如《备荒储备法》等防灾法律,这些法律虽初衷非直接针对社会安全事件,却为日本日后构建更为完善的公共安全管理体系奠定了重要基础。

这一时期的社会安全事件风险管理,尽管缺乏系统的规划与持续的制度保障,但正是通过这些实际行动,政府和公众开始认识到公共安全管理的重要性,并产生了相应的需求。这一过程不仅为后续的公共安全管理发展铺垫了社会认同的基础,还通过实践积累了宝贵的经验与教训,为后来建立更为成熟、有效的公共安全管理体制提供了不可或缺的参考。

2. 民防时期(雏形期)

民防时期作为西方社会安全事件风险管理演进历程中的一个关键阶段,其序幕在第一次世界大战的烽火中缓缓拉开,并持续至冷战的紧张高峰期。在此期间,鉴于对战争期间轰炸袭击及间谍活动可能给平民生活带来的严重威胁,多数西方国家纷纷采取行动,成立了专门的民防组织。这些组织不仅聚焦于战争环境下对平民安全的预防性措施与即时应对策略,同时也将职能范围扩展至自然灾害的防范与救援工作,展现出跨领域、综合性的安全管理能力。

民防组织的诞生,预示着公共安全管理的初步形态已悄然形成。它们不仅肩负起战时守护平民免遭敌方侵扰的重任,还自然而然地延伸至灾害应对领域,展现出更为广泛的公共安全职责。新西兰的民防组织在此阶段尤为瞩目,其民防部至今仍是国家公共安全管理的核心指挥力量,持续引领着该领域的发展。同时,英国的空袭防护与民防规划、美国的联邦民防管理局等,均成为民防时期不可或缺的标志性存在。民防时代的社会安全事件风险管理,虽其核心聚焦于战争风险的防范,却也在无形中为后来公共安全管理体制的构建铺设了坚实的组织基石、培养了专业人才并积累了物质基础。这一时期,政府通过民防组织的设立与运作,正式将公共安全管理纳入制度化管理的范畴,有效提升了全社会的公共安全意识。这些实践积累,为后来构建全面、系统化的社会安全事件风险管理体系提供了宝贵的经验借鉴与深刻反思。

然而,民防时期的管理体系亦有其局限性。受限于其主要应对战争威胁的初衷,管理范围相对局限,且倾向于短期的应急响应机制,对于长期的预防与灾后恢复工作关注不足。随着战争阴霾的逐渐散去与自然灾害频发态势的加剧,民防组织在应对非战争性灾难方面的潜力被进一步发掘,这促使西方国家开始审视并探索更为全面、综合性的公共安全管理路径,以更好地应对日益复杂多变的公共安全挑战。

3. 公共安全管理成熟时期(发展期)

进入 20 世纪 70 年代,西方国家的公共安全管理步入成熟与深化的发展新阶段。这一时期,全球社会经济的蓬勃发展与公共安全事件的频发并行不悖,促使各国政府加速构建更为完备且高效的公共安全管理体系。美国在此进程中扮演了领航者的角色,自 1950 年《灾害救助和紧急援助法》奠定基石以来,通过一系列里程碑式的立法与政策创新,如《全国洪水保险法》及《罗伯特·T. 斯塔福救灾和紧急援助法》的颁布,不仅巩固了政府在灾难宣告与直接援助方面的制度基础,也将公共安全管理的视野从单一的应急响应与恢复,拓宽至减灾规划、风险预防及准备工作的全方位覆盖。在此期间,公共安全管理机构的整合与统一成为大势所趋。以美国为例,卡特总统于 1979 年签署的 12127 号行政命令,标志着 FEMA 的诞生,这一举措有效整合了以往分散的应急管理机构,构建了统一的国家公共安全管理体系。FEMA 在随后的岁月里,通过优化组织架构、强化专业能力培训、引入先进技术以及深化跨层级、跨领域的合作机制,显著提升了美国在各类公共安全事件中的应对效率与韧性。

与此同时,公共安全管理理论也迎来了显著飞跃,全风险视角的综合紧急事态管理系统理念日益成为共识,为实践工作提供了科学指导。各国政府纷纷加大对公共安全科研与教育的投入,培养高素质的专业人才,为公共安全管理的可持续发展注入强劲动力。这一系列举措共同推动了西方国家公共安全管理向更加科学化、系统化、高效化的方向迈进。

4. 公共安全管理新阶段(21 世纪至今)

迈入 21 世纪,随着全球化、信息化与城市化的浪潮汹涌澎湃,公共安全管理领域遭遇了前所未有的复杂性与多变性挑战。传统自然灾害与事故灾难的风险阴霾未散,同时,恐怖主义活动、网络安全威胁及公共卫生危机等新兴挑战又接踵而至,迫使公共安全管理体制踏上不断创新与完善的征途。各国政府纷纷强化顶层设计与战略规划,致力于构建更加科学化、高效化、协同化的公共安全管理体系。以美国为例,"9·11"事件后,国土安全部的成立标志着其公共安全管理迈入一个整合与强化的新阶段,FEMA 被纳入其中,以全面应对恐怖主义及其他国内安全挑战,彰显了对综合风险防范与应急响应能力的高度重视。

在全球视野下,跨国界的公共安全挑战促使各国加强国际合作与交流,共同构建防灾减灾、应急救援及信息共享的广泛合作网络,显著提升了全球公共安全管理的协同效能。技术革新亦成为推动公共安全管理现代化的关键力量,大数据、云计算、人工智能等前沿信息技术的蓬勃发展,极大地提升了风险监测预警、应急指挥决策及精准施策的智能化与精细化水平。

此外,公众参与与社区治理在公共安全管理中的作用日益显著,成为不可忽视的力量。各国政府积极倡导并推动社会公众参与公共安全事务,强化社区建设与社会组织能力,鼓励社会自我管理与服务,形成了"政府引领、社会协同、公众参与"的多元共治模式,为构建更加坚韧与可持续的公共安全体系奠定了坚实基础。

7.3　社会安全事件风险管理体系

7.3.1　社会安全事件风险管理法律法规

为了维护社会的和谐稳定,确保公众的生产、生活与工作环境井然有序,中国政府精心编纂了一系列法律与法规,为社会安全事件的风险管理构筑了坚实的法律基石,提供了全面而必要的法律依据。本部分将聚焦于我国在社会安全事件风险管理领域具有关键意义的几部法律,并阐述其核心条款内容,以此彰显国家对这一领域的高度重视与严密布控。这些法律不仅体现了国家对于预防和减轻社会安全事件风险的坚定决心,还明确了各级政府、企事业单位及公民个人在风险管理中的职责与义务,确保在面对突发事件时迅速响应、有效应对,最大限度地保护人民生命财产安全和社会秩序的稳定。通过详细解读这些法律条款,我们可以深刻理解中国政府在构建社会安全防线提升、国家应急管理能力方面的不懈努力与显著成就。

《中华人民共和国宪法》第二十八条规定:"国家维护社会秩序,镇压叛国和其他危害国家安全的犯罪活动,制裁危害社会治安、破坏社会主义经济和其他犯罪的活动,惩办和改造犯罪分子。"第五十一条规定:"中华人民共和国公民在行使自由和权利的时候,不得损害国家的、社会的、集体的利益和其他公民的合法的自由和权利。"第五十三条规定:"中华人民共和国公民必须遵守宪法和法律,保守国家秘密,爱护公共财产,遵守劳动纪律,遵守公共秩序,尊重社会公德。"这为应对社会安全事件提供了法律基础和指导原则。

《刑法》对各类危害国家安全、社会安全的行为及其量刑做了明确的规定。例如,第一百一十五条规定:"放火、决水、爆炸以及投放毒害性、放射性、传染病病原体等物质或者以其他危险方法致人重伤、死亡或者使公私财产遭受重大损失的,处十年以上有期徒刑、无期徒刑或者死刑。过失犯前款罪的,处三年以上七年以下有期徒刑;情节较轻的,处三年以下有期徒刑或者拘役。"第二百九十条规定:"聚众扰乱社会秩序,情节严重,致使工作、生产、营业和教学、科研、医疗无法进行,造成严重损失的,对首要分子,处三年以上七年以下有期徒刑;对其他积极参加的,处三年以下有期徒刑、拘役、管制或者剥夺政治权利。"

《国家安全法》于 2015 年颁布实施,其制定目的是维护国家安全,保卫人民民主专政政权和社会主义制度,保障改革开放和社会主义现代化建设的顺利进行。该法中的部分内容也强调了社会安全事件风险管理的重要性。例如,第三条规定:"国家安全工作应当坚持总体国家安全观,以人民安全为宗旨,以政治安全为根本,以经济安全为基础,以军事、文化、社会安全为保障,以促进国际安全为依托,维护各领域国家安全,构建国家安全体系,走中国特色国家安全道路。"这一条款强调了社会安全与其他领域安全的协同关系,要求在维护社会安全时考虑和兼顾其他方面的安全需求。第二十九条规定:"国家健全有效预防和化解社会矛盾的体制机制,健全公共安全体系,积极预防、减少和化解社会矛盾,妥善处置公共卫生、社会安全等影响国家安全和社会稳定的突发事件,促进社会和谐,维护公共安全和社会安定。"这些条款直接涉及社会安全事件的预防和处置,要求国家建立健全相关体制机制,以应对各种可能影响社会稳定的事件。

《中华人民共和国戒严法》(以下简称《戒严法》)1996年颁布,详细规定了实施戒严的前提、启动与解除戒严的程序、实施戒严的措施等内容。该法规定,在中国发生严重危及国家的统一、安全或者社会公共安全的动乱、暴乱或者严重骚乱事件,不采取非常措施不足以维护社会秩序、保护人民的生命和财产安全的紧急状态时,国家可以决定实行戒严。戒严任务由人民警察、人民武装警察执行;必要时,派出人民解放军协助执行戒严任务。

《中华人民共和国治安管理处罚法》详细列举了多种违反治安管理的行为及其相应的处罚措施。例如,扰乱公共秩序的行为,具体如扰乱机关、团体、企业、事业单位秩序,扰乱公共场所秩序,扰乱公共交通工具上的秩序等。对于此类行为,处警告或者二百元以下罚款;情节较重的,处五日以上十日以下拘留,可以并处五百元以下罚款。妨害公共安全的行为,具体如非法携带枪支、弹药或者弩、匕首等国家规定的管制器具,非法制造、买卖、储存、运输、邮寄、携带、使用、提供、处置爆炸性、毒害性、放射性、腐蚀性物质或者传染病病原体等危险物质等。对于此类行为,根据情节轻重,处五日以上十日以下拘留,可以并处五百元以下罚款;情节较轻的,处五日以下拘留或者五百元以下罚款。

7.3.2　社会安全事件风险管理机构

国务院作为中国社会安全事件应急管理工作的最高指挥机关,统筹协调包括公安部、民用航空局等在内的多个政府部门,共同履行社会安全事件应急管理的职责。在这一体系下,各级地方政府则扮演着各自行政区域内社会安全事件应急管理的核心领导角色,负责直接指挥与协调本区域内的应急响应工作。

针对本书深入探讨的群体性治安事件、刑事犯罪案件及恐怖主义事件等应急管理议题,公安部门无疑是其中至关重要的政府职能部门。其职责广泛而深远,涵盖预防、制止并侦查各类违法犯罪活动,坚决防范与打击恐怖主义行为,有效维护社会治安秩序,制止任何危害社会稳定与安全的行为。此外,公安部门还负责维护国(边)境地区的安宁,保护国家指定的重要人物及场所设施的安全,管理集会、游行与示威活动,监督公共信息网络的安全,并对国家机关、社会团体、企事业单位及重点建设工程的治安保卫工作进行指导和监督,同时积极指导治安保卫委员会等群众性组织加强治安防范工作。

以非法游行、大规模罢课、罢工及冲击首脑机关和要害部门等突发事件为例,这些事件的处置充分展现了政府与公安等相关职能部门协同作战、迅速响应的能力。在此类事件中,政府会立即启动应急预案,公安部门则迅速介入,通过现场控制、人员疏散、调查取证、法律宣教等综合措施,有效维护现场秩序,保障人民生命财产安全,防止事态扩大,并依法对违法行为进行处理,确保社会稳定与和谐。

地方政府角色:在察觉到潜在不稳定因素后,地方政府需立即派遣工作人员开展教育引导、情绪疏导及劝阻工作,力求从源头化解矛盾。面对执意采取过激行为的群体,政府将迅速设置警戒线,有效遏制事态升级。同时,依法收集证据,对煽动闹事者实施拘捕,全力维护社会治安与公共秩序的稳定。

公安与武警使命:公安部门及武警部队将加大对关键目标的安保力度,确保安全无虞。通过设置路障、警戒线等措施,对非法游行队伍实施封锁,必要时采取强制措施阻止其前进。根据上级指示,果断驱散游行队伍及非法集会人员,对组织者及严重违法者实施现场带离,并全面取证。此外,其还负责疏散围观群众,引导交通恢复畅通,确保社会秩序快速恢复正常。

多部门联动:劳动保障、工会、经委等相关部门需派遣专人深入现场,协助开展接待、教育、疏导及情绪缓解工作,形成合力解决问题。

信访工作前沿:政府信访办需迅速组织人员抵达现场,开展直接沟通工作,同时收集反馈情况,及时向领导层汇报,为决策提供依据。

交通保障后盾:交通部门需保持高度戒备,随时调度车辆待命,根据实际需要提供交通与通信支持,确保紧急情况下的畅通无阻。

教育行政部门的责任:教育行政部门需专门负责处理校园内发生的游行、静坐、罢课等事件,同时与公安部门紧密合作,有效应对学生校外非法游行、静坐活动,维护校园及周边安全稳定。

医疗急救保障:卫生与医药管理部门将全力以赴,为受伤人员提供紧急救护,组织调配急救药品与物资,确保医疗救助及时有效。

新闻宣传部门也需强化与公安等部门的协作,确保新闻报道的准确性与导向性;工会、妇联、民主党派等社会团体则可通过开展思想教育、道德法治宣传,助力政府有效平息事件,促进社会和谐稳定。

7.3.3　社会安全事件风险管理机制

1. 社会安全事件应急处置措施

中国社会安全事件的应急管理体系,依据事件的严重程度,被划分为两个主要层次:一般应急管理与紧急状态管理。前者适用于处理那些性质相对温和、影响范围较局限的一般性社会安全事件,通过常规的法律途径和措施,即可有效消除其对公共安全构成的威胁。而后者则是针对那些对国家安全和公共安全构成重大且紧迫威胁的事件,如重大动乱等,当常规法律手段显得力不从心,无法有效遏制或解除这些威胁时,便会依法启动并实施包括戒严在内的特殊且严厉的措施。部分学者亦将此类紧急状态特别命名为"治安紧急状态",以强调其在维护社会治安秩序方面的极端重要性和特殊性。

1）一般应急管理

如果所发生的社会安全事件并非严重威胁国家安全、公共安全的重大动乱等类事件，一般的应急处置就可以应对，用正常的法律手段就可以解除其对公共安全的危害。在日常或相对平稳的状态下，对社会安全事件进行预防、监测、预警和应急处置活动，其管理措施相对较为常规和稳定，更具常态化。一般应急管理主要遵循预防为主、快速响应、协调联动和依法依规的原则。一般应急管理遵照突发事件应急预案，各地区可能带有自身特色，本部分内容以杭州为例，介绍杭州社会安全事件一般应急管理措施。

社会安全事件发生后，事发地区、县(市)政府要立即组织有关部门针对事件的性质和特点，依法采取下列一项或多项应急措施。

（1）针对不同类型社会安全事件，突发事件应对牵头部门要第一时间调查和分析事件起因，抓住主要矛盾点，有针对性地开展法治宣传和说服教育，引导矛盾冲突各方选派代表到矛调中心等合适场所协商谈判解决问题，及时化解矛盾冲突。

（2）坚持疏堵结合，维护现场治安秩序，加强外围交通管制，防止人群向中心区集聚；设置警戒线，强制隔离相互对抗或以暴力行为参与冲突的当事人；成立现场群众工作组，借助基层干部、信访干部力量疏导非直接利益相关者，妥善解决现场纠纷和争端，控制事态发展。

（3）加强对特定区域内的重要建筑物、交通工具、战略设施设备以及燃料、燃气、电力、饮水供应设施的保护控制，确保重点场所重点保护，必要时依法对网络、通信进行管控。

（4）封锁有关场所、道路，查验在场人员、进出人员的身份证件，限制有关公共场所内的人员流动和活动。

（5）加强对易受冲击的核心机关和单位的警戒保卫，在党和国家机关、军事机关、国家通讯社等单位附近设置临时警戒线，加强对敏感和易受攻击人员以及重点场所、部位与建筑的安全保护。

（6）当出现打砸抢、暴力抗法、暴力刑事犯罪等违法犯罪行为或严重危害社会秩序的行为时，公安部门应立即依法出动警力、使用警械，根据现场情况及时依法果断采取强制性措施，维护或恢复社会秩序。

（7）当突发事件严重影响本地区国民经济和社会正常运行时，市政府或有关部门可依法采取应急救援、救助、救济、生活保障、控制等必要的应急措施，保障公共安全和人民群众的基本生产生活需要，最大限度减轻突发事件次生衍生灾害的危害以及社会影响。

2）紧急状态管理

社会安全事件紧急状态管理，指的是在特定时间与空间背景下，面对即将或已经发生的极端重大社会安全危机（涵盖恐怖袭击、经济安全危机、民族宗教冲突及其引发的群体性事件等），这些事件对公共秩序、公共利益乃至国家利益构成严重威胁或已造成实质性损害时，相关国家机关依据法律规定，紧急行使特殊权力，旨在迅速控制局势、消除危害与威胁，并促使经济社会回归常态的一种临时性、高强度的危机管理模式。

在中国，《戒严法》作为法律依据，明确指出了在何种情况下国家可实施戒严措施：当国家统一、安全或社会公共安全遭受严重动乱、暴乱、大规模骚乱等极端威胁，且常规手段已无法有效维护社会秩序、保障人民生命财产安全时，国家有权决定进入戒严状态。

关于戒严的启动与解除,其决策权高度集中。全国人民代表大会常务委员会或国务院作为核心决策机构,负责根据事态严重程度作出相应决定。具体而言,全国范围或省级行政区域(含自治区、直辖市)的全面戒严,需由国务院提请全国人民代表大会常务委员会审议决定,并由国家主席发布戒严令;而针对省级行政区域内部分地区的戒严,则由国务院直接决定,并由国务院总理发布戒严令。戒严措施的解除亦遵循相同程序,确保决策过程的严谨性与权威性。

在中国,戒严的实施主要由国务院或省级人民政府负责。为有效执行戒严任务,这些戒严机关会组建专门的戒严指挥机构,该机构的核心职责在于协调各方行动,确保执行戒严任务的各部门、单位紧密配合、协同作战。戒严指挥机构将统一规划并落实各项戒严措施,以应对紧急情况。实际执行戒严任务的主力军为人民警察和人民武装警察,他们凭借专业的技能和严格的训练,在维护社会秩序、保护人民安全方面发挥着关键作用。在特定情况下,如果戒严任务复杂、艰巨,超出了人民警察和人民武装警察的应对能力,国务院有权向中央军事委员会提出申请,请求人民解放军提供必要的协助和支持,以确保戒严工作顺利进行。

戒严期间,国家可以依照《戒严法》在戒严地区内,对《中华人民共和国宪法》、法规规定的公民权利和自由的行使作出特别规定,戒严机关可以行使如下权力。

禁止或者限制集会、游行、示威、街头讲演以及其他聚众活动;禁止罢工罢市、罢课;实行新闻管制;实行通信、邮政、电信管制;实行出境入境管制;禁止任何反对戒严的活动。

决定在戒严地区采取交通管制措施,限制人员进出交通管制区域,并对进出交通管制区域人员的证件、车辆、物品进行检查。

可以决定在戒严地区采取宵禁措施。

在戒严地区对武器、弹药、管制刀具、易燃易爆物品、化学危险物品、放射性物品、剧毒物品等采取特别管理措施。

戒严地区的县级以上人民政府可以临时征用国家机关、企业事业组织、社会团体以及公民个人的房屋、场所、设施、运输工具、工程机械等。

戒严期间,采取措施加强戒严地区首脑机关、军事机关和重要军事设施与国计民生有重大关系的公用企业和公共设施场所、机场、火车站及港口等重点单位和场所的警卫。

戒严实施机关可以对基本生活必需品的生产、运输、供应、价格,采取特别管理措施,以达到保障戒严地区内的人民基本生活必需品的供应的目的。

2. 社会安全事件风险管理方法

1)头脑风暴法

在社会安全风险分析领域,头脑风暴法是一种高效集思广益的方法。它旨在通过汇聚来自业务、技术等多领域的专家团队,利用他们各自的专业知识与丰富经验,围绕社会安全风险分析中的具体问题展开无拘无束的探讨。这一过程鼓励专家们自由发表见解,包括但不限于风险源的发掘与识别、潜在风险要素的提出,以及深入分析这些要素如何影响事件发生的可能性及其后果的严重程度。通过头脑风暴会议,专家组成员能够相互激发灵感,共同识别并剖析导致社会安全事件的风险根源及关键因素。此外,该方法还促进了针对风险防范与管控策略的创新性思考,为后续的风险管理决策提供宝贵的见解与建议。

实施头脑风暴法时,恰当的引导策略至关重要。会议初期,营造开放、包容的讨论环境是基础,确保每位专家都畅所欲言。随着讨论的深入,有效的会议管理变得尤为重要,包括适时调整讨论节奏、引导话题逐步深化,以及及时捕捉并记录讨论中涌现的新颖观点与议题。这样的过程不仅促进了信息的充分交流,也确保了头脑风暴活动高效、有序地进行,为全面评估与应对社会安全风险奠定坚实基础。

头脑风暴法的实施流程可细化为以下几个关键步骤。

步骤一,前期准备:在召开讨论会之前,主持人需精心准备一系列关于社会安全风险分析的具体讨论问题,并附上详尽的提示与说明材料,以确保讨论聚焦于核心议题。

步骤二,明确目标与规则:会议伊始,主持人应清晰阐述本次讨论会的目标,即希望通过头脑风暴法达到何种成果,并详细解释会议的基本规则,如鼓励自由发言、避免即时评判等,以营造一个开放、包容的讨论氛围。

步骤三,引导讨论与激发思考:主持人正式引入预先准备的问题及其说明,引导专家们围绕这些问题展开探索。在此阶段,鼓励专家们积极发现问题、提出个人见解,并进行深入的分析与讨论。重要的是,要维持一个无批评的环境,即不对任何观点进行即时评价,确保所有输入都被接纳。同时,主持人需灵活推动讨论进程,促使专家们的思维快速碰撞,激发更多横向联想与创意火花。

步骤四,方向引导与观点收集:随着讨论的深入,当某一方向的观点已被充分挖掘或讨论开始偏离主题时,主持人需适时介入,引导与会人员转向新的讨论方向。这一策略旨在确保讨论的全面性与多样性,尽可能多地搜集不同角度的观点与见解,为后续的分析与决策工作提供丰富的素材。

头脑风暴法的实施步骤如图 7-1 所示。

2)德尔菲法

德尔菲法是一种遵循严谨系统流程,依托专家群体深厚知识积累,旨在达成可靠共识的决策辅助技术。其核心特色在于保障每位专家独立且匿名地贡献其见解,确保意见表达不受他人影响。在整个过程中,专家之间

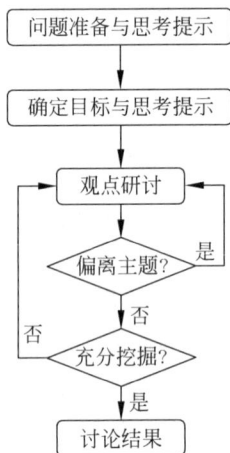

图 7-1　头脑风暴法的实施步骤

不直接交流讨论,而是通过调查人员作为中介,以问卷形式收集、汇总并反馈意见。这一过程循环往复,不断迭代,直至专家组的意见趋于一致,达成共识。

德尔菲法的灵活性和有效性使其广泛应用于风险管理的各个阶段,特别是在风险分析这一关键环节。通过该方法,可以系统地识别、评估潜在风险,并基于专家共识制定更为精准的风险应对策略,为组织安全、稳健运行提供有力支持。

德尔菲法的实施遵循一系列精心设计的步骤,以确保在专家间非面对面交流的情况下,汇聚独立而深入的见解。其具体实施流程如下。

组建专家小组:根据任务需求,组建一个或多个由具备相关专业知识和经验的专家构成的团队。

设计首轮问卷:精心编制第一轮半结构化问卷调查表,这些问题旨在引导专家针对

特定议题或问题提供初步的看法和建议。

分发与回收问卷：将设计好的问卷通过适当方式发送给每位专家组成员，并设定合理的返回期限，以确保专家有足够的时间深思熟虑后提交回答。

信息汇总与反馈：收到首轮答复后，组织方对收集到的信息进行详细分析、对比和汇总，提炼出关键观点与分歧点。随后，将这些汇总后的信息（不包含专家个人身份信息）再次分发给专家组成员，以便他们了解其他专家的意见。

专家意见迭代：专家在收到汇总信息后，被鼓励重新审视自己的立场，比较并考虑其他专家的观点，据此修改或完善自己的意见和判断。这一过程促进了思想的碰撞与融合。

重复循环：上述步骤（从信息汇总与反馈到专家意见迭代）被反复执行，形成一个闭环的迭代过程。随着循环次数的增加，专家间的意见逐渐趋同，直至在关键问题上达成共识。

德尔菲法的实施步骤如图 7-2 所示。

3）层次分析法

层次分析法（analytic hierarchy process，AHP）诞生于 20 世纪 70 年代，由美国杰出的运筹学专家托马斯·L.塞蒂（Thomas L. Saaty）博士创立。该方法以其系统性、高度的灵活性及广泛的实用性而著称，特别适用于处理那些包含多目标、多层次、多因素的复杂决策问题。在社会经济、科技发展、战略规划等众多领域，层次分析法已成为评价、决策、预测及规划不可或缺的工具。在社会安全风险分析领域，由于风险要素纷繁复杂且众多，其中不乏难以通过直接数据全面量化的元素。面对这一挑战，层次分析法提供了一种创新性的半定量分析方法。通过构建层次结构模型，将复杂的安全风险问题拆解为若干相互关联的子问题，并借助专家的经验与判断进行相对重要性的量化评估，从而有效整合了定性与定量信息，为社会安全风险分析提供了更为全面、深入且科学的解决方案。

层次分析法的实施步骤如图 7-3 所示。

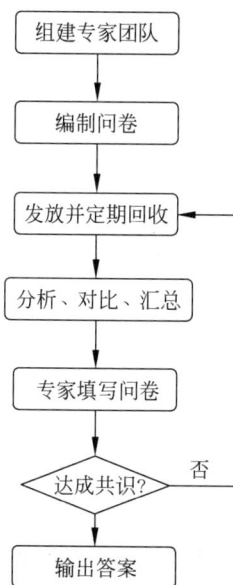

图 7-2　德尔菲法的实施步骤

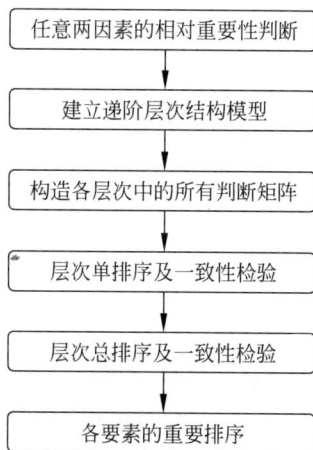

图 7-3　层次分析法的实施步骤

对决定风险分析结果的任意两个风险要素的相对重要性进行比较、判断,给予量化。为保证输入的比较值真实可信,通常可以用德尔菲法、头脑风暴法等方法进行操作。

层次分析法的建模分为以下四个步骤。第一,建立递阶层次结构模型。第二,构造各层次中的所有判断矩阵。第三,层次单排序及一致性检验。第四,层次总排序及一致性检验。其中后两个步骤在整个过程中需要逐层地进行。

最后确定各社会安全风险要素相对于总风险的重要排序。

4)故障树分析法

故障树分析(fault tree analysis,FTA)是一种系统化技术,旨在识别并剖析导致某一特定不利后果(称为顶事件)发生的所有可能原因,这些原因在FTA中被统称为"故障"。在社会安全风险分析的语境下,我们可以将社会安全突发事件视为顶事件,而将一切可能促成或触发该事件的风险因素视为"故障"。通过运用基于专家经验的判断方法,FTA能够识别出这些故障因素,并进一步利用逻辑门符号(如与门、或门等)在顶事件与各层次故障之间建立逻辑联系,最终以树状图的形式直观展现。这种树形结构不仅清晰地描绘了风险要素(即故障)与社会安全事件之间的内在逻辑关系,还促进了对风险传播路径的深入理解。

FTA所识别的风险要素广泛多样,可能涉及人员与组织的行为失当、物品与场所的特定状态、环境的恶化条件,以及与其他相关事件的相互作用等。它不仅支持对顶事件潜在根源及其发展脉络的定性探索,即揭示"为什么"会发生,而且在拥有足够风险要素数据支持的情况下,还能进行定量分析,精确估算社会安全事件的发生概率。

图7-4展示了FTA结构的一个示例,该图直观地反映了如何通过构建故障树来系统化地分析和评估社会安全事件的风险,为决策者提供了强有力的工具,以制定有效的风险管理策略。

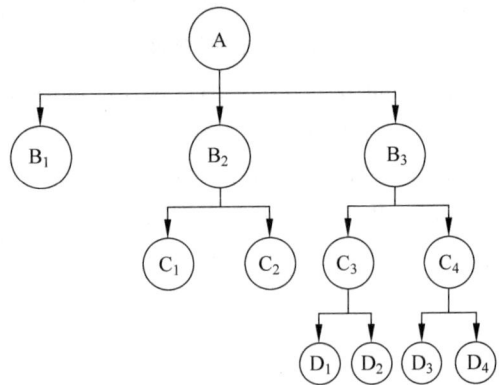

图7-4　FTA结构的一个示例

对于定性分析,需要了解故障原因(风险要素)及导致事件发生的方式;对于定量分析,需要了解故障树中各故障的发生概率。建立故障树的步骤如下。

步骤一:界定分析对象和需要分析的对象事件(顶事件)。

步骤二:从顶事件入手,识别造成顶事件的直接原因。

步骤三:调查原因事件(故障),对每个故障进行分析,以识别造成故障的原因(人员、组织的行为,物品、场所、环境的状态,或者其他关联事件的影响)。

步骤四:分步骤地、自上而下地开展系统性分析,直到进一步分析不会发现任何故障事项,处于分析中系统最低水平的事项及原因称作基本事件。

步骤五:定性分析,按故障树结构进行简化,确定各基本事件的结构重要度;定量分析,找出各基本事件的发生概率,计算出顶事件的发生概率,计算出概率重要度和临界重要度。对于每个控制节点而言,所有的输入数据都必不可少,并足以产生输出事项。

步骤六：除了估算顶事件发生的可能性之外，还要识别那些形成顶事件独立路径的最小分割集合，并计算它们对顶事件的影响。除了简单的故障树之外，当故障树存在几处重复事件时，需要通过算法进行计算，得到最小割集。

故障树分析的输出结果包括：第一，顶事件发生方式的示意图，并可显示各路径之间的相互关系；第二，最小分割集合清单（单条故障路径），并说明每条路径的发生概率（如果有相关数据）；第三，顶事件的发生概率。图 7-5 展示了故障树分析法的实施步骤。

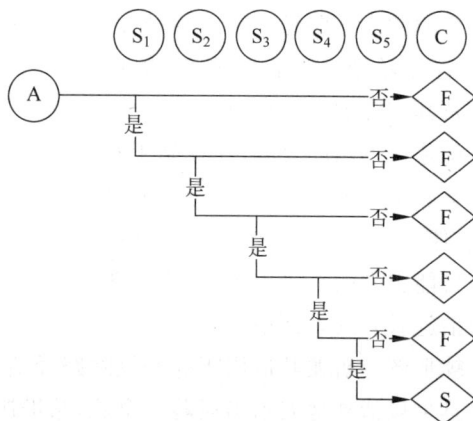

5）事件树分析法

事件树分析（event tree analysis，ETA）聚焦于事件的根源，即初因事件，作为分析的起点。在社会安全风险评估的框架内，ETA 从事件的初始状态着手，遵循逻辑顺序，逐步探索初因事件可能引发的多种后续情境及其后果，进而实现风险的定性或定量评估。这一过程中，事件的演进路径被直观地绘制成树状图，因此得名"事件树"。事件树展现出一种发散式的树形结构，其分支代表了初因事件后可能加剧或缓解情况的子事件，清晰揭示了风险的演变路径和多种可能结果。

ETA 特别适用于分析涉及多个环节和复杂因素的事件风险。在定性分析阶段，它依赖于专家知识，对初因事件后可能展开的各种场景进行识别、梳理，并探讨不同风险缓解与干预措施对最终后果的潜在影响，提出见解和假设。而在定量分析阶段，ETA 则进一步评估这些风险防控和干预手段的有效性与可接受性，通过量化分析为决策提供更为精确的数据支持。图 7-6 所示为事件树结构。

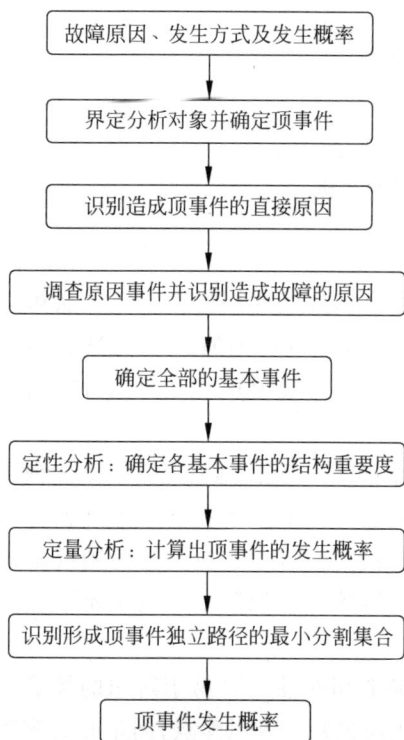

图 7-5　故障树分析法的实施步骤

图 7-6　事件树结构

（1）输入：初始事件清单；针对初始事件的风险防控、干预手段及其失效概率。

（2）过程：选出初始事件，即可能发生的社会安全事件；将旨在缓解或消除事件后果的风险防控、干预手段按时序列出，用一条线来代表每个风险防控、干预手段的成功或失败；每条线都应标出一定的失效概率，通过专家判断或故障树分析的方法来估算这种条件概率，事件树的每条路径代表着该路径内各种事项发生的概率；用单个条件概率与初始事件发生频率的乘积来表示每条路径下的最终后果。

（3）输出：对潜在问题进行定性描述，并将这些问题视为包括初始事件同时能产生各类问题的综合事件；对各类事件的发生概率（或频率）以及事件发生序列、各类事件相对重要性的估算；降低风险的措施清单；风险防控、干预手段的定量评价。

图 7-7 展示了事件树分析法的实施步骤。

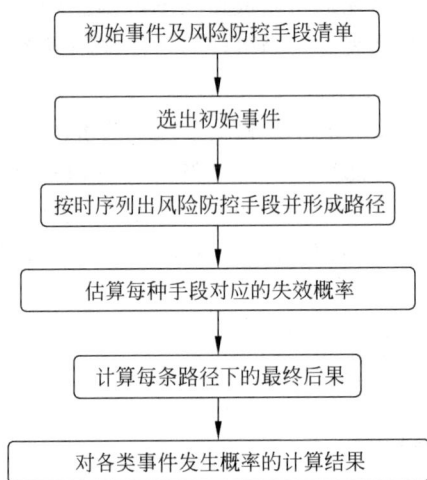

图 7-7　事件树分析法的实施步骤

6）蝶形图分析法

蝶形图分析是一种直观而简洁的图示工具，旨在全面描绘并剖析某一风险从源头至最终影响的完整路径。它巧妙融合了故障树分析（侧重于事项起因的追溯）与事件树分析（聚焦于事项结果的推演）的精髓，但更为强调在风险演变路径上识别并评估有效的预防措施及其实际效能。

构建蝶形图的过程，往往始于对故障树和事件树的深入理解，随后通过诸如头脑风暴等专家驱动的方法，将这些分析成果转化为图形化表达。蝶形图的核心在于其独特的结构，它像一只翅膀张开的蝴蝶，左侧翅膀代表风险的各种潜在原因，右侧翅膀则展示这些原因可能引发的具体后果，而连接两翼的"身体"部分则聚焦于风险防控的关键环节——预防措施及其效果评估。

蝶形图分析尤其适用于那些风险路径清晰、各环节相对独立且易于辨识的场景。这一工具可以清晰地展示出风险的全貌，帮助决策者快速识别关键风险点，制定并实施针对性的防控策略，从而有效管理并降低潜在风险的影响。与故障树及事件树相比，蝶形图通常更易于理解。图 7-8 所示为蝶形图的结构示意图。

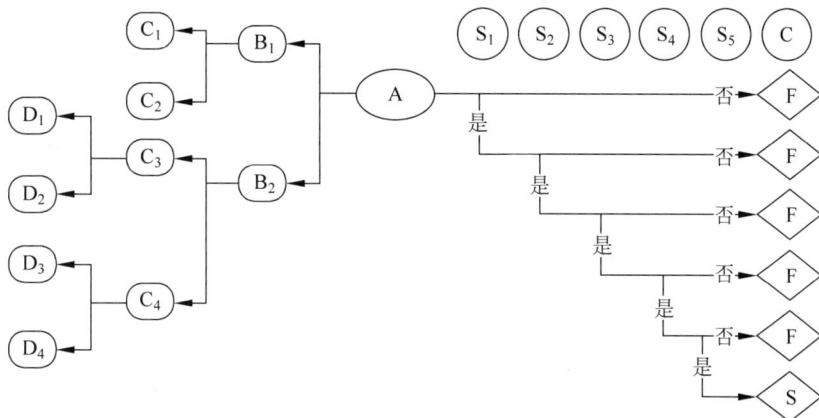

图 7-8　蝶形图的结构示意图

蝶形图分析法的实施步骤如图 7-9 所示。

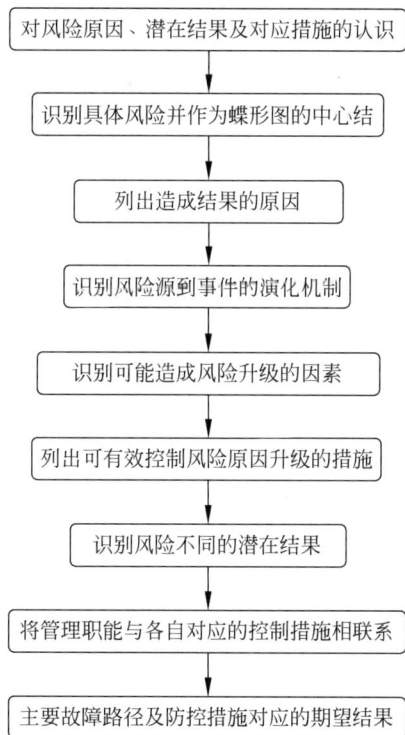

图 7-9　蝶形图分析法的实施步骤

（1）输入：对社会安全风险的原因和结果以及对应的风险防控措施的认识。

（2）过程：识别需要分析的具体风险，并将其作为蝶形图的中心结；列出造成结果的原因；识别风险源到事件的演化机制；在蝶形图左手侧的每个原因与结果之间画线，识别哪些可能造成风险升级的因素并将这些因素纳入图表中；如果某些因素可有效控制风险原因的升级，用条形框列出这些"控制措施"；在蝶形图右侧，识别风险不同的潜在结果，并以风险为中心向各潜在结果处绘制出放射状线条；如果某些因素可有效控制风险结果的升级,用条形框列出这些"控制措施";管理职能(如培训和检查)应表示在蝶形图中,并与各自对应的控制措施相联系。在路径独立、结果的可能性已知的情况下,可以对蝶形图进行一定程度的量化,同时可以估算出控制效果的具体数字。

(3)输出:输出蝶形图结果,可以说明主要的故障路径以及风险防控措施对应的期望结果。

社会安全事件风险管理分析方法的优缺点见表 7-1。

表 7-1　社会安全事件风险管理分析方法的优缺点

方　法	优　　点	缺　　点
头脑风暴法	1. 激发想象力 2. 全面沟通 3. 速度较快且易于开展	1. 分析过程及结果全面性较难保证 2. 主观性强,依赖专家知识和经验 3. 存在讨论中的不确定性,如特殊小组状况导致某些重要观点被忽略
德尔菲法	1. 匿名性促进真实观点表达 2. 所有观点获同等重视 3. 便于分散或在线开展	1. 实施过程烦琐、耗时 2. 成本较高,需清晰书面表达 3. 无法完全避免知识局限和主观性导致的偏颇
层次分析法	1. 定性与定量分析结合 2. 决策者直接参与,思维过程数学化、模型化 3. 有助于保持思维一致性	1. 依赖专家经验和知识,主观性大 2. 比较、判断过程粗糙,不适合高精度要求 3. 无法完全排除专家个人观点的片面性
故障树分析法	1. 系统、规范的方法,灵活性高 2. 关注顶事件直接相关的故障 3. 图形化表示便于理解 4. 有利于识别复杂系统中的简单故障路径	1. 基本事件概率不确定性大时,顶事件概率不确定性也大 2. 有时难以确定所有路径 3. 是静态模型,无法处理时序关系 4. 要求分析人员熟悉对象系统
事件树分析法	1. 简单图形展示全部潜在情景 2. 说明时机、依赖性和多米诺效应 3. 清晰体现事件发展顺序	1. 可能错过重要初始事件 2. 难以纳入延迟见效的风险防控措施 3. 专家可能忽视某些从属因素,导致分析过于乐观
蝶形图分析法	1. 图形清晰表示问题,便于理解 2. 分析风险防控措施的效能 3. 使用要求不高的专业知识水平	1. 无法描述多种原因同时作用的情况 2. 可能过于简化复杂情况,尤其在进行定量分析时

本节介绍的是社会安全事件风险分析中六种常见的分析方法,各种方法有其特有的优缺点。头脑风暴法能激发专家想象力,促进全面沟通,但过程松散且主观性强。德尔菲法通过匿名表达避免权威影响,便于远程协作,但耗时且成本较高,知识局限影响分析准确性。层次分析法结合定性与定量分析,决策过程透明,但依赖专家经验,精度有限。故障树分析法系统规范,灵活性强,但处理复杂系统时受不确定性影响大,且模型静态。事件树分析法图形展示清晰,适合分析多米诺效应,但识别所有初始事件难,难以纳入延迟见效措施。蝶形图分析法图形直观,适合评估防控措施,但简化复杂情况,不适合定量分析。

案例讨论

7·10 廉江故意伤害案

2023 年 7 月 10 日,广东省廉江市横山镇发生了一起震惊社会的故意伤害案。当天早上 7 时 40 分左右,一名 25 岁的男子吴某杰持刀闯入当地一所幼儿园,在幼儿园门口对人群乱捅乱刺,导致 6 人死亡、1 人受伤。受害者中包括儿童、家长和老师等无辜人员。

事件发生后,当地公安、医疗等部门迅速响应,8 时许,犯罪嫌疑人吴某杰被廉江市公安局抓获归案。现场目击者描述了当时的混乱场景,孩子们和大人的哭喊声与惨叫声响成一片,现场情况令人痛心。

这起事件引起了社会各界的广泛关注和强烈反响。人们纷纷对犯罪嫌疑人的残忍行为表示谴责,并对受害者与家属表示深切的哀悼和同情。同时,该事件也引发了公众对幼儿园安保问题的担忧和反思,要求加强幼儿园等公共场所的安保措施,确保孩子们的安全。

相关部门和社会各界迅速采取行动,加强了对幼儿园等场所的安保措施,增加了安保人员数量,提高了安保人员素质,并加强了安保设施建设。此外,政府有关部门还加强了对社会矛盾的化解和疏导工作,通过加强基层调解、完善法律援助制度等方式,及时化解社会矛盾,以减少类似事件的发生。

资料来源:广东廉江发生一起故意伤害案 致 6 死 1 伤[EB/OL]. (2023-07-10)[2024-11-07]. https://baijiahao.baidu.com/s?id=1771017141587282810&wfr=spider&for=pc.

思考:结合现实思考,当前公共场所安保如何做到保证公民安全万无一失?

即 测 即 练

参 考 文 献

[1] BURTON I,WHITE G F. The environment as hazard[M]. 2nd ed. New York：The Guilford Press，1993.

[2] CUTTER S L. Vulnerability to environmental hazards[J]. Progress in human geography,1996,20(4)：529.

[3] MCNICOLL G. At risk：natural hazards，people's vulnerability，and disasters[J]. Population & development review,1996,22(1)：169-170.

[4] WATTS M J,BOHLE H G. The space of vulnerability：the causal structure of hunger and famine [J]. Progress in human geography,1993,17(1)：43-67.

[5] CHAMBERS R. Vulnerability，coping and policy(editorial introduction)[J]. IDS bulletin,2006,37(4)：33-40.

[6] 艾学蛟.突发事件与应急管理[M].北京：新华出版社,2010：94-102.

[7] 陈文清.牢固树立和践行总体国家安全观 谱写新时代国家安全新篇章[EB/OL].（2022-04-15）[2024-08-06]. http://www. qstheory. cn/dukan/qs/2022-04/15/c_1128558801. htm.

[8] 陈锦治,王旭辉,杨敬,等.突发公共卫生事件预防与应急处理[M].南京：东南大学出版社,2005：1-8.

[9] 蔡秋蓉.国家应对重大疫情的结构、机制与路径研究[D].苏州：苏州大学,2022.

[10] 翟良云.英国的应急管理模式[J].劳动保护,2010(7)：112-114.

[11] 董建坤,邢以群,张大亮.备而有用,用而有备：应急管理的"平战结合"模式研究[J].中国应急管理科学,2020,2(12)：37-47.

[12] 樊博,聂爽.应急管理中的"脆弱性"与"抗逆力"：从隐喻到功能实现[J].公共管理学报,2017,14(4)：129-140,159-160.

[13] 樊博,乔楠.应急管理视域下抗逆力构成及其关系结构研究[J].中国行政管理,2022(2)：141-148.

[14] 方曼.风险感知跨学科研究的理论进展与范式变迁——基于心理学视域的解读[J].国外理论动态,2017(6)：117-127.

[15] 方韶东.浅谈英国法制与应急管理机制[J].防灾博览,2011(3)：63-69.

[16] 广东省人民政府办公厅.广东省人民政府办公厅关于印发广东省突发地质灾害应急预案等4个专项应急预案的通知[EB/OL].（2021-01-06）[2024-08-06]. https://www. gd. gov. cn/zwgk/gongbao/2021/2/content/post_3367067. html.

[17] 郭羽,侯永康,樊凡.社会风险放大理论视角下的风险感知与扩散：以日本福岛核电站核污染水排放事件为例[J].全球传媒学刊,2023,10(3)：82-98.

[18] 郭骅.社会现代性背景下的城市应急管理情报体系构建研究[D].南京：南京大学,2017.

[19] 顾金喜,蒋林慧.应急管理体系和能力现代化的整体逻辑、多重困境与优化策略[J].治理研究,2024,40(6)：140-156,160.

[20] 高小平.中国特色应急管理体系建设的成就和发展[J].中国行政管理,2008(11)：18-24.

[21] 国家减灾委员会.国家减灾委员会关于印发《"十四五"国家综合防灾减灾规划》的通知[EB/OL].（2022-06-19）[2024-08-06]. https://www. mem. gov. cn/gk/zfxxgkpt/fdzdgknr/202207/t20220721_418698. shtml.

[22] 国务院.国务院关于印发"十四五"国家应急体系规划的通知[EB/OL].（2022-02-14）[2024-08-07]. https://www. gov. cn/zhengce/content/2022-02/14/content_5673424. htm.

[23] 国务院办公厅.国务院办公厅关于印发国家综合防灾减灾规划（2016—2020年）的通知[EB/

OL].（2017-01-13）[2024-08-07]. https://www.gov.cn/zhengce/content/2017-01/13/content_5159459.htm.

[24] 杭州市人民政府.杭州市人民政府关于印发杭州市突发事件总体应急预案（2022年修订）的通知[EB/OL].（2022-06-13）[2024-08-07]. https://www.hangzhou.gov.cn/art/2022/6/22/art_1229063387_1821348.html.

[25] 胡啸峰.社会安全风险分析方法概论[M].北京：清华大学出版社,2021：1-2,3-4.

[26] 黄建毅,刘毅,马丽,等.国外脆弱性理论模型与评估框架研究评述[J].地域研究与开发,2012,31(5)：1-5,15.

[27] 金太军,赵军锋.风险社会的治理之道：重大突发公共事件的政府协调治理[M].北京：北京大学出版社,2018：52-62.

[28] 贾群林,刘鹏飞.突发公共事件的应急指挥与协调[M].北京：当代世界出版社,2010：9-17.

[29] 姜传胜,张戬,胡成.突发事件应急预案的若干理论与实践问题思辨[J].甘肃行政学院学报,2024(4)：95-109,128.

[30] 林亦府,孟佳辉,汪明琦.自助、共助与公助：日本的灾害应急管理模式[J].中国行政管理,2022(5)：136-143.

[31] 李秋霞.城市突发公共卫生事件经济影响与应急处置机制研究[D].北京：中国社会科学院研究生院,2021.

[32] 李鑫.社会网络视角下群体性突发事件演化机理与控制研究[D].秦皇岛：燕山大学,2016.

[33] 刘小茜,王仰麟,彭建.人地耦合系统脆弱性研究进展[J].地球科学进展,2009(8)：917-927.

[34] 刘钧.西方抗逆力理论：转型、演进、争辩和发展[J].国外社会科学,2011(6)：67-74.

[35] 刘钧,徐晓华,刘文敬.风险管理概论[M].北京：清华大学出版社,2013：35-36.

[36] 刘新立.风险管理[M].北京：北京大学出版社,2006：29-32.

[37] 吕孝礼,朱宪,徐浩.公共管理视角下的中国危机管理研究（2012—2016）：进展与反思[I].公共行政评论,2019,12(1)：169-196,216.

[38] 重组裁员不被看好 LG集团放弃雅顿[EB/OL].（2014-07-09）[2024-11-14]. http://finance.ce.cn/rolling/201407/09/t20140709_3122607.shtml.

[39] 聂挺.风险管理视域：中国公共危机治理机制研究[D].武汉：武汉大学,2014.

[40] 孟博,刘茂,李清水,等.风险感知理论模型及影响因子分析[J].中国安全科学学报,2010(10)：59-66.

[41] 祁明亮,池宏,赵红,等.突发公共事件应急管理研究现状与展望[J].管理评论,2006(4)：35-45,64.

[42] 秦立强.社会稳定的安全阀：中国犯罪预警与社会治安评价[M].北京：中国人民大学出版社,2004：274.

[43] 任宗哲,李笑宇.我国公共危机治理的演进、问题与优化[J].西北大学学报（哲学社会科学版）,2022,52(5)：60-72.

[44] 宋宪萍,曹宇驰.风险的社会放大框架：逻辑进路与趋向研判[J].甘肃社会科学,2022(5)：130-139.

[45] 闪淳昌,周玲,秦绪坤,等.我国应急管理体系的现状、问题及解决路径[J].公共管理评论,2020,2(2)：5-20.

[46] 苏映雪,庞智洋,孙宏,等.面向突发公共卫生事件社区抗逆力系统逻辑模型构建[J].中国公共卫生,2022,38(2)：145-148.

[47] 石银凤.我国重大公共卫生事件应急管理跨部门协同绩效评价研究[D].北京：中央财经大学,2023.

[48] 唐钧.应急管理与危机公关：突发事件处置、媒体舆情应对和信任危机管理[M].北京：中国人民

大学出版社,2012:68-76.

[49] 汤景泰,巫惠娟.风险表征与放大路径:论社交媒体语境中健康风险的社会放大[J].现代传播, 2016,38(12):15-20.

[50] 田心.河南郑州"7·20"特大暴雨灾害调查报告公布[N].新华社,2022-01-21.

[51] 汪艳霞,韩方舒.重大突发公共卫生事件中城市抗逆力提升路径研究[J].长治学院学报,2023, 40(4):72-80.

[52] 王聪悦.美国公共卫生治理:沿革、经验与困境[J].当代世界,2020(4):49-56.

[53] 王锋.当代风险感知理论研究:流派、趋势与论争[J].北京航空航天大学学报(社会科学版),2013(3): 18-24.

[54] 王慧.习近平谈防灾减灾:从源头上防范 把问题解决在萌芽之时[EB/OL].(2020-05-12)[2024-11-14].http://www.qstheory.cn/zdwz/2020-05/12/c_1125972870.htm.

[55] 王京京.国外社会风险理论研究的进展及启示[J].国外理论动态,2014(9):95-103.

[56] 王声湧,林汉生.突发公共卫生事件应急管理学[M].广州:暨南大学出版社,2011:17-22.

[57] 王希龙.地方突发事件概论[M].成都:四川人民出版社,2002:60-61.

[58] 王周伟.风险管理[M].北京:机械工业出版社,2017:30-32.

[59] 湖北省应急管理厅.违规建设形成密闭空间 天然气泄漏遇火发生爆炸——湖北省十堰市张湾区艳湖社区集贸市场"6·13"重大燃气爆炸事故分析[J].吉林劳动保护,2021(10):44-48.

[60] 贝克.风险社会[M].何博闻,译.南京:译林出版社,2004:34-35.

[61] 吴大明.美国大规模搜索与救援预案研究与启示[J].劳动保护,2019(12):50-52.

[62] 伍麟,王磊.风险缘何被放大?——国外"风险的社会放大"理论与实证研究新进展[J].学术交流,2013(1):141-146.

[63] 习近平.构建起强大的公共卫生体系 为维护人民健康提供有力保障[EB/OL].(2020-09-16)[2024-11-14].http://politics.people.cn/n1/2020/0916/c1024-31862688.html.

[64] 薛晓源,周战超.全球化与风险社会[M].北京:社会科学文献出版社,2005:24-30.

[65] 夏玉珍,卜清平.风险理论方法论的回顾与思考:从个体主义到结构主义的对立与融合[J].学习与实践,2016(7):90-97.

[66] 徐君,李贵芳.资源型城市脆弱性的 AHV 模型及演化耦合作用分析[J].资源开发与市场,2017, 33(8):899-904.

[67] 徐明,郭磊.中国公共安全与应急管理的学术版图及研究进路[J].管理学刊,2020,33(4):1-16.

[68] 徐婷,鲍勇,王韬.中国公共卫生应急管理体系的变迁与效果分析[J].中国公共卫生,2020, 36(12):1704-1706.

[69] 徐伟,刘凯,李碧雄,等.多灾种重大自然灾害承灾体脆弱性评估:指标、方法与结果[J].中国减灾,2022(7):16-18.

[70] 薛澜,钟开斌.突发公共事件分类、分级与分期:应急体制的管理基础[J].中国行政管理,2005(2):102-107.

[71] 俞顺章,王霞.灾难:突发公共卫生事件回顾[M].上海:上海辞书出版社,2005:20-26.

[72] 杨飞,马超,方华军.脆弱性研究进展:从理论研究到综合实践[J].生态学报,2019,39(2):441-453.

[73] 杨国梁,多英全,王如君,等.事故灾难类城市安全风险评估基本原则与流程[J].中国安全科学学报,2018,28(10):156-161.

[74] 杨俊,向华丽.基于 HOP 模型的地质灾害区域脆弱性研究——以湖北省宜昌地区为例[J].灾害学,2014,29(3):131-138.

[75] 杨石含,曾涛,陈晓军.基于 SARF 理论的典型案例放大检视和风险控制[J].中国卫生法制, 2023,31(6):1-5,21.

[76]　于魏华.中外应急管理模式的比较与借鉴[J].中国管理信息化,2015,18(9):231-234.

[77]　殷建立.社交媒体情境下的公共危机管理研究[D].天津:天津大学,2017.

[78]　尹介红.面向突发事件生命周期的应急决策研究[D].成都:西南交通大学,2016.

[79]　习近平在中央政治局第十九次集体学习时强调 充分发挥我国应急管理体系特色和优势 积极推进我国应急管理体系和能力现代化[EB/OL].(2019-11-30)[2024-08-08].https://news.cctv.com/2019/11/30/ARTItvms7mOF7fvvD6k1FJbZ191130.shtml.

[80]　张枫怡,赵静,傅云翔,等.我国突发公共卫生事件应急管理政策变迁研究[J].医学与社会,2023,36(4):68-73,79.

[81]　张国云.新媒体环境下突发公共卫生事件应急管理机制研究[D].武汉:华中科技大学,2019.

[82]　张介明.我国古代对冲自然灾害风险的"荒政"探析[J].学术研究,2009(7):122-127,160.

[83]　张小明.突发事件风险管理[M].北京:中国人民大学出版社,2018:124-125,161-163,171-172,185-186.

[84]　张明红.基于案例的非常规突发事件情景推理方法研究[D].武汉:华中科技大学,2016.

[85]　中国疾病预防控制中心.突发事件公共卫生风险评估技术方案(试行)[EB/OL].(2017-08-10)[2024-11-15].https://www.chinacdc.cn/jkyj/tfggws/jswj1/201708/t20170810_301463.html.

[86]　中华人民共和国国务院.特别重大、重大突发公共事件分级标准(试行)[EB/OL].(2015-12-30)[2024-11-15].https://public.xingyang.gov.cn/D20X/825338.jhtml.

[87]　国务院办公厅.国务院办公厅关于印发《突发事件应急预案管理办法》的通知[EB/OL].(2024-01-31)[2024-11-15].https://www.gov.cn/zhengce/content/202402/content_6930816.htm.

[88]　中华人民共和国国务院.突发公共卫生事件应急条例[EB/OL].(2005-05-20)[2024-11-15].https://www.gov.cn/zwgk/2005-05/20/content_145.htm.

[89]　中共中央党史和文献研究院.习近平关于防范风险挑战、应对突发事件论述摘编[M].北京:中央文献出版社,2020.

[90]　钟开斌."一案三制":中国应急管理体系建设的基本框架[J].南京社会科学,2009(11):77-83.

[91]　钟开斌.国家应急管理体系建设战略转变:以制度建设为中心[J].经济体制改革,2006(5):5-11.

[92]　钟开斌.国家应急管理体系:框架构建、演进历程与完善策略[J].改革,2020(6):5-18.

[93]　张海波,童星.中国应急管理结构变化及其理论概化[J].中国社会科学,2015(3):58-84,206.

[94]　张海波.新时代国家应急管理体制机制的创新发展[J].人民论坛·学术前沿,2019(5):6-15.

[95]　朱风才,沈孝兵.公共卫生应急——理论与实践[M].南京:东南大学出版社,2017.

[96]　战俊红,张晓辉.中国公共安全管理概论[M].北京:当代中国出版社,2007:172-178.

[97]　朱华桂.论风险社会中的社区抗逆力问题[J].南京大学学报(哲学·人文科学·社会科学版),2012(5):47-53,159.

[98]　邹霞.风险放大的四级判定框架——基于SARF的理论拓展及典型案例的放大检视[J].西南民族大学学报(人文社会科学版),2017,38(10):160-165.

[99]　左文婷.我国事故灾难类突发事件风险管理研究[D].大连:东北财经大学,2017.

教师服务

感谢您选用清华大学出版社的教材！为了更好地服务教学，我们为授课教师提供本书的教学辅助资源，以及本学科重点教材信息。请您扫码获取。

▶▶ 教辅获取

本书教辅资源，授课教师扫码获取

110462

▶▶ 样书赠送

公共管理类重点教材，教师扫码获取样书

清华大学出版社

E-mail: tupfuwu@163.com
电话：010-83470332 / 83470142
地址：北京市海淀区双清路学研大厦 B 座 509

网址：https://www.tup.com.cn/
传真：8610-83470107
邮编：100084